GAOZHIYUANXIAO

高职院校

混合所有制办学路径研究

HUNHE SUOYOUZHI BANXUE LUJING YANJIU

李增军 等著

中国发展出版社
CHINA DEVELOPMENT PRESS

图书在版编目（CIP）数据

高职院校混合所有制办学路径研究 / 李增军等著. —北京：中国发展出版社，2022.3

ISBN 978-7-5177-1117-9

Ⅰ. ①高… Ⅱ. ①李… Ⅲ. ①高等职业教育－混合所有制－办学模式－研究－中国 Ⅳ. ①G719.2

中国版本图书馆 CIP 数据核字（2022）第 028442 号

书　　名：高职院校混合所有制办学路径研究
著作责任者：李增军　等
出 版 发 行：中国发展出版社
联 系 地 址：北京经济技术开发区荣华中路 22 号亦城财富中心 1 号楼 8 层（100176）
标 准 书 号：ISBN 978-7-5177-1117-9
经　销　者：各地新华书店
印　刷　者：北京市密东印刷有限公司
开　　本：710mm×1000mm　1/16
印　　张：19.5
字　　数：385 千字
版　　次：2022 年 3 月第 1 版
印　　次：2022 年 3 月第 1 次印刷
定　　价：68.00 元

联 系 电 话：（010）68990625　68990692
购 书 热 线：（010）68990682　68990686
网 络 订 购：http://zgfzcbs.tmall.com
网 购 电 话：（010）68990639　88333349
本 社 网 址：http://www.develpress.com
电 子 邮 件：174912863@qq.com

课题组组长：李增军

课题组成员：李建广　李洪来　张露颖

王荣章　张增岭　王　瑞

郭佳玺　王立峰　王栓宝

蒋桂彪　顾　霜

序

近年来，混合所有制办学研究已成为职业教育界最为关注的重要学术领域之一。

职业教育混合所有制办学的研究价值与学术魅力，源于服务树立新发展理念、构建新发展格局、推动职业院校办学体制机制改革创新、提升现代职业教育适应性的时代之需。具体而言，主要体现在三个方面。一是建立健全相关法律法规的需要。目前，有关职业教育混合所有制办学的法律仍然处于缺位状态，亟待通过理论创新提供学理支持，完善法律体系，使职业教育混合所有制办学具有法律依据和保障。二是建立健全相关政策体系的需要。虽然国务院印发的《关于加快发展现代职业教育的决定》和《国家职业教育改革实施方案》已明确了职业教育混合所有制办学的方向和基本政策，但操作层面的落地措施尚未到位，究其深层原因，与思想理论上的模糊确有一定关联。三是推动理论创新凝聚改革共识的需要。混合所有制理念在经济领域的成功，若要为职业教育改革带来发展模式上的突破，关键在于对混合所有制的经济学概念进行科学理解和把握，再从职业教育领域引入混合所有制的必然性分析入手，深入探究其形成过程、办学模式、治理结构及实践途径，以期为国家构建现代职业教育体系提供理论根据和思想资源。

就目前而言，职业教育混合所有制办学的研究依然存在诸多困惑与难点。难点之一，从现有相关文献内容角度看，职业教育混合所有制办学研究已取得多方面成果，但职业教育混合所有制改革作为一项系统性、战略性体制机制的创新举措，其内涵、模式、机制和路径等一系列重大基本问题，尚缺乏系统思考和规范研究。难点之二，从研究方法视角看，进行职业教育混合所有制改革的理论探索，需要将其放到当前我国经济环境、法律环境和政策环境中进行深度思考，必然涉及对现代经济学、法学等基本原理和分析方法与手段的掌握和应用，但这无疑是一项颇具挑战性的工作。难点之三，从理论与实践的关系来看，理论源于实践，前者是对后者经验的概括和总结。在此基础上，理论才能够实现对实践的“超越”，也即对实践活动、实践经验和实践成果进行批判性反思、实施规范性矫正和提供方向性引导。然而，受制于思想、观念、体制等多种因素的束缚，虽然有些省市已经开始推行职业院校混合所有制办学试点工作，但从全国范围看，职业院校混合所有制办学的实践探索远未充分展开，致使理论研究与创新遇到“无源之水”的局限。

正是在这样的改革与学术背景下，李增军研究员以积极的求索精神回应时代需求，在混合所有制办学实践和专项课题研究的基础上，主编了《高职院校混合所有制办学路径研究》一书。

李增军同志是国家教育行政学院 2018 年第 58 期校长班的学员，当时我担任他们的班主任。培训学习期间，他正在组织推进衡水职业技术学院交通运输学院混合所有制二级学院建设，就此热议话题，我们曾多次相互沟通和探讨，我也从中学习获益，引发共鸣和思考。近几年来，他边实践边研究，有多篇混合所有制的论文发表在《中国发展观察》《人民周刊》等国家级重要刊物上。2019 年，受河北省教育厅委托，他负责主持起草了《河北省职业院校股份制混合所有制办学试点方案》，并直接转化为省政府推进高等职业教育改革发展的政策文件，衡水职业技术学院交通运输学院也被列为河北省职业院校股份制混合所有制办学三个试点院校之一。在他持之以恒的实践探索、政策研究、理论思考的基础上，继续深化和拓展有关研究，现在推出了这部新著，难能宝贵，可喜可贺！

《高职院校混合所有制办学路径研究》是一部研究高职院校混合所有制办学的力作。总体上看，我认为该书对职业教育混合所有制办学问题的研究包含了三方面亮点和贡献。其一是在理论研究方面的深化。该书抓住高职院校混合所有制办学的“类型之争”“属性之惑”“治理之道”“初心之问”“发展之困”等关键，展开分析论述，厘清了一系列重要理论问题，并提出了具有系统性和操作性的解决方案。其二是在实践路径方面的探索。基于对衡水职业技术学院交通运输学院——河北省职业院校股份制混合所有制办学试点改革实践的总结和概括，勾勒出了一条具有创新性和可行性的高职院校混合所有制办学的实施路径。其三是在制度体系方面的构建。在对高职院校（二级学院）混合所有制法人治理结构进行深入研究的基础上，基于其体制机制的内在规律和特点，构建起了较为完整的适应办学需要的制度体系。总之，该书从理论研究到实践探索、从制度建设到路径选择，都写得有新意、有特色，并在某些方面填补了职业教育混合所有制办学研究领域的空白。

高职院校混合所有制办学研究既是一个理论问题，也是一个实践问题。仅就实践看，外部环境和内部情况的不断变化，都决定了其改革发展的复杂性、多样性和艰巨性，甚至可能目前还远未充分显现，因此对这类现实性、实践性、外部性很强的问题进行研究，显然不是一蹴而就的易事。无论从理论方面或法律、政策方面，还是从实践模式探索方面看，都还有不少问题有待进一步研究和探讨。要解决面临的一些更深层次的问题，需要从历史与现实、理论与实践、经济领域与教育领域等相结合的角度上，从职业教育体制机制改革创新的视角出发进行深入思考，并从法律和政策等的系统性、完整性、协同性着眼，统筹考虑这一制度的有效供给。面向未来，深化和拓展高职院校混合所有制办学路径的研究和探索，任重而道远，本书的价值贵在“先吃螃蟹”的探索性和开拓性。

李增军同志担任高校的领导职务，在繁忙的公务之余，始终关注高等职业教育研究领域的前沿问题，勤于学习、敏于思考、勇于探索，笔耕不辍。在他主持撰写的这部新作即将问世之际，拉杂啰唆写下上述这些话，作为我的祝贺和初学体会，不成为序。

邢　晖

国家教育行政学院学术委员会主任

职业教育研究中心主任

2021年9月10日

前　言

关于高职院校混合所有制办学，一直以来有许多带有普遍性的问题困扰着人们，诸如法人属性、治理结构、产权保护、办学定位、政策边界等，这里面既有学术理论方面的疑惑，也有实践操作层面的困扰。基于对这些问题的关注，我们承担了河北省教育科学研究“十三五”规划重点资助课题《高职院校混合所有制办学路径研究》(项目编号：2002014)，旨在通过研究做出理论上的回答和实践方面的探索，以期为高职院校混合所有制办学的设计运行提供学理支持和技术性方案。

毋庸置疑，职业教育混合所有制办学是我国经济领域混合所有制改革的成功经验与现代职业教育发展的时代之需相结合的历史产物。正是基于构建现代职业教育体系、提升职业教育适应性的客观要求，党和国家将职业教育混合所有制办学纳入教育改革的顶层设计。2014 年 5 月，国务院印发《关于加快发展现代职业教育的决定》，首次提出“探索发展股份制、混合所有制职业院校，允许以资本、知识、技术、管理等要素参与办学并享有相应权利”。2019 年 1 月，国务院印发《国家职业教育改革实施方案》，明确提出“鼓励发展股份制、混合所有制等职业院校和各类职业培训机构”。党和国家的一系列重大决定和部署，推动职业教育混合所有制办学从“探索发展”进入“鼓励发展”的新阶段。

新时代发展的客观需要，赋予职业教育混合所有制办学重大的研究价值与丰富的学术魅力，使之成为当前教育界最为关注的重要学术领域之一。从研究数量看，自 2014 年以来，有关文献篇目一直呈现持续增长的发展态势，特别是在最近几年，更是成为学界特别关注的焦点问题。从研究内容看，研究的涵盖面愈来愈广泛，涉及办学类型、法人属性、治理结构、产权归属、收益分配、运行机制、法律法规、政策措施等。但也存在一些欠缺的方面，即大多是在问题提出、原因分析、提出解决之道这样一种框架内展开研究，触及职业教育核心领域改革与建设的内容还不够深刻。从研究方法看，一般多为结合某个或某些案例研究为主，从理性出发进行的思辨探究不够，在实践模式、制度创新方面的研究尤为少见，因此导致问题研究缺乏深度的学理阐释和具有可操作性的方案设计，难能形成系统完整且具实践价值的路径指南。

本书从借鉴学界新成果、提升研究新高度出发，运用系统科学方法论，针对高职院校混合所有制办学所面临和需要解决的一系列关键问题，力求从理论与实践、教育与产业、治理设计与制度建设等的结合上，以办学体制机制创新为研究视角和聚焦点，进行深入而系统的思考，以期为高职院校混合所有制办学提供一种能够应对改革复杂性的新思路和有效可操作的技术途径与方法。

本书的体系架构与叙述方式主要如下。

首先是阐述理论观点，集中反映学术研究上的突破。主要观点包括：针对混合所有制办学的类型之争，提出了高职院校的三种办学类型——公办、民办和共办，明确混合所有制办学为一种新型的独立的“共办型”教育形态；针对混合所有制办学的属性之惑，设立了“两类法人、三种登记方式”的选择模式；针对混合所有制院校的治理结构问题，提出了“发挥公办和民办两种优势，遵循教育规律和市场机制两种逻辑”的原则，构建基于“四个系统”的治理体系；针对如何正确处理教育公益性与资本逐利性的关系问题，提出了确立“服务公共利益、承担社会责任、培养有用人才”的根本目标，并基于这一目标达到“价值共同体”和“利益共同体”的统一；等等。此外，基本厘清了高职院校混合所有制办学需要解决的一些关键问题，并提出了一系列符合高职教育发展的时代特征、本质要求和内在规律的新理念、新观点以及具有实践意义的方法途径。

其次是总结试点经验，集中凸显实践模式上的创新。基于混合所有制办学理论研究取得的成果，坚持“理念导向、体制突破、模式创新”的改革思路，积极推动衡水职业技术学院交通运输学院——股份制混合所有制二级学院建设，形成了以产教融合、校企合作为核心内容的“衡职院模式”。2019 年 8 月，衡水职业技术学院交通运输学院被河北省职业院校股份制混合所有制改革领导小组确定为全省首批高职院校股份制混合所有制办学试点。其基本特点是：建立国有资本和非国有资本共同参与的多元投资机制、设立非营利性社会团体法人、实行“1+1”股权结构模式、构建以“四个系统”为基本特征的治理结构、制定基于法人治理结构的内部运行规则体系等。这一改革有效破解了衡水职业技术学院发展中面临的体制、资金和土地三大“堵点”，在优化资源配置、解决地方经费投入不足、促进产教深度融合等方面持续释放了新体制、新机制的活力效能。

再次是构建制度体系，着力打造新体制、新机制的优势。按照构建中国特色现代大学制度体系的一般要求，并密切结合衡水职业技术学院交通运输学院的办学实际，坚持从法人属性、治理结构、治理权力和治理文化等不同维度进行综合考量，将权利与责任的边界、资源与能力的配置、组织与运行的效率、关系与利益的协调、文化与理念的融合、育人与服务的功能等，一并囊括在学校制度设计的内涵与外延之中，以期形成制度化、集约化和规范化且能够体现混合所有制办学特色的制度体系。基于混合所有制职业院校的制度体系的创制，在全国尚属首次，可以为其他学校的混合所有制办学提供可资借鉴的模板。

最后是加强政策设计，为推进混合所有制办学提供决策建议。基于职业院校混合所有制办学制度安排的客观要求，我们从国家和地方政府两个层面就健全法制体系、制定相关政策、出台支持措施等提出了对策建议，供各级政府及部门决策参考。同时，收录了国家和部分地方政府有关职业教育混合所有制办学的文件，以供有志于实施混合所有制改革的地方和学校学习借鉴。

精勤探理且躬行，此中甘苦寸心知。这部研究高职院校混合所有制办学的著作，是我们学术团队和工作团队群策群力，在学习中钻研、在借鉴中提升、在实践中开拓的结晶。在整个过程中，我们将“试点”突破、课题研究融入“双高”创建工程，进行了积极的探索和大胆的试验，其中既有理论发现和实践开拓的自信，也有分工合作和团结攻关的愉快；既有面对困难时的无奈和彷徨，也有取得突破时的自豪和骄傲；既有试点任务的责任和压力，也有舍我其谁的勇气和担当。以守望初心、上下求索的执着深入进行理论思考，同时以摸着石头过河的坚定进行实践尝试，在此基础上，终于完成了全书的撰写。

谨以此书献给职业教育战线的读者朋友们，并借以表达我们助推高职院校混合所有制办学研究和实践深入发展的拳拳之心。

李增军

2021 年 10 月 1 日

目　录

第一部分

研究报告

高职院校混合所有制办学路径研究报告

2014年国务院印发的《关于加快发展现代职业教育的决定》提出："积极支持各类办学主体通过独资、合资、合作等多种形式举办民办职业教育；探索发展股份制、混合所有制职业院校，允许以资本、知识、技术、管理等要素参与办学并享有相应权利。"此后，不少职业院校特别是高职院校纷纷试水股份制混合所有制办学，学术理论界也掀起了研究职业教育混合所有制改革的热潮。本报告着眼于高职院校混合所有制办学关键问题破解和发展路径选择，展开系统而深入的理论和政策研究，同时紧密结合河北省职业院校股份制混合所有制办学试点——衡水职业技术学院交通运输学院的建设实际，积极探索实践高职院校混合所有制办学模式改革和制度体系建设。

一、高职院校混合所有制办学的背景

（一）理论溯源：马克思主义所有制理论和党的创新发展

1. 马克思主义所有制理论基本观点。所有制问题是马克思主义理论的一个基本问题。马克思主义认为，人类的生存和发展，离不开物质生产，而任何物质生产都是在一定的生产关系中进行的。在生产过程中，人们不仅与自然界发生联系，相互之间也会形成一定的基于财产关系的社会关系，也即生产关系。在这个复杂的系统中，生产资料所有制或者财产关系起着决定性的作用，它构成了整个生产关系的基础。这是因为，在一个特定的社会中，有人占有生产资料，有人则丧失生产资料，生产资料所有者在生产过程中居于支配地位，能够利用手中的生产资料，无偿占有那些丧失生产资料者的剩余劳动，从而形成阶级压迫和剥削。因此，在任何时候，社会生产都是为生产资料所有者服务的，生产资料所有制决定着生产的目的，决定着劳动过程及分配过程中人与人之间经济关系的性质，也决定了这个社会的性质。马克思和恩格斯正是基于对所有制问题的深刻洞察，在《共产党宣言》中旗帜鲜明地提出了共产主义运动的基本问题是所有制问题的科学论断。

2. 用马克思主义理论指导建立社会主义经济制度。新中国建立之初，社会上存在着三股基本的社会力量，即资产阶级、农民及其他小资产阶级、工人阶级，社会主要矛盾集中表现为工人阶级和资产阶级的矛盾。我们党坚持以马克思主义为指导，基于对各阶级的分析和社会主要矛盾的把握，于 1952 年制定了过渡时期的总路线，创造性地提出以“三大改造”为基本途径的一系列适合中国国情的组织形式，推动我国社会向社会主义过渡。随着“三大改造”的完成，初步建立起了全民所有制和集体所有制两种公有制形式的社会主义基本经济制度。其后，为进一步推进社会主义公有制发展，我们党依照苏联集体农庄的模式，在全国广大农村组织开展了“人民公社化”运动，迅速建立起了以“一大二公”为主要特征、高度统一的人民公社，标志着单一社会主义公有制结构的最终确立。但是，在社会主义公有制建立之初经历了一个时期的快速发展之后，高度集中的计划经济体制的弊端开始显现，使本应具有巨大优越性的社会主义制度在很大程度上逐渐丧失了生机和活力。

3. 推动中国特色社会主义所有制理论创新发展。改革开放以来，我们党坚持马克思主义中国化，基于社会主义初级阶段的客观分析和正确判断，积极推动中国特色社会主义所有制理论创新，其核心是对公有制经济、非公有制经济和混合所有制经济以及三者相互关系的科学认识和丰富发展。党的十五大明确指出，公有制为主体、多种所有制经济共同发展的所有制制度，是社会主义基本经济制度的重要组成部分；党的十六大进一步强调，除极少数必须由国家独资经营的企业外，应积极推行股份制，发展混合所有制经济。进入新时代，以习近平同志为核心的党中央进一步创造性地发展了中国特色社会主义所有制理论，特别是围绕发展混合所有制经济作出一系列新的论断。党的十八届三中全会提出“积极发展混合所有制经济”，明确“国有资本、集体资本、非公有资本等交叉持股、相互融合的混合所有制经济，是基本经济制度的重要实现形式”。党的十九大报告进一步提出“深化国有企业改革，发展混合所有制经济，培育具有全球竞争力的世界一流企业”。这些科学论断充分表明，公有制经济、非公有制经济和混合所有制经济，都是社会主义市场经济的重要组成部分，也成为经济社会发展和推进上层建筑领域改革的重要基础。

（二）现实之需：破解高职院校创新发展的深层问题

1. 创新体制机制、增强办学活力之需。改革开放以来，我国高等职业教育取得长足发展，已占据高等教育的半壁江山，成为我国现代教育体系中不可或缺的重要部分。但是，由于传统办学体制机制的影响，办学主体单一、管理行政化、产教“两张皮”等问题越来越突出，导致形成发展过程中的三大瓶颈，即投入不足、体制不活、适应性不强。实施混合所有制办学，一是通过产权主体多元化，打破原有单一的所有制形式，构建政府、企业和个人的多元投入机制，可以吸引社会资本投入高职教育，增加办学资源，从根本上改变一切依赖政府的惯性模式；二是通过构建分权制衡的治理模式，推动办学制度创新，建立多元兼容、优势互补、富有效率的运行机制，有利于运用市场手段激活高职院校的内生动力，把学校打造成为具有活力的市场竞争主体；三是混合所有制高职院校作为一种新型的教育组织形态，在服务发展上具有更为鲜明的指向性，它以产权的混合方式推进高职院校深度融入经济社会发展，紧密对接社会需求，提供高质量的教育产品，不断提升为社会经济发展的贡献能力。

2．深化产教融合、提升校企合作之需。产教融合、校企合作是职业教育的类型特色，也是职业教育的发展方向。但从总体实践效果看，高职院校的校企合作还处在浅层次，产教融合还处在低水平。究其根源，在于在现行办学体制下，企业的办学主体地位难以真正落实，导致职业院校和企业之间关系松散，合作效能低下。即便是在国家不断完善产教融合政策、持续强化推动措施的情况下，也难以落地生根、开花结果。实施高职院校混合所有制办学，构建教育资本与产业资本的“共办模式”，依法明确企业的办学主体地位，有利于促进学校与企业建立起基于责任、义务和利益的契约关系，在一个“命运共同体”内，整合产教双方的利益诉求，使人才培养和企业发展两个不同利益链形成价值目标共识，实现根本利益上的相通共赢、办学行为上的同频共振，从而达到真正意义上的深度融合。

3．转变办学格局、实现发展转型之需。没有职业教育的现代化，就没有教育的现代化。而积极推动职业教育从主要由政府举办向社会多元办学的制度性转变，是构建现代职业教育体系、推动职业教育走向现代化的必由之路。正是基于这一科学认识，《国家职业教育改革实施方案》提出了“经过5~10年左右时间，职业教育基本完成由政府举办为主向政府统筹管理、社会多元办学的格局转变”的目标要求。要实现这一目标，一个重要途径就是抓住“利益”和“资本”两个纽带，以股份制、混合所有制改革为抓手，创新职业院校的组织形式和运行机制。实施股份制混合所有制办学，可以吸引各种形式的社会资本，按照利益共赢、风险共担原则实质性参与投资办学，从而打破原有单一的所有制形式，推动高职院校产权结构发生革命性变化，由国家单一所有制主体办学转变为不同所有制经济主体“共投共办”，从而形成一种全新的所有制结构及治理模式，这不仅是职业教育办学格局之变，也将有力推动高职院校发展转型和治理水平的提升。

（三）顶层设计：为高职院校混合所有制办学注入强劲动力

1．将“混合所有制”概念引入职业教育。2014 年 5 月，国务院印发《关于加快发展现代职业教育的决定》，提出“探索发展股份制、混合所有制职业院校，允许以资本、知识、技术、管理等要素参与办学并享有相应权利”。这是在官方文件中第一次出现“混合所有制职业院校”这样的提法，标志着“混合所有制”概念开始从经济领域引入职业教育，也标志着一些地方职业院校的探索实践得到认可。

2．提出“组合式”激励引导性政策。2017 年 12 月，国务院办公厅出台《关于深化产教融合的若干意见》，提出“鼓励有条件的地区探索推进职业学校股份制、混合所有制改革，允许企业以资本、技术、管理等要素依法参与办学并享有相应权利”，要求综合运用投资、财税、用地、金融等手段，在各个层面和方面支持职业教育体制机制创新。

3．从“探索发展”进入“鼓励发展”新阶段。2019 年 1 月，国务院印发《国家职业教育改革实施方案》，提出“鼓励发展股份制、混合所有制等职业院校和各类职业培训机构”。从提倡“探索发展”到明确“鼓励发展”，表明职业院校混合所有制办学从试验试点进入到示范推广的新阶段。

4．发展混合所有制职业院校得到立法认可。2021 年 3 月 24 日，国务院总理李克强主持召开国务院常务会议①，通过《中华人民共和国职业教育法（修订草案）》，并于 6 月 7 日正式提请十三届全国人大常委会第二十九次会议审议。这是现行职业教育法自 1996 年 9 月 1 日起施行以来的首次“大修”。从目前公开的内容来看，修订草案进一步明确了职业教育内涵及类型教育的定位，在完善职业教育体系、深化职业教育改革等方面推出不少突破和创新举措。其中，明确提出要落实职业教育“由政府举办为主向政府统筹管理、社会多元办学的格局转变”的要求，推动多元办学；强化行业主管部门、行业组织、企业举办或者联合举办职业学校的权利与职责；创新举办形式，支持举办股份制、混合所有制职业学校。

此外，在国家鼓励职业教育混合所有制发展政策的推动下，部分省区结合本地实际，积极推动改革实践，出台具有省域特点的指导意见或试点方案。2016 年 1 月，山东省教育厅印发《关于公布职业院校混合所有制改革试点项目的通知》，将山东海事职业学院混合所有制办学等 9 个项目确定为试点项目，启动本省职业

① 新华社：“李克强主持召开国务院常务会议”，2021 年 3 月 24 日，http://www.xinhuanet.com/politics/leaders/2021-03/24/c_1127251333.htm。

院校混合所有制办学的实践进程。2019 年，河北省、山东省先后出台《职业院校股份制混合所有制办学试点方案》《关于推进职业院校混合所有制办学的指导意见（试行）》，在国内高职教育领域领混合所有制改革风气之先。2021 年 8 月 24 日，江西省 15 部门联合印发《关于推进职业院校混合所有制办学的指导意见（试行）》，旗帜鲜明地提出支持、鼓励职业院校将事业发展与当地产业需求相结合，探索多元、开放、融合的办学新模式。该文件从总体要求、办学形式、设立要求、办学管理、支持政策、试行要求等方面作出具体规定，使职业院校混合所有制办学具有了明确的政策依据。应特别注意的是，该文件是在教育部和江西省宣布共建国家职业教育创新发展高地一周年之际推出的一项重大改革举措，因此更具普遍性的示范引领意义。

二、混合所有制办学面临的现实困境

职业院校混合所有制办学已经纳入国家职业教育改革的顶层设计，一些地方政府正在积极推动，职业院校和社会资本也表现出极大的热情。然而，在高职院校混合所有制办学的实践中，仍然面临理论、政策和法律等方面的多重困境。

（一）理论创新供给滞后

职业院校混合所有制办学是一种新型的教育组织形态，目前有关研究仍处于探索阶段，特别是关于混合所有制改革的一系列基本问题，如法人分类、产权界定、治理体系构建、收益分配规范、资本进入与退出机制建立等，无论是在理论界，还是在教育界、企业界，仍然存在这样或那样的分歧。理论供给的不足，致使人们存在一些思想认识上的偏差、疑惑和顾虑，成为加快改革探索步伐的障碍。思想认识上的模糊不清，亟待理论上的创新突破加以导向、解惑和路径指引。

（二）制度体系尚待健全

首先，有关职业教育混合所有制办学的法律法规依然缺位。其次，虽然国家已明确发展职业教育混合所有制的大政方针，但操作层面的政策措施仍属空白。从全国的情况看，大多数地方政府还没有出台关于发展职业教育混合所有制的实施意见或方案，即使已经出台的，在执行过程中也面临着多重阻力。由此导致职业院校混合所有制办学因缺乏法律依据保障和具体政策的鼓励支持而难以有效开展。

（三）改革发展动力不足

从参与举办混合所有制职业院校主体的角度看，一是公办职业院校存有顾虑。由于相关容错纠错机制尚未健全，许多公办院校面对混合所有制改革，担心会触碰国有资产流失红线背上“黑锅”，因而缺乏“闯和创”的主动性。另外，还担心改革后可能会受到政策限制，丧失在生均拨款、项目申报、融资成本、土地划拨等方面原有的优势。二是民营企业瞻前顾后。民营企业对参股公办职业院校抱有很大的希望，以期能够获取更多的市场和资源。但又有两种担心，其一是混合后的资本回报难以如愿，其二是不能正常参与学校决策，缺乏话语权，致使自身利益受到损失，因此处于纠结徘徊之中。三是地方政府犹豫不决。职业院校混合所有制办学作为一种前所未有的实践探索，存在产生多种风险的可能性，因此，一些地方政府担心改革出了问题要兜底，被问责、追责，便形成了“有了意见等办法、有了办法等细则、有了细则等案例”的观望状态。

（四）面临多重现实阻力

在职业院校混合所有制办学实践中，也会遇到一些现实问题影响工作的顺利推进，甚至成为难以突破的“死结”。首先，公办职业院校对民营资本的吸引力还很有限。公办院校实施混合所有制办学的价值目标或根本任务在于立德树人，这一定位的特殊性决定了，对非国有资本而言，难有其所期望的盈利空间。教育的公益性与资本的逐利性的矛盾导致民营资本参与混合所有制办学的积极性不高。其次，校企双方难以实质性融合。由于公办职业院校与民办企业分属两种不同性质的主体，二者可能因办学理念、投资决策及比例、学校管理权、收益分配方式和发展目标等方面的差异而产生利益矛盾或意见分歧，甚至会出现相互掣肘的情形，最终导致决策和管理效率的低下。最后，法人注册问题、资本回报问题、财政资金投入问题等现有政策框架下难以突破的问题，往往成为混合所有制办学的“死结”，不变通就是死路一条，若变通则要承担相应的政治风险。

三、混合所有制办学需要厘清的关键问题

理论是实践的指南。在推进混合所有制办学的实践探索中，我们坚持问题导向，认真领会把握党和国家关于职业教育混合所有制改革的大政方针，系统研习、积极吸收国内该领域的最新研究成果。在此基础上，围绕高职院校混合所有制办学类型、法人属性、产权保护、治理体系、教育公益性与资本逐利性等一系列关键问题，进行了多方位、多角度、多层面的理论探索。

（一）关于办学类型：跳出“非公即民”，实施“多元共办”

办学类型的确定，是高职院校混合所有制办学的基本问题，它决定了学校的性质界定、法律适用和政策规定。明确这一基本问题，对推动高职院校混合所有制办学创新发展具有基础性意义。

目前，就我国高职院校的办学类型看，基本可分为两大类别，即公办学校和民办学校。公办学校由政府或政府所属单位以国有资本或集体资本投资举办；民办学校由企业、社会组织或个人以非公有资本投资举办。混合所有制高职院校作为一种既有公有资本、又有非公有资本的新兴的教育组织形态，其办学类型应如何定位？对此，无论在理论上还是实践中，都存在不同的意见和争论。我们认为，在混合所有制高职院校办学类型的定位问题上，应跳出“非公即民”的线性思维，将其作为一个独立的办学类型来认识和对待。公投公办的，我们称之为公办学校；民投民办的，我们称之为民办学校；由公有资本和非公有资本多元主体共投共办的高职院校，我们认为可以称之为共办学校。这样，高职院校的办学类型就有了三种基本形态，即公办学校、民办学校和共办学校。

从法律适用和政策规定上看，公办高职院校有《中华人民共和国教育法》《中华人民共和国高等教育法》《中华人民共和国职业教育法》等法律法规来规范，相对民办学校，公办学校具有更大的政策空间和更多的资源优势。民办高等学校除受上述教育法律法规制约外，同时还有《中华人民共和国民办教育促进法》专门来规范，相对公办学校而言，民办学校具有更为灵活的机制优势和更强的市场适应性。对于混合所有制性质的职业学校，目前国家尚未出台专门法律，其办学行为既要遵循《中华人民共和国教育法》《中华人民共和国高等教育法》《中华人民共和国职业教育法》，同时也要参照执行《中华人民共和国民办教育促进法》的有关规定。

基于上述分析，我们认为按照有利于发展的原则，混合所有制高职院校应当既享受公办学校的政策优惠，又发挥民办学校的体制机制优势。

（二）关于法人属性：设立“两类法人”，实行“三种登记”

法人属性的选择和确立，是高职院校混合所有制办学的根本问题，它决定了学校的设立模式以及权利和义务的法律边界。

2021 年 1 月 1 日正式实施的《中华人民共和国民法典》“总则”，将法人分为营利法人、非营利法人和特别法人三种类型。其中明确：“以取得利润并分配给股东等出资人为目的成立的法人为营利法人。包括有限责任公司、股份有限公司和其他企业法人等。”“为公益目的或其他非营利目的成立，不向出资人、设立人或者会员分配所取得利润的法人，为非营利法人。包括事业单位、社会团体、基金会、社会服务机构等。”2021 年 4 月 7 日中华人民共和国国务院令第 741 号修订的《中华人民共和国民办教育促进法实施条例》第七条规定：“实施职业教育的公办学校可以吸引企业的资本、技术、管理等要素，举办或者参与举办实施职业教育的营利性民办学校。”参照上述两部法律的有关规定，混合所有制院校举办者可以自主选择为营利性或者非营利性，如果设立为非营利性法人，举办者不得以管理费等方式取得或变相取得办学收益，学校的办学结余必须全部用于办学，但会得到更多的政府支持和政策资源；如果设立为营利性法人，举办者可以取得办学收益，学校的办学结余依照有关规定处理，但由于有公有资本的参与，营利性法人的设立可能会遭遇更多的法律障碍和政策风险。

从法律规定和办学实践出发，混合所有制高职院校可以选择设立为两类法人和三种登记方式。一类是设立为营利法人，登记为企业法人；另一类是设立为非营利法人，登记为事业单位法人或者社团法人（民办非企业）。学校虽然有选择空间，但举办方需要权衡利弊、综合考虑而后行。

（三）关于产权保护：严守“改革红线”，订立“产权契约”

从经济学的角度分析，所有权决定分配权，产权的结构安排决定分配模式的选择，进而决定产权主体在公司中的话语权以及所能够拥有的权益。因此，产权问题是高职院校混合所有制办学的基础。

高职院校实施混合所有制办学，其实质在于通过产权的多元化，即投入主体的多元、投入要素的多种和投入形式的多样。一方面，开拓市场化融资渠道，解决办学的资源扩张和投入问题；另一方面，借助外部市场元素的引入，深化内部体制机制改革，激发办学活力，提升办学水平和社会适应性。而建立完善的产权制度，是划分、界定、实施、保护和调节产权，确认和处理产权主体责、权、利关系的规则基础，其根本要求是在产权关系上做到“归属清晰、权责明确、保护严格、流转顺畅”。所以，在国有资本和非国有资本的管理与监督上，应建立以产权契约为基础的区别保护机制。

一是健全资产评估机制，规范确立产权结构。高职院校实施混合所有制办学，首要问题是根据《中华人民共和国资产评估法》的相关规定，建立公开公正的混合所有制改革的操作流程，构建规范的产权结构。要明确第三方评估制度，采取公平竞争的方式引入具备资质的评估机构，杜绝场外交易和内幕交易，并实施各投资方利益相关人员回避。应对各举办方的投资，包括资金、土地、设施、装备、人才、知识、技术、管理等有形资产和无形资产进行评估，做到产权明晰，价值评估合理，既有效保护国有资产，又能够调动社会投资者的积极性。

二是建立产权契约关系，规范资本交易程序。举办混合所有制高职院校作为高职教育实施新型办学形态的尝试，旨在通过混合所有制改革探索，实现资本的合理配置和推动优质资源的不断扩大，有效提升办学适应性。要达到这一目标，需要解决好两个关键问题：一是在明晰产权结构的基础上，各产权方签订产权协议，通过订立契约，形成各投资主体之间法律意义上的责、权、利关系；二是建立资本流动机制，允许非国有资产投资者根据本人意愿，在合理条件和规范程序下，以股权转让、股权回购等方式进行流转，从而促进教育资源根据市场需求的变化自由流动，实现优化配置。

（四）关于治理体系：遵循“两种逻辑”，构建“四个系统”

法人治理体系的构建，是高职院校混合所有制改革的核心问题，它决定了学校的运行模式和治理目标的实现。

按照《中华人民共和国高等教育法》的规定，公办高职院校的治理结构实行党委领导下的校长负责制，校长是法定代表人。按照《中华人民共和国民办教育促进法实施条例》的规定，民办院校的治理结构，坚持中国共产党的领导，实行董事会或理事会领导下的校长负责制，董事长（理事长）或者校长担任法定代表人。混合所有制高职院校由公有资本和非公有资本共同举办，既不能简单套用公办学校的治理模式，也不能完全照搬民办学校的治理模式，应当基于自身的特殊性质和办学特点，构建符合教育规律与市场逻辑的法人治理结构。

基于混合所有制高职院校兼有公有资本和非公有资本的结构特性，在治理结构设计上，应当充分考虑发挥公办和民办两种优势，遵循教育规律和市场机制两种逻辑。从教育规律看，混合所有制高职院校首先是中国的高等学校，必须扎根中国大地办教育，必须坚持党的全面领导，坚持社会主义办学方向，坚持教育公益性，落实立德树人根本任务。同时，混合所有制高职院校又是社会主义市场经济条件下的新事物，应当坚持市场导向，遵循市场规律，以激发和提升办学活力。从理论上讲，对混合所有制高职院校实施治理的权力来源也有两个方面：一是政府作为出资人赋予学校的办学权和管理权，二是投资主体多元带来的所有权和经营权的分离并由此形成的学校法人财产权。

综合分析混合所有制高职院校的办学实践，从治理结构的角度看，既呈现多种模式并存的发展局面，也暴露出诸多方面的问题，特别是党组织、董事会（理事会）、行政管理团队及监事会之间的关系难以理顺，权力边界难以作出明晰的划分。形成如此状况，与各个学校的举办者构成及资本结构的特殊性、复杂性有很大关系，同时也是职业教育混合所有制办学法律规范缺位的结果。我们认为，在目前有关法律法规尚未出台的情况下，针对存在的问题，应当从融合高校和公司两种治理体系的优势出发，对构建混合所有制高职院校出资者与决策者、执行者、监督者之间相互制约的关系进行探索性的制度安排。具体而言，混合所有制高职院校的治理结构应当建立四个系统，即领导和权力系统（校党委、股东会）、决策和指挥系统（董事会或理事会）、执行和管理系统（校长领衔的行政团队，包括校务委员会、学术委员会）、民主和监督系统（监事会、校纪委、职代会、工会）。在此框架内，实施混合所有制办学模式的高职院校，可以基于自身的法人属性和股权结构，构建符合校情、独具特色的治理体系。

（五）关于教育公益性与资本逐利性：破除“二元对立”，促进“兼容共生”

培养什么人，是教育的首要问题。这一重要论述深刻揭示了教育的本质，也昭示了教育的初心，即教育是培养人的活动。教育的本质决定了教育的公益性，它以满足公共利益为最大目标，不论是公办院校，还是民办院校，或者是混合所有制学校，在这个根本性问题上应该是一致的。但是，在混合所有制办学中，由于非国有资本的进入，便涉及了一个新的问题，即资本的逐利性问题。如何正确认识和处理教育的公益性与资本的逐利性之间的关系，事关高职院校混合所有制办学的方向、目标及路径选择。

1. 教育公益性与资本逐利性“兼容共生”是混合所有制职业院校法人属性的特质。无论从理论还是实践的角度分析，教育公益性与资本逐利性之间都存在一种既对立又统一的关系。“对立”的一面在于：逐利性是资本的天性，也是资本的初心。资本进入职业教育领域，产业资本和教育资本的融合，或者产业资本向教育资本的转化，并没有改变资本逐利性的本质。“统一”的一面在于：混合所有制院校在办学中，通过兼顾资本营利的天然属性，也即满足投资者的回报需求，可以吸引社会优质资源，促进产教融合，全面优化人才培养机制，从而为社会提供更多更优质的教育产品，实现教育公益性的最大化和最优化。所以，教育公益性与资本逐利性既是矛盾的存在，又具有“兼容共生”的特性。

2. 坚持“兼容共生”理念，推动高职院校混合所有制办学健康发展。如何把教育公益性和资本逐利性有机统一起来，是混合所有制高职院校持续健康发展必须处理好的一个重要问题。一方面，必须时刻警惕把教育作为资本运作的工具，无底线、无原则地去迎合资本短期获利的功利性需求，同时要建立并不断完善有效的资本监管和约束机制，保证使坚守立德树人、服务公共利益、承担社会责任成为混合所有制高职院校首要且根本的价值追求。另一方面，要兼顾投资者合理的利益诉求，建立健全非国有资本的回报制度，确保资本的保值和增值，特别是对非营利学校，应当从法律上解决非国有资本的回报、流动和退出机制问题。只有这样，高职院校混合所有制改革才能行稳致远。

四、混合所有制办学的“衡职院模式”

近年来，衡水职业技术学院（以下简称“衡职院”或“学校”）立足办学实际，积极把握政策机遇，科学认识职业教育发展的时代特征、本质要求和内在规律，坚持产教融合、校企合作办学方向，解放思想、转变观念、创新理念，直面问题、聚焦瓶颈，以混合所有制改革为突破口，走出了一条独具特色的发展之路。

（一）聚焦问题：找准制约发展的瓶颈

衡职院地处经济欠发达地区，其前身为创办于 1923 年的河北冀县师范学校，2001 年 4 月经河北省政府批准改制升格。学校虽然有历史、有根基、有传承，但同时也面临着教学资源紧张、办学模式待转型、体制机制不灵活等多重压力，长期处于“夹缝中求生存”的办学困境。特别是在国家大力推进职业教育高质量发展的大背景下，一些制约学校发展的堵点和深层问题越来越凸显。主要瓶颈问题有以下四个方面。

一是校园占地先天性不足。20 世纪 90 年代末，冀县师范学校由冀县搬迁至衡水市区办学，当时办学规模按 2000 名中师在校生设计，校园占地面积仅有 160 亩。近年来，随着学校发展加快，全日制高职在校生规模翻了两番，但周围土地已尽被其他单位占用，再无寸土扩展余地。因此，办学用地深陷资源紧张的境地。

二是办学经费来源渠道狭窄。受公办高校财政经费投入计划体制的局限，学校办学资金来源单一，主要依赖地方财政拨款和招生收费，缺乏多元筹资机制保障和支撑，导致经费供给不足与发展需求持续扩大的矛盾越来越突出。

三是产教融合停留在浅层次。由于在学校办学及校企合作方面存在体制机制性障碍，导致在专业设置、课程设置方面不能与区域支柱产业相对接；教学过程及人才培养方式等滞后于社会及企业发展；在人才培养规格方面未能契合社会需求，存在错位或脱节现象。此外，在科技创新、研究开发和社会服务能力方面尤为欠缺，对合作企业的有效供给明显不足。

四是体制不活，缺乏内生动力。由于长期受计划经济模式影响，政府包办学校的方方面面，因此，学校一直未能根除“等、靠、要”的传统观念，不能从根本上解决好体制僵化、办学封闭、活力不足、缺乏特色等问题，造成办学不能适应产教融合、校企合作发展需要，改革发展缺乏内在动力，无法形成具有活力的市场竞争主体。

（二）凝聚共识：推进混合所有制改革

在实践探索中，衡职院坚持“理念先导、体制突破、模式创新、机制保障”的改革思路，以理论创新引导学校找准发力点，积极创办交通运输学院——股份制混合所有制二级学院（以下简称“学院”），形成了融入区域发展的“衡职院模式”。

1. 坚持以新理念做好顶层设计。衡职院以创新办学体制机制为指向，以混合所有制改革为突破口，研究新思路，谋划新举措，凝聚改革发展的新共识。一是提出了“扬长补短”发展理念。即强化发展优势、凝练办学特色，提升补齐短板、夯实创新基础，实现高质量发展。二是确立了“一体多翼”发展战略。“一体”指校本部，“多翼”指在县域产业园创建若干新校区（二级学院）。三是构建了“一校两制”体制机制。即校本部保持公办性质，新举办的二级学院实行股份制混合所有制办学。四是明确了“三个融合”发展路径。即校园融合产业园、专业融合产业链、课程融合岗位群。五是打造了“双修双创型金蓝领”人才培养体系。“双修”指德技并修；“双创”指创新创业；“金蓝领”指高素质技术技能人才。

2. 坚持以新举措推动体制创新。基于上述发展理念，衡职院坚持面向市场抓改革，大胆“摸着石头过河”，探索混合所有制办学模式，努力构建有融合力、生命力的校企紧密合作、产教深度融合的体制机制。就目前发展进程而言，大致经历了两个阶段。

第一个阶段：探索职业教育集团化办学。党的十八大以来，随着全面深化改革持续推进，我国现代综合交通运输体系建设进入新阶段，实现历史性跨越。但就公路交通运输行业看，也暴露了从业人员素质水平参差不齐、不能适应发展需要的问题。主要表现为：专业化职业化程度不一、高层次技术技能人才短缺、职业素养亟待提升等。为此，国家先后出台多个文件，提出“要将大客车驾驶人培养纳入国家职业教育体系，利用专业院校优势开展大客车驾驶人培训，提升职业驾驶人整体素质”。基于这一政策背景及京津冀“交通一体化”发展需求，2016

年，衡职院与衡水市交通运输局、武邑县人民政府合作，以深化产教融合、校企合作，培养现代交通类高素质技术技能人才、服务京津冀“交通一体化”发展为目标定位，以打造新能源汽车生产性实训基地为平台，创办了“衡水衡智交通运输职业教育集团”，并成立了企业法人型的“衡水衡武交通运输服务有限公司”，作为实训基地的建设与运营主体。集团公司成立后，先后与中德诺浩（北京）教育投资股份有限公司等10余家企业达成合作意向，拟采取“校企共建、校企共管、校企共享”模式，推进新能源汽车生产性实训基地建设。但在具体实施过程中，由于在土地划拨、建设资金筹集等方面遇到了政策性和体制性障碍，致使引企入校、引资入教陷于困境。

第二个阶段：实施股份制混合所有制改革。为破除发展瓶颈，自2018年始，衡职院将办学体制机制改革的关键点聚焦于混合所有制创新，为此采取了理论研究与实践探索两条线推进的策略。在不断深化研究、丰富理论成果、转变办学思想的同时，先后到天津、唐山、山东、南京等地考察，学习借鉴兄弟院校的混改经验，以《国家职业教育改革实施方案》《河北省职业院校股份制混合所有制办学试点办法》等为依据和指南，依托新能源汽车生产性实训基地创办交通运输学院，探索混合所有制二级学院办学模式，形成了《衡水职业技术学院交通运输学院混合所有制办学实施方案》。主要做法如下。

（1）明确学校发展定位。一是办学性质定位。衡职院与衡水市交通运输局、武邑县人民政府、社会资本方合作，创办非营利性股份制混合所有制二级学院——交通运输学院。二是办学目标定位。学院占地455亩，规划建筑面积16万平方米。项目建成后，可满足4000名全日制在校生的教育教学及生产性实训，并可面向社会提供多元专业化服务。三是专业发展定位。学院立足衡水、面向京津冀等地区，举办公路、铁道、航空等运输类专业（群），以及其他适应区域新兴产业、支柱产业、优势产业发展需求的特色高水平专业。四是办学功能定位。通过打造生产性公共实训基地，搭建集产学研训结合，大学生创新创业，职业技能培训和鉴定，“双师型”师资培训，企业员工、新型农民和退役军人培训，对外技术服务等于一体的多功能服务平台，推动资源开放共享，服务区域经济社会发展。

（2）建立多元投资机制。实行投资主体多元化，衡职院以资金、设备、无形资产等方式出资入股；武邑县人民政府以资金及土地使用权作价出资入股；衡水市交通运输局以资金、无形资产等方式入股；河北德隆投资有限公司以现金出资入股，合资共建衡水职业技术学院交通运输学院。

（3）确定学院法人属性。学院的法人属性设立为非营利性社团（民办非企业单位）法人。

（4）约定股权结构比例。经四方商定，学院股东构成实行“1+1”模式，衡职院和武邑县人民政府、衡水市交通运输局三方代表国有股份出资方，河北德隆投资有限公司为社会资本出资方。其中衡职院和武邑县人民政府、衡水市交通运输局合计占股约30%，河北德隆投资有限公司占股约70%。

（5）构建内部治理模式。在学校党组织的领导下，实行理事会决策指挥、行政负责人执行管理、监事会实施监督的治理模式。同时建立健全工会组织和教职工代表大会制度，成立学术委员会，切实保障教职工依法参与学院管理和实施民主监督的权利。

具体设计方案为：建立健全“一核三会一层”的治理机制。“一核”，即成立学院党总支，设委员7人，其中书记1人、副书记1人，确保党的领导核心地位。“三会”，即成立股东会、理事会、监事会。理事会成员9人，其中理事长1人、副理事长2人；监事会成员3人，其中主席1人。“一层”，即组建决策执行层面的管理班子，其中院长1人、执行院长1人、副院长3人。从而形成股权多元、权责明确、有效制衡的治理机制。同时根据初期办学实际建立内设机构，设党群工作部、教学管理工作部、财务后勤工作部、学生工作部、对外合作部5个职能部门，成立航空工程系、轨道交通工程系、人工智能工程系、现代服务管理系、基础教学部5个教学系部。

首届理事会、监事会和领导班子成员按以下方式产生。理事的产生方式为：衡职院任命4名，武邑县人民政府任命1名，衡水市交通运输局任命1名，企业方任命3名。理事长人选原则上由衡职院推荐或由交通运输学院各举办方共同委托上级主管部门推荐，经理事会选举产生。监事的产生方式为：衡职院推荐1名，武邑县人民政府推荐1名，企业方推荐1名，主席经监事会选举产生。领导班子的产生方式为：党总支书记、执行院长、党总支副书记、教学副院长等由衡职院党委选派，企业方委派院长1名（为学院的法人代表）、副院长2名。

（6）理顺干部人事管理机制。关于干部的任职方式和级别，由衡职院向衡水市编制部门申请交通运输学院领导班子成员及内设机构干部职数，并按照干部管理权限履行报批程序，纳入学校统一管理。

关于教师参与方式。衡职院以全职和兼职两种方式安排教职工参与学院教育教学工作。依据《河北省支持和鼓励事业单位专业技术人员创新创业实施办法》

（冀人社规〔2017〕22 号）有关规定，全职教职工与学校签订参与学院教育教学管理的协议，兼职教职工和学院本着双方自主自愿原则，签订参与教育教学管理的协议。协议期满，可以续签或终止协议。

关于干部教师待遇。对全职或兼职参与学院教育教学管理的领导班子及内设机构干部采用协议工资、年薪制等方式发放薪酬。教师的待遇：全职参与学院教育教学工作的教职工工资由学院统筹生均拨款、学费收入等经费合理安排，社会保险、住房公积金等按《河北省支持和鼓励事业单位专业技术人员创新创业实施办法》（冀人社规〔2017〕22 号）第四章第十六条规定执行；兼职参与学院教学管理的教职工，其在学院的工作量计入个人工作总量，兼职薪酬不纳入学校的绩效工资总量。面向社会招聘人员的薪酬待遇，由学院理事会研究确定。

（7）制定运行规则体系。包括衡职院交通运输学院《章程》《党总支议事规则》《股东会议事规则》《理事会议事规则》《监事会议事规则》《院务会议事规则》《教职工代表大会工作规程》等一系列规章制度。

经过两年多的实践运行，衡职院的混改模式渐具特色。2019 年 8 月，衡水职业技术学院交通运输学院被河北省职业院校股份制混合所有制改革领导小组确定为全省首批高职院校股份制混合所有制办学试点。以此为契机，衡职院持续加大改革力度，完善治理结构、产权制度和运行机制，推动产教融合、校企合作向纵深发展，加快学院建设，取得明显成效。例如，积极引导社会资本进入，吸引资金 1.5 亿元；推动政校合作，武邑县人民政府无偿划拨土地 455 亩；完成第一期建筑面积 9.8 万平方米的教学、行政、生活基础设施建设等，有效破解了办学体制、资金和土地三大“堵点”。在优化资源配置、解决地方经费投入不足、促进产教深度融合等方面持续释放了体制优势和发展活力。

五、混合所有制二级学院制度体系构建

衡水职业技术学院交通运输学院是二级学院层面的混合所有制改革，它的正常运行和健康发展有赖于制度体系的建设予以保障。从国内高职院校混合所有制办学实践看，在这方面尚属空白。衡职院大胆探索、积极实践，基于法人治理体系研究，着眼于“主体归位、利益内嵌、构架清晰、系统完善”，对“衡水职业技术学院交通运输学院制度体系”进行了精心设计和构建。

（一）制度设计的目的意义

引进市场机制，实施股份制混合所有制改革，是一场办学体制机制上的重大

变革与创新。作为河北省职业院校股份制混合所有制办学试点单位，衡职院科学定位，创新机制，把制度优势转化为学院治理效能，充分展示混合所有制办学的优势，切实发挥试点院校的示范作用，具有重要的实践意义。具体而言，其重要性在于：通过制度建设和规范设立，明确学院性质功能的制度规定，提出组织管理的行为准则，提供有序运转的机制保障，做好持续发展的契约安排，以有力保障推动资源优化配置、产教深度融合、校企密切合作、学院高质量发展，充分彰显办学体制改革的探索性、创新性和引领性。因此，应遵循教育和市场发展要求及其一般规律的指引，积极探索和构建一套适应教育规律和外部市场需求，并能够高效开展自我组织、自我运行的制度体系。

（二）制度设计的基本原则

权力制衡性原则。对各种权力进行分解、授权及设计权力之间的制衡关系，规定规范权力部门及权力人实施权力的范围、条件、程序、内容及权力的大小。

系统完整性原则。学院制度体系应当涵盖产权、组织、教学、管理及运行等各个方面，其中，产权是前提，组织是基础，育人是核心，运行是关键，管理是保障。

内部协同性原则。坚持制度的特殊性与关联性的统一，做到不同制度的内容之间层次分明、协调一致、相互支撑，共同服务于改革目标的实现和立德树人根本任务的完成。

外部适配性原则。学院制度要能够充分适应外部环境、市场要求以及满足各利益相关方的诉求。

（三）制度设计的综合考量

按照构建中国特色现代大学制度体系的一般要求，并结合混合所有制办学改革的实际，制度设计坚持从法人属性及治理结构、治理权力和治理文化等不同维度进行综合考量，将权利与责任的边界、资源与能力的配置、组织与运行的效率、关系与利益的协调、文化与理念的融合、育人与服务的功能等，囊括在学院制度的内涵与外延之中。具体而言，制度建设要围绕治理机制构建、战略规划管理、科学决策管理、教学创新管理、财务预算管理、人力资源管理、产权管理、资产管理、学生管理、安全管理、民主管理、党建管理和反腐倡廉管理等各个方面和环节，全面、完整、系统地约束和规范学院的办学行为，以期形成制度化、集约化、数字化和规范化且能够体现办学特色的制度体系。

（四）制度设计的框架内容

基于职业院校混合所有制办学体制改革的时代背景和政策要求，构建学院制度体系，必须转变思路，从探索和体现混合所有制职业院校的组织特性、发挥独立法人的自主性与主动性出发，由政府主导模式转变为章程统领模式。基于这一理念，遵循制度设计的基本原则和综合考量，在制定衡职院交通运输学院《章程》的基础上，订立了《股东会议事规则》《理事会议事规则》《监事会议事规则》《党总支委员会议事规则》《院长办公会议事规则》《工会工作规程》《教职工代表大会实施细则》《部门职责范围》《员工招聘管理办法》《新聘用人员试用期管理办法》《教职工考核办法》《薪酬制度》《教学管理暂行办法》《教师教学工作管理办法》《教师师德失范行为负面清单及处理办法》《学生管理规定》《学生会章程》《财务管理制度》《资产管理办法》《安全管理规定》《物业管理办法》《引进社会企业监督管理办法》《校企合作促进办法》《中外合作办学项目管理办法》《合同管理办法》等重要制度，累计 26 种，15 余万字，初步搭建形成了学院制度体系的基本框架。

（五）制度安排的创新与特色

在制度设计和订立过程中，围绕学院法人治理体系和制度体系建设面临的主要问题，进行了多方位、多层面的思考和探索，重点体现在以下方面。

1．制定学院章程。坚持现代学校制度建设的章程统领理念，通过制定《衡水职业技术学院交通运输学院章程》（以下简称《章程》），对学院办学自主权、内部治理结构和运行体制机制等重要事项作出规定，以此为基础，构建学院规章制度体系。为保障章程统领模式的有效实施，《章程》对学院性质、办学定位，业务范围、办学指导思想，注册资本及股权比例，领导与管理体制机制，党总支、股东会、理事会、行政团体、监事会的权利、义务及关系，人事分配等，均进行了原则性规定。特别是确立了两个基本前提，一是明确了学院的法人属性，从法律的角度对学院作出了质的规定；二是强化了《章程》的权威性地位，明确提出学院其他各种制度的建立均须以《章程》为基础。

2．设立非营利社会团体法人。《中华人民共和国民法典》第三章“法人”部分，将法人分为营利法人和非营利法人两种类型，并明确“营利法人包括有限责任公司、股份有限公司和其他企业法人等”“非营利法人包括事业单位、社会团体、基金会、社会服务机构等”。《中华人民共和国民办教育促进法》第十九条规定：“民办学校的举办者可以自主选择设立非营利性或者营利性民办学校。”根据两部法律的规定，并考虑到学院的公办性质能够获得更多政府支持和政策资源，拟将学院登记为非营利社会团体法人。

3．合理设计股权结构。股权结构设计是学院组织的顶层设计，居于“牵一发而动全身”的地位和作用。基于科学体现各股东之间对学院建设与发展的贡献、利益和权利，维护学院稳定，实现健康持续发展，遵循股权结构设计的基本原则，在《章程》第五条中对股权作出了明确规定：衡职院以资金、设备、无形资产等方式出资入股，武邑县人民政府以资金及土地使用权作价出资入股，衡水市交通运输局以资金、无形资产等方式入股，三方代表国有资产控制方，合计占股约为30%。河北德隆投资有限公司以现金出资入股，占股比例约为 70%。股权结构的确定，明晰了股东之间的权、责、利，为维护学院和股东的利益奠定了基础。

4．发挥党组织领导核心作用。从全面加强党对学院领导的高度着眼，在进行学院制度设计时，重点把握了党组织领导核心地位及决策机制的建设与创新。

在衡职院党委和交通运输学院党总支领导决策体制构建中，通盘考虑了党组织“把方向、管大局、保落实”、理事会实施“战略管理、科学决策、领导指挥”、院长负责“决策执行、运行管理、考核激励”、监事会“监督检查、服务保障、防范风险”的职责划分。在《章程》（第三章“管理体制”、第四章“党总支”）和《党总支委员会议事规则》中，明确提出把党组织的决策细化为决定权、建议权、监督权。决定权方面，对于学院贯彻执行党和国家的路线方针政策、法律法规和上级重大决定部署，学院党的建设相关重要工作，学院重要人事任免、重要机构设置、重大事项决策等，由党组织讨论决定后，交由理事会或院长办公会履行程序。建议权方面，在具体教育教学问题上，党组织主要把好政治关、政策关、程序关。对于“三重一大”[①]范围内有关学院事业发展的决策事项，经校党委或学院党总支研究讨论的“前置程序”后，形成“能不能干”的意见建议，然后由理事会或院长办公会决定“怎么干”。监督权方面，坚持从严治党和依法治校相结合，把党组织内嵌到学院治理结构之中，搭建符合混合所有制办学的治理平台，并通过建立党组织领导的“三重一大”决策监督机制，建立健全以管资本为主的监督管理机制，推动决策主体及责任归位和管理责任到位，实现党内制度建设和学院制度建设的耦合。

此外，为强化党对学院工作的组织领导，保证学院党组织对干部人事工作的领导权和对重要干部的管理权，坚持将党管干部与规范法人治理相结合，将党组织考察、推荐与理事会选聘、管理相结合，将尊重学院章程和维护各方股东权益

① 即重大决策、重要人事任免、重大项目安排和大额度资金的使用。

相结合，努力构建党组织统一领导下有效制衡的学院法人治理结构和灵活高效的市场化选人用人机制。

5. 构建法人治理体系。法人治理结构是现代法人制度中最重要的组织构架，位居法人治理制度中的核心。法人作为由法律赋予了人格的团体，要求必须建立与其相适应、相匹配的组织架构，使其具有决策能力、管理能力，行使权利，承担责任，进而有效地组织活动。基于这一法理基础，通过制定《章程》《股东会议事规则》《理事会议事规则》《监事会议事规则》《院长办公会议事规则》等制度，构建起了股东会、理事会、监事会和院行政团队四个机构架设。其中，股东会由学院所有股东组成，为最高决策层；理事会成员由学院股东委派，主要研究学院发展战略、重要决策事项、院长选聘、学院管理等重要问题，制定实施学院工作方案并推动落实；监事会对股东会负责，对理事会实施监督；行政团队为学院决议决定的执行者，对理事会负责。由此形成所有权归股东会、管理权归理事会、执行权归院长层、监督权归监事会的权力分配的治理结构体系和制衡机制。

6. 改革干部人事制度。认真贯彻执行《党政领导干部选拔任用工作条例》，坚持和落实新时代党的组织路线和党管干部原则，同时依据《事业单位人事管理条例》和《中华人民共和国民办教育促进法实施条例》，初步构建起了体现人力资源管理理念、符合混合所有制办学实际及发展要求的干部人事管理模式。主要内容有：一是建立理事、监事委派与选举相结合的制度。如《章程》和《理事会议事规则》规定：学院理事会设 9 名理事，均由股东委派，其中衡职院委派 4 名、武邑县人民政府委派 1 名、衡水市交通运输局委派 1 名、河北德隆投资有限公司委派 3 名，理事经股东会选举通过后正式任命（教职工理事由学院工会或教职工代表大会民主选举推荐，然后由股东会任命）。《监事会议事规则》规定：学院监事会设监事 3 名，均由股东推荐，衡职院推荐 1 名，武邑县人民政府推荐 1 名，河北德隆投资有限公司推荐 1 名。股东监事由股东会选举或更换，教职工监事由学院工会或教职工代表大会民主选举或更换。二是实行院长委派制。院长由河北德隆投资有限公司委派，经衡职院党委进行组织考察后，由学院理事会聘任或解聘。三是中层干部实行选举与竞聘相结合的方式。其中，基层党组织的党务干部，按照《中国共产党基层组织选举工作条例》要求和规定选拔配备；行政干部（含系部主任）经学院党总支前置考察后，由理事会组织，通过竞聘选拔方式产生。四是教职工实行选派与选聘相结合的制度。在《员工招聘管理办法》中，明确规定除衡职院安排到学院工作的在编人员外，不足部分面向社会公开招聘，特别是注重选聘特殊人才（教授、博士、技能大师等高层次人才和社会能工巧匠），并逐步完善选聘办法，以满足学院对人才的长期发展需求。

7．探索市场化薪酬分配办法。根据河北省政府《河北省职业院校股份制混合所有制办学试点方案》精神，着眼于激发人才活力，结合办学实际，引入市场机制，制定了衡职院交通运输学院《薪酬制度》。《薪酬制度》明确了学院领导层和教职工的工资构成、基薪标准和绩效考核方式等，构建起了区别化的分配机制和激励机制。主要内容有：一是学院领导班子和内设机构干部实行年薪制或协议工资制，具体薪酬方案由学院理事会提出，经股东会研究决定；二是教职工实行结构工资制，即基础工资+岗位工资+教龄工资+奖金+津贴，其中奖金（奖励性绩效工资）部分合理拉开档差，由理事会根据教职工岗位特点、履责情况、工作绩效考核结果确定，对做出突出、重大贡献的部门及个人上不封顶；三是对引进的高层次人才和特殊人才（技能大师和能工巧匠等），实行年薪制、协议工资制或项目工资制等灵活多样的分配形式，并在聘用协议中明确约定。

8．建立产权保护机制。产权问题是高职院校混合所有制改革的核心内容。合理的产权制度能够带动法人治理规范化，从根本上优化学院资源配置，促进产教融合、校企合作，提高教育教学运行效率。实施混合所有制改革，既要注重保护国有产权，也要保护好私人产权。如果产权保护机制缺位，势必会造成国有资产的流失，同时如果私人产权保护不好，会直接影响参与混合所有制办学的热情和信心。因此，应当把产权保护作为混合所有制改革的重中之重，精心做好制度设计，以使其得到切实保障。为此，在制定《章程》和《股东会议事规则》等相关制度中，对产权保护作出了多方面的规定，主要体现在两个方面。一是建立健全产权保护制度。从保护产权主体的角度，规定学院股东共同委托具有评估资质的第三方机构依法对各方的有形资产和无形资产进行评估，明确国有产权和私人产权的界限，并作为出资依据受到法律保护，以此提振非公资本参与混合所有制办学的信心。二是建立健全产权转移制度。从保护产权内容的角度，明确了股东各方享有的权利、义务及职责权能，并建立了明确的进入与退出机制，确保资本以出资人的经营战略和价值目标为导向进行流动，在规则之下自由进入与退出，实现产权转移。

9．健全民主管理制度。在学院制度设计中，明确提出了依靠教职工办学，并对教职工参与学院民主决策、民主管理、民主监督作出了具体规定。主要体现在四个方面：一是构建学院民主管理制度体系。以《章程》《党总支委员会议事规则》

《理事会议事规则》《工会工作规程》《教职工代表大会实施细则》等制度为载体，对工会制度、教职工代表大会制度、院务公开制度、教职工理事和教职工监事的权责等作出了制度性安排。二是加强党对工会组织的领导。在《党总支委员会议事规则》中，明确提出关心和指导学院依法建立健全工会组织，配齐配强工会干部和工作人员，支持工会履行职能、开展工作，维护好教职工的民主管理权利和合法权益。三是强化教职工在学院政策制定过程中的源头参与和监督。相关制度中明确规定，工会或以教职工代表大会的途径，直接参与学院政策的制定，确保出台的相关政策能够最大限度地反映广大教职工的利益诉求。四是发挥教职工的监督作用。规范院务公开工作，明确要求围绕学院改革发展，不断拓展校务公开的内容和途径，切实保障教职工充分享有对学院决策和办学行为的知情权、监督权和建议权。

10. 构建“育人共同体”运行机制。为正确处理教育公益性与资本逐利性之间的关系问题，学院围绕确立服务公共利益、承担社会责任、培养有用人才的价值目标与共识，将坚守和服务立德树人的根本任务，作为核心理念融入学院制度的整体设计和教育教学的各项工作。如《章程》在“办学指导思想”条款中，明确提出坚持社会主义办学方向，全面贯彻党的教育方针，根本目标是为社会培养德智体美劳全面发展的高素质技术技能型人才。又如《党总支委员会议事规则》明确要求，党总支作为学院的领导核心，负责把握学院发展方向，支持理事会独立负责地行使职权，保证以人才培养为中心的各项工作任务完成和引领事业健康发展。再如《理事会议事规则》明确规定理事会研究议决学院重大问题，应当事先听取学院党总支的意见，重大问题要征求衡职院党委的意见等，为全院统一思想、凝聚共识、校企合作“下好育人一盘棋”确立了共同的价值导向，并构建了整合和优化资源配置的运行机制。

除上述制度之外，基于教育教学一般规律和学院事业发展需要，衡职院还就部门职责、教学管理、教师教学工作管理、学生管理、财务管理、资产管理、物业管理、安全管理、校企合作管理、引进社会企业管理、中外合作办学项目管理、合同管理等作出了制度安排。

六、完善政策及推进策略的若干建议

高职院校混合所有制办学是现代职业教育模式的创新发展，也是一场体制机制的重大变革。在国家层面，发展职业院校混合所有制办学的方向和目标是明确而坚定的。然而，在职业院校混合所有制办学实践中，目前依然面临着观念障碍、法律缺位、制度束缚和路径不明的现实困境。有鉴于此，我们提出以下对策与建议。

（一）强化理论创新支撑，完善法律法规体系

应积极引导和鼓励教育界、产业界、学术界等进一步解放思想，更新观念，持续推进职业教育混合所有制改革的研究与创新，在办学形式、产权结构、治理模式、运行机制、利益与成本分担机制、资本增值与退出机制等方面，形成科学而具有指导意义的理论体系，从源头上解决理论供给不足的问题，为法律完善、政策制定、制度建设等顶层设计提供坚实的学理基础。同时，为规范职业院校混合所有制办学，并适应其长期健康发展的客观需要，建议出台“职业教育混合所有制办学条例”，对“混合所有制学校”从概念到实践内容、从办学形式到治理机制等作出法理上的界定，明确公办职业院校的改革条件、行政审批等规范性要求，并建立健全相关法律体系，为职业院校混合所有制办学提供系统、全面的法律供给，保障混合所有制办学的健康发展。此外，要坚持舆情的正确导向，大力破除“非公即民”的二元思维桎梏，在全社会营造有利于职业教育混合所有制改革发展的良好环境。

（二）加大政策支持力度，形成推动发展合力

国家层面。出台职业教育股份制混合所有制改革的总体性指导意见，根据《国家职业教育改革实施方案》关于“支持和规范社会力量兴办职业教育培训，鼓励发展股份制、混合所有制等职业院校和各类职业培训机构”的目标要求，全面细化“金融+财政+土地+信用”等的组合式激励措施，形成既有明确统一要求、又便于操作实施的系统、具体和全面协同的政策供给，并以有效监管措施推动地方政府落实落地。

地方政府层面。在国家相关法律法规和配套政策出台之前，省级人民政府可根据《国家职业教育改革实施方案》《中华人民共和国民办教育促进法实施条例》等，系统梳理现行教育法规和政策中可适用于混合所有制办学的内容，并在加以集成的基础上，制定推进职业院校混合所有制办学的暂行办法，提出具有省域特点的实施方案。应特别明确以下鼓励和支持的具体措施：①财政方面。省、市两级财政对新建混合所有制职业院校给予建设资金支持和一定过渡期内的运营补贴，允许混合所有制职业院校全部或按股权比例享受公办院校生均拨款政策。②税收方面。积极落实社会力量举办教育的税收优惠政策，并研究出台支持混合所有制办学的专门税收机制。③金融方面。建立职业教育混合所有制发展基金，或

在产业扶持资金中切块用于支持职业教育混合所有制办学的部分，同时引导和支持金融机构创新服务模式，开发适合混合所有制办学项目特点的多元融资品种。④土地方面。职业院校混合所有制办学项目用地，可按公办学校同等政策给予土地划拨支持，也可制定和采取其他更为灵活的政策措施，符合划拨用地目录的，可通过划拨方式供地，鼓励参与企业以出让、租赁方式取得土地。⑤办学自主权方面。在专业设置、招生计划、师资选聘、人员编制、绩效管理、薪酬发放、机构设置、招生及收费等方面，赋予其更大的自主权，增强学校内生动力。

（三）深化管理体制改革，调动各方积极因素

混合所有制职业院校应实行党委领导下的董事会（或理事会）管理模式。允许公办院校的党政领导干部在其举办的混合所有制二级学院中兼任领导职务或进入董事会（理事会）。对公办院校管理人员在混合所有制学校担任领导职务的人员，按照党管干部的原则，明确组织干部级别，以稳定管理干部队伍。建立董事会（理事会）、校务会和监事会相互独立、相互支撑的治理机制，以保证教学的质量和教育的公益性。明确混合所有制职业院校的产权界定规范和操作程序，以及收费管理机制、收益分配方式等，允许国有控股的混合所有制院校营利，以保证各方资产的保值和增值，促进投入多元化有效形成和健康发展，充分调动社会资本参与职业教育办学的积极性。

七、结语

当前，在国家政策鼓励和地方政府支持下，高职院校混合所有制办学正在由“积极探索”阶段迈入“鼓励发展”的新阶段。进入“深水区”的职业教育混合所有制改革，亟待理论创新积极回应，给予更具实践意义的指引，同时需要具有典型意义的办学模式及经验，提供可借鉴、可复制的选择路径。

基于这一时代要求，我们将树立创新理念，强化开拓意识，努力站在高职院校混合所有制办学模式改革的前沿，聚焦制约混合所有制办学的瓶颈和堵点，坚持问题导向，深化理论研究，探寻发展规律；同时俯下身去，积极参与混合所有制办学试点建设，在实践中总结发展经验，完善改革措施，不断提升办学活力。以更具开拓性、创造性的研究探索，助推衡水职业技术学院交通运输学院试点工作向纵深发展，构建并不断完善多元化办学格局，持续提升创新要素集成，打造“高职混改”的河北标杆，同时积极推动制度性成果的复制推广，切实发挥试点的先行先试、示范引领和带动辐射作用。

第二部分

制度建设

引　言

探索和构建健全有效的制度体系，对保障混合所有制职业院校的健康发展至关重要。主要体现在：一是保障治理规范性，实现股权结构有效制衡的需要。举办混合所有制职业院校，因其主体结构的特殊性，面临国有资本与社会资本股权如何分配、治理结构如何建立、议事规则如何设计等系列重要问题。妥善解决好这些问题，需要以创新的理念作出制度设计和安排，构建符合办学实际的治理结构与模式、职权内容与界限、决策规则与规范等。二是激发办学内生力，打造体制机制优势特色的需要。从理论上说，混合所有制职业院校作为一种新型的教育组织形态，具有明显的办学优势，如在体制机制、资源整合、办学效益等方面，都将会实现新的突破，但将体制机制优势转化为创新发展优势，尚需制度的有力支撑。三是保障教育公益性，落实立德树人根本任务的需要。社会资本的进入和参与，有利于优化资源配置，激发办学活力，但也须警惕可能受到资本逐利性的裹挟。因此，需要通过建章立制，对其进行规范和约束，既维护投资人的合法权益，同时引导其自觉承担增进教育公益性的使命，始终坚持把立德树人作为学校发展的第一要务。

基于上述认识和混合所有制办学的实践要求，我们按照根本制度、基本制度、重要制度和具体制度的逻辑结构，在全国首创混合所有制职业院校制度体系（本书未收入“具体制度”内容）。在设计实践中，侧重把握了三个方面：一是确立内部治理结构。理顺各主体之间关系，明确党委会、股东会、董（理）事会、监事会等的职权，以使各利益相关方之间相互制衡、相互促进的治理格局落到实处。二是建立健全管理运行机制。基于股权结构、治理结构和立德树人的任务要求，从各层面、全方位建立健全制度规范，着力促进各种办学要素融合互动和资源优化配置。三是将提升文化软实力融入制度建设。为加强文化软实力建设，推进混合所有制办学行稳致远，在每一项制度的设计中，都将有利于促进学校文化建设、有序发展的内容和元素融入其中，引导全体师生认真践行和自觉维护。

衡水职业技术学院交通运输学院章程

第一章　总则

第一条 为维护衡水职业技术学院交通运输学院及股东的合法权益，完善内部治理，规范办学行为，保障依法办学，根据《中华人民共和国教育法》《中华人民共和国高等教育法》《中华人民共和国职业教育法》《中华人民共和国公司法》《中华人民共和国民办教育促进法实施条例》等法律法规、《关于加快发展现代职业教育的决定》《国家职业教育改革实施方案》《河北省职业教育改革发展实施方案》等政策文件和《衡水职业技术学院章程》，结合衡水职业技术学院交通运输学院实际情况，制定本章程。

第二条 学院名称：中文名称为衡水职业技术学院交通运输学院，简称“衡职交院”（以下行文简称“学院”）。

第三条 衡水职业技术学院交通运输学院是由衡水职业技术学院（以下简称“衡职院”）、武邑县人民政府、衡水市交通运输局、河北德隆投资有限公司（以下简称“德隆公司”）共同创办的非营利性的混合所有制二级学院。

第四条 学院住所：位于衡水市武邑县 106 国道以西、河钢路以北，******大街****号；学院网址为***************。

第五条 学院注册资本人民币****万元，其中，衡职院以资金、设备、无形资产等方式出资入股，资产评估价值为****万元，占股比例为**%；武邑县人民政府以资金及土地使用权作价出资入股，资产评估价值为**万元，占股比例为**%；衡水市交通运输局以资金、无形资产等方式入股，资产评估价值为****万元，占股比例为**%；德隆公司以现金出资入股，出资额****万元，占股比例为**%。

衡职院、武邑县人民政府、衡水市交通运输局代表国有资产控制方。

第六条 学院为非营利性民办非企业单位法人，具有独立法人资格，享有办学自主权，独立承担法律责任。院长为学院的法定代表人。

第二章　业务范围、办学指导思想和办学定位

第七条 学院的业务范围

以培养高等专科学历技术应用人才为主，并实施在职职工、社会人员函授学

历补偿，在职职工培训、下岗职工再就业培训、新型职业农民培训、职业资格技能培训与鉴定等，以及其他对外技术服务。

学院根据实际情况，可以调整改变业务范围，但须经过相关机构核准登记。

第八条 学院的办学指导思想

坚持社会主义办学方向，全面贯彻党的教育方针，以立德树人为根本任务，以服务发展为宗旨，以促进就业为导向，坚定走校企合作、产教融合的发展道路；把全面提高人才培养工作水平作为学院改革和发展的根本目标，为社会培养德智体美劳全面发展的高素质技术技能人才。

第九条 学院的办学定位

（一）办学层次和类型：以举办全日制专科层次高等职业教育为主，实施学历教育与职业培训并重，建设以交通运输类专业（群）为主要发展方向的特色性高职院校。

（二）人才培养目标：以高职人才素质要求和规格为依据，以职业素质为核心，以职业技术应用能力和创新创业能力为主线，面向交通运输产业等第一线培养高素质技术技能人才。

（三）服务面向定位：立足衡水，面向京津冀，辐射全国；立足区域交通运输产业，面向经济建设和社会服务主战场。

（四）专业结构定位：主要举办铁道运输类、航空运输类、道路运输类等专业，以及面向衡水、辐射京津冀经济社会发展的其他特色高水平专业。

（五）发展目标定位：努力把学院建设成为交通运输专业教育领域优势明显、特色突出、省内知名、国内有较大影响的高职院校。

第三章　管理体制

第十条 在衡职院党委的领导下，成立学院党总支委员会（以下简称“学院党总支”），实行理事会决策、院行政办学、监事会监督等相对独立、有序制约的治理模式。

第十一条 落实学院党总支在法人治理结构中的法定地位，构建党组织实施政治引领、思想引领、组织引领的长效机制。围绕落实立德树人根本任务，认真贯彻执行衡职院党委的各项决定，积极发挥总揽全局、协调各方的政治核心作用，监督学院依法办学，支持理事会和院长依法独立行使职权，推动党的建设与教育教学、改革发展相融合。

第十二条 规范和完善学院治理体系和职责划分。学院党总支负责把方向、管大局、保落实；理事会是学院的决策机构，负责发展战略制定、重大事项决策、运行监控管理；院长负责学院工作部署的组织实施、执行落实；监事会负责内部监督、风险防控，维护学院利益和股东、师生员工的合法权益。

第十三条 建立健全学院决策机制。将学院党总支会议研究讨论学院重大问题作为理事会决策的前置程序。召开理事会之前，理事长要就重要议题与学院党总支主要负责人进行充分沟通，在研究决策特别重大事项时，还应当进一步征求衡职院党委的意见。在达成共识后，再先后召开学院党总支会议、理事会，以确保形成的决议符合党的方针政策，合法合规。

第十四条 健全完善党管干部的制度体系。将学院干部队伍建设内嵌于学院的治理结构。衡职院党委成员、行政班子成员和学院党总支成员，可以在理事会、监事会和学院行政班子，特别是其中的部分关键岗位任职。理事、监事和院长等选任前，学院党总支要协助衡职院党委进行推荐人选和组织考察，保证党组织在选人用人方面的主导权和决策权。

第十五条 建立学院党总支书记、工会主席列席理事会、监事会、院长办公会以及参与学院“三重一大”事项决策的工作制度，切实维护好学院、股东和师生员工的利益。

第十六条 根据学院工作需要，成立党政办公室、教学工作部、学生工作部、财务后勤部、对外合作部五个党政职能部门；成立航空工程系、轨道交通工程系、人工智能工程系、现代服务管理系、基础教学部五个教学系部。

第四章　党总支

第十七条 学院党总支成员 5 至 7 人，其中党总支书记 1 人，副书记 1 人，委员 3 至 5 人。党总支委员依照《中国共产党支部工作条例（试行）》选举产生。

第十八条 党总支是学院的政治核心，按照《中国共产党章程》和《中国共产党普通高等学院基层组织工作条例》等规定，对学院统一实施政治领导、思想领导和组织领导，保证学院教学、科研、行政管理等各项任务的完成。

第十九条 学院党总支的基本职责

（一）坚持党的政治领导，坚决做到“两个维护”，建立健全现代大学制度与现代企业制度相融合、体现混合所有制高职院校独特优势、有利于推动学院科学发展、保证党组织有效发挥政治核心作用的党建工作机制。

（二）全面贯彻执行党的路线、方针和政策，坚持社会主义办学方向，牢牢把握立德树人的根本任务。

（三）参与学院重大问题的决策，支持理事会、监事会和院长依法依规行使职权，监督和保证学院办学的正确方向。

（四）坚持党管干部原则，按照衡职院党委的意见和干部管理权限，做好学院中层干部的选拔、教育、培养、考核和监督工作，并依照有关程序推荐院级领导干部和后备干部人选。

（五）领导学院的思想政治工作和精神文明建设，坚持用习近平新时代中国特色社会主义思想武装师生员工，牢牢掌握学院意识形态工作的领导权、管理权、话语权。

（六）以培育和践行社会主义核心价值观为核心，加强校园文化建设，发挥文化育人作用，培育良好校风、学风、教风。

（七）加强学院党的基层组织建设，做好发展党员和党员教育、管理、服务工作，发展党内基层民主，充分发挥各党支部的战斗堡垒作用和党员的先锋模范作用。

（八）坚持从严治党，全面落实党风廉政建设主体责任。

（九）领导学院工会、共青团、妇联等群众组织，坚持和完善以教职工代表大会为基本形式的民主管理制度，维护师生的合法权益。

（十）做好统一战线工作，团结带领全体师生员工推动学院科学发展。

（十一）研究决定其他事关学院改革发展稳定的重大事项。

第二十条 学院党总支会议的议事范围

党总支参与决策学院提交理事会、院长办公会、教职工代表大会审议决定的重大问题，主要是学院教育教学和事业发展中带有方向性、战略性，涉及学院改革发展稳定、关系股东和师生切身利益的重大事项。主要包括：

（一）学习贯彻党和国家的路线方针政策、法律法规，执行落实上级党委和衡职院党委的重要决定及工作部署。

（二）学院办学思想、发展方向、发展战略的确定和中长期发展规划的制定与调整。

（三）学院党的建设、党风廉政建设、思想政治工作、意识形态工作、安全稳定等工作中的重要事项。

（四）学院精神文明建设、校园文化建设等工作中的重要事项。

（五）学院部门正副职人选的推荐等干部队伍建设中的重要问题。

（六）党代表、人大代表、政协委员候选人的考察和推荐。

（七）学院工会、共青团、妇联、学生会等群众组织和教职工代表大会工作中的重要问题。

（八）学院统一战线、民族宗教工作中的重要事项。

（九）涉及学院重要制度建设、重大改革方案、重大投资计划、内部机构设置、师生切身利益维护、重要资源（资产）管理、教育教学建设等重要事项，应当由学院党总支先行研究，然后提交理事会决议。

1. 学院章程等基本制度和重要规章制度的制定和调整；

2. 学院合并、分立、停办和清算方案的制定；

3. 对专业建设、课程建设、教材选用及大型学术活动、校园文化活动等进行政治把关；

4. 学院增减注册资本及资产调整、产权转让等涉及引起学院股权结构发生重要变化的事项；

5. 学院内部组织机构的设置及调整；

6. 教职工聘用与解聘、考核与奖惩、工资与福利制度改革、重大责任事故与突发事件的处理；

7. 学院重要资源和重大资产的管理及处置；

8. 学院重大投资计划、重大建设项目、重要设备采购；

9. 学院国内外重要合作交流事项；

（十）其他需要学院党总支研究审议的重大事项。

第五章　股东名称、出资方式及出资比例

第二十一条 股东的名称、出资方式、出资额及出资比例如下：

股东名称	出资额（人民币）	出资方式	出资时间	出资比例
衡水职业技术学院	***	***	***	**
衡水市交通运输局	***	***	***	**
武邑县人民政府	***	***	***	**
河北德隆投资有限公司	***	***	***	**

第二十二条 股东应按期足额缴纳本章程中所规定的认缴出资额。

第二十三条 股东以货币出资的，应当将货币出资按期足额存入学院在银行开设的账户；以非货币财产出资的，应当按期足额依法办理财产转移手续。

第二十四条 学院成立后，应当向股东签发出资证明书，出资证明书应当载明下列事项：

（一）学院名称。

（二）学院登记日期。

（三）学院注册资本。

（四）股东的名称、缴纳的出资额和出资日期。

（五）出资证明书的编号和核发日期。

出资证明书加盖学院公章。

第二十五条 学院应当置备股东名册，记载下列事项：

（一）名称及住所。

（二）出资额。

（三）出资证明书编号。

记载于股东名册的股东，可以依据名册行使股东的权利。

学院应当将股东的名称及其出资额向登记机关登记；登记事项发生变更的，应当及时办理变更登记手续。

第二十六条 学院在存续期间，股东不得抽回出资。

第二十七条 为保证学院启动阶段工作的顺利进行和治理结构的稳定性，在学院成立五年之内股东不可以向外转让其全部或部分股权。

第六章　股东

第二十八条 股东享有如下权利：

（一）学院新增资本时，可优先认缴出资。

（二）对学院的办学进行监督，提出建议或者质询。

（三）查阅学院会计账簿，查阅、复制学院章程、理事会决议和财务会计报告。

（四）学院停办后，分得学院的剩余财产。

（五）法律、行政法规或学院章程规定的其他权利。

第二十九条 股东承担如下义务：

（一）遵守法律、行政法规和学院章程，不得滥用股东权利损害学院利益。

（二）按期足额缴纳所认缴的出资。

（三）学院成立后，不得抽逃出资。

（四）国家法律、行政法规和本章程规定的其他义务。

第三十条 股东会可以行使下列职权：

（一）决定学院的投资计划。

（二）选举和更换理事，决定有关理事的报酬事项。

（三）选举和更换由股东代表出任的监事，决定有关监事的报酬事项。

（四）审议批准理事会的报告。

（五）审议批准监事会的报告。

（六）审议批准学院的年度财务预算方案、决算方案。

（七）审议批准学院的分配方案和弥补亏损方案。

（八）对学院增加或者减少注册资本作出决议。

（九）对股东向股东以外的人转让股份作出决议。

（十）对学院合并、分立、变更办学形式、解散和清算等事项作出决议。

（十一）修订学院章程。

（十二）审议法律、法规和学院章程规定应当由股东会决定的其他事项。

第七章　理事、理事会及理事长

第三十一条 理事

（一）理事由股东推荐，股东会选举产生，任期为三年。理事任期届满，可连选连任。理事在任期届满以前，股东不得无故解除其职务。

（二）理事应当遵守法律、行政法规和学院的规定，热心教育事业，忠实履行职责，维护学院、股东和师生的利益。

（三）理事连续三次未能出席，也不委托其他理事出席理事会会议，视为不能履行职责，理事会应当建议股东会予以撤换。

（四）理事可在任职期满前提出辞职。理事辞职应当向股东提交书面辞职报告。理事的辞职报告应当在下任理事补任后方能生效，理事提出辞职或者任届期满未连任的，对学院和股东负有的义务在其辞职报告尚未生效、或辞职报告生效后、或任期结束后的两年内并不当然解除，其对学院有关秘密事项的保密义务在其任职结束后仍然有效，直至该秘密成为公开信息为止。

第三十二条 理事会

（一）理事会的构成。

理事会是学院的决策机构，对股东负责。理事会由 9 名理事组成，其中衡职院推荐 4 名，武邑县人民政府推荐 1 名，衡水市交通运输局推荐 1 名，企业方推荐3名。理事会设理事长1名，由衡职院推荐；副理事长3名，由学院股东协商推荐。

（二）理事会的职权。

1. 召集股东会，并向股东会报告工作；

2. 制订学院内部管理机构的设置方案；

3. 聘任和解聘院长，根据院长提名聘任和解聘副院长，聘任或解聘资深荣誉理事和荣誉理事；

4. 制定学院的发展战略、发展规划、年度工作计划，并对其实施情况进行监督；

5. 制订学院的年度财务预算方案和决算方案；

6. 制订学院章程的修改方案；

7. 制定学院的基本管理制度；

8. 对各职能部门及教职员工的工作绩效进行考核，并按规定实施奖惩；

9. 制定学院的风险管理体系，包括安全评估、财务控制等，并实施监控；

10. 管理学院对外信息的披露；

11. 经股东会同意，聘请或更换法律顾问；

12. 听取院长的工作汇报，督促检查理事会决议的执行落实情况；

13. 制订学院的合并、分立、终止等工作方案，决定学院业务范围、开办资金、法定代表人的变更；

14. 法律、行政法规、学院章程规定以及股东授予的其他职权。

（三）理事会的召开。

1. 理事会定期会议每月至少召开1次，由理事长召集并主持。经理事长或三分之一以上理事提议，可召开临时理事会议。

2. 理事会会议应当由二分之一以上的理事出席方可举行。每名理事享有一票表决权。理事会作出的决议，必须经全体理事过半数通过。

3. 理事会会议应当由理事本人出席，理事因故不能出席的，可以书面委托其他理事代为出席并行使表决权。

4. 理事会会议应当有记录，出席会议的理事和记录人，应当在会议记录上签名。出席会议的理事有权要求在记录上对其在会议上的发言作出说明性记载。理事会会议记录作为学院档案保存，保存期限按有关档案制度规定执行。

（四）理事长的职权。

1．主持股东会会议；

2．召集和主持理事会会议；

3．督促、检查理事会决议的执行，并向理事会报告；

4．组织制定理事会运作的规章制度，协调理事会的工作；

5．签署理事会的重要文件；

6．听取学院院长、财务负责人等定期或不定期的工作报告，对理事会决议的执行提出意见；

7．向理事会提名理事会秘书和院长人选；

8．审批学院理事会工作经费的使用方案；

9.在发生不可抗力或重大危急情形、无法及时召开理事会会议的紧急情况下，对学院事务行使符合法律规定和学院利益的特别处置权，并在事后向理事会和股东会、党总支报告；

10．行使理事会授予的其他职权。

理事长不能履行职权时，应当书面指定一名副理事长代行其职权。理事长应当遵守法律、行政法规和学院章程的规定，忠实履行职责，谨慎、认真、勤勉地行使学院所赋予的权力；认真阅读学院的各项业务、财务报告，及时了解学院教育教学运行状况，维护学院的利益。

第八章　高级管理人员

第三十三条 学院的高级管理人员包括：院长、执行院长、副院长。

第三十四条 学院设院长1名、执行院长1名、副院长3名。其中执行院长、教学副院长由衡职院党委推荐，院长（为学院法定代表人）、其他2名副院长由企业方推荐。

院长、执行院长、副院长均应由理事会履行聘任手续。理事会因故解聘院长、执行院长或副院长，应事先与股东会和学院党总支沟通，并征求衡职院党委的意见。

第三十五条 学院的高级管理人员每届任期为三年，经理事会续聘可以连任。

第三十六条 院长直接对理事会负责，行使下列职权：

（一）主持学院的教育教学工作，组织实施理事会决议。

（二）组织实施学院的年度工作计划。

（三）提出学院内部管理机构设置的建议方案。

（四）组织起草学院的管理制度。

（五）制定学院的教育教学工作规范。

（六）聘任或解聘应当由理事会聘任或解聘以外的管理、教学、教辅、服务等人员。

（七）拟定学院教职员工的薪酬及考核奖惩方案。

（八）拟定教职员工的聘用和解聘方案。

（九）经理事长同意，代表学院对外签署具有法律约束力的重要文件。

（十）学院章程或理事会授予的其他职权。

院长可以列席理事会会议。

第三十七条 院长应当根据学院党总支、理事会或者监事会的要求，向党总支、理事会或者监事会报告学院教育教学的管理运行情况、重要合同的签订及执行落实情况、资金的运行情况等，并保证各项报告内容的客观真实性、数据的完整准确性。

第三十八条 院长提出有关解决薪酬、福利、社会保险、劳动关系等涉及教职员工的切身利益问题的方案时，应当事先听取工会或教职工代表的意见。

第三十九条 学院的高级管理人员应当遵守国家法律、行政法规和学院章程的规定，履行诚信和勤勉的义务，维护学院利益。不得擅自泄露学院秘密，不得利用职务便利，为自己或他人谋取利益，损害学院的利益和形象。

第四十条 学院的高级管理人员可以在任期届满以前向理事会提出辞职。

第九章　监事、监事会及监事会主席

第四十一条 监事会的组成

学院监事会由 3 名监事组成，其中衡职院推荐 1 名，武邑县人民政府推荐 1 名，企业方推荐 1 名，经股东会选举产生。监事中应至少有一名教工代表。

监事会设主席 1 人，由全体监事过半数选举产生。监事会主席负责召集和主持监事会会议，并可列席理事会会议。

理事、高级管理人员不得兼任监事。

第四十二条 监事会的职责

（一）了解学院决策及教育教学运行情况。

（二）对理事会编制的学院定期报告进行审核并提出书面意见，说明定期报告的编制和审核程序是否符合法律、行政法规、部门规章的规定，报告内容是否真实、准确、完整地反映学院的实际情况。

（三）检查学院的财务运行情况。

（四）对理事会作出的分配预案、分配政策调整方案等提出建议及发表意见。

（五）对理事、院长等高级管理人员执行职务时的行为进行监督，对违反法律、行政法规、学院章程或学院党总支、股东会、理事会决议的理事、院长等高级管理人员提出罢免的建议。

（六）当发现理事、院长等高级管理人员的行为损害学院、股东和师生的利益时，要求理事、院长等高级管理人员予以纠正。

（七）提议召开临时股东会，在理事会不履行《中华人民共和国公司法》、学院章程规定的召集和主持股东会职责时，召集和主持股东会。

（八）向股东会提出提案。

（九）依照《中华人民共和国公司法》第152条的规定，对理事、院长等高级管理人员提起诉讼。

（十）学院章程规定的其他职权。

第四十三条 监事会的权限

（一）对理事会决议事项提出质询或者建议。

（二）发现学院教育教学等运行情况异常，可以进行调查，必要时，可以聘请会计师事务所或律师事务所等专业机构人员协助其工作，费用由学院承担。

第十章　学院的经费、人事、分配

第四十四条 学院办学资金主要由政府奖补资金、专项资金、生均拨款、学费、培训费及生产经营性收入等组成。

第四十五条 衡职院的教职工参与学院工作分为全职和兼职两种形式。依据《河北省支持和鼓励事业单位专业技术人员创新创业实施办法》（冀人社规〔2017〕22号）的有关规定，受委派全职参与的教职工与衡职院签订全职参与协议；兼职参与的教职工本着自主自愿原则，与学院签订兼职参与协议，协议期满，可以续签或终止协议。

学院人员的不足部分，面向社会公开招聘。

第四十六条 全职或兼职参与学院工作的校领导班子及内设机构干部实行协议工资制或年薪制。

全职参与学院工作的教职工工资由学院统筹生均拨款、学费收入等经费合理安排，社会保险、住房公积金等按照《河北省支持和鼓励事业单位专业技术人员创新创业实施办法》（冀人社规〔2017〕22 号）第四章第十六条规定执行。

兼职参与学院工作的教职工，其工作量计入本人衡职院的工作总量，兼职薪酬不纳入衡职院绩效工资总量。

从社会招聘的教学、管理等高层次优秀人才，采取协议工资制。

第四十七条 全职参与学院教育教学工作的衡职院教职工的职称评聘，参照衡职院职称评聘管理办法执行，纳入衡职院职称评聘管理体系。学院面向社会自主招聘的教师的职称评审工作，由衡职院统一管理，聘任工作由学院自主研究确定相关办法。

第四十八条 建立健全资产管理制度，做到国有资产、非国有资产、办学积累资产等各种资产的性质和产权明晰、准确。

第四十九条 学院财务由院长按照《中华人民共和国公司法》《中华人民共和国会计法》《高等学校会计制度》及有关法规、政策实施统一管理。财务工作接受学院监事会的监督和衡职院纪委（审计处）及上级审计部门的审计，并按要求提供财务报告。

第十一章　学院的停办、清算及其他

第五十条 学院有下列情形之一的，可以清算：

（一）股东会决定解散；

（二）因学院合并、分立需要解散；

（三）依法被吊销法人证书，责令关闭或者被撤销；

（四）人民法院依照《中华人民共和国公司法》第 183 条的规定予以解散。

第五十一条 除由于第五十条（二）之外原因解散的，应当在衡职院的组织领导下，依法组建清算工作组并进行清算；学院清算结束后，清算工作组制作清算报告，报股东会、衡职院确认，并报送学院登记机关，申请注销学院登记，公告学院终止。

第五十二条 清算工作组由股东参加，在衡职院纪委（审计处）的监督下，依照《中华人民共和国公司法》及相关法律、行政法规的规定行使职权和承担义务。

第五十三条 学院理事、监事、高级管理人员及各部门工作人员应恪守职业操守，做好涉及学院知识产权及相关研究成果和数据的保密工作，未经授权不得将有关内容向外界泄露、报道、传送。

第五十四条 学院的控股股东、实际控制人、理事、监事、高级管理人员不得利用自身的关联关系损害学院利益。否则，给学院造成损失的，应当承担赔偿责任，赔偿学院的损失。

第十二章　附则

第五十五条 本章程对学院、股东、理事、监事及高级管理人员等均具有约束力。

第五十六条 学院章程的解释权属股东会。本章程如与国家法律、法规相抵触的，以国家法律、法规为准。

第五十七条 学院根据需要或因登记事项变更，对学院章程作出修改，修改后的章程文本应及时报送登记机关备案。

第五十八条 本章程自发布之日起生效。

2021 年 9 月 1 日

中共衡水职业技术学院交通运输学院总支委员会议事规则

第一章　总则

第一条 为全面贯彻落实党的教育方针，坚持社会主义办学方向，充分发挥党组织在衡水职业技术学院（以下简称“衡职院”）交通运输学院（以下简称“学院”）发展中的政治核心作用，根据《中国共产党章程》《中国共产党普通高等学校基层组织工作条例》《中共中央办公厅关于坚持和完善普通高等学校党委领导下的校长负责制的实施意见》和《衡水职业技术学院交通运输学院章程》（以下简称“学院章程”）等规定，结合学院实际，制定本规则。

第二条 中共衡水职业技术学院交通运输学院总支委员会（以下简称“学院党总支”）是代表学院党员大会行使职权，对学院方向性、战略性、全局性等重大问题进行集体研究和决策的重要组织形式。学院党总支在学院党员大会闭会期间负责落实全面从严治党主体责任，执行上级党组织和中共衡水职业技术学院委员会（以下简称“衡职院党委”）的指示以及学院党员大会的决议。

第三条 学院党总支是学院的政治核心，负责把握学院发展方向，决定学院方向性、战略性、全局性等重大问题，监督重大决议执行，支持理事会独立负责地行使职权，保证以人才培养为中心的各项工作任务完成和引领事业健康发展。

第四条 学院党总支实行民主集中制，坚持集体领导和个人分工负责相结合的制度。凡属学院方向性、战略性、全局性重大问题，都要按照“集体领导、民主集中、个别酝酿、会议决定”的原则，由集体讨论作出决定。

第五条 学院党总支讨论决定问题，执行少数服从多数的原则。决定重要事项，应当进行表决。党总支委员要根据集体决定和分工安排，切实履行职责，并加强配合支持。

第二章　议事范围

第六条 学院党总支研究确定重大问题和重要事项的范围

（一）学习贯彻党和国家的路线方针政策、法律法规、上级和衡职院党委重要决定的落实意见和措施。

（二）学院办学思想、发展方向、发展战略的确定和中长期发展规划的审议把关。

（三）学院党的建设、党风廉政建设、思想政治工作、意识形态工作、政治稳定等工作中的重要事项。

（四）学院精神文明建设、校园文化建设等工作中的重要事项。

（五）理事会和监事会成员、院长和副院长、部门正副职等管理人员人选的推荐、考察、提名、选任等干部队伍建设中的重大问题。

（六）各级党代表、人大代表、政协委员等候选人的考察和推荐。

（七）学院工会、共青团、妇联、学生会等群团组织和教职工代表大会工作中的重要问题。

（八）学院统一战线、民族宗教工作中的重要事项。

（九）对学院重要制度建设、重大改革方案制订、重大投资计划安排、内部机构设置、师生切身利益维护、重要资源（资产）管理、教育教学建设等事项先行审议，后提交股东会或理事会决议：

1．学院章程等基本制度和重要规章制度的制定和调整；

2．学院合并、分立、停办及清算；

3．对专业建设、课程建设、教材选用及大型学术活动、校园文化活动等进行政治把关；

4．学院增减注册资本及资产调整、产权转让等涉及学院股权结构发生重要变化的事项；

5．学院内部组织机构的设置及调整；

6．教职工聘用与解聘、考核与奖惩、工资与福利等制度改革；

7．重大责任事故与突发事件的处理；

8．重要资源和重大资产的管理及处置；

9．重大投资计划、重大建设项目、重要设备采购；

10．国内外重要合作交流事项。

（十）其他需要学院党总支研究确定或审议的重大事项。

第三章　会议组织

第七条 学院党总支会议一般两周召开一次，根据工作需要，也可提前或推迟召开。

第八条 学院党总支会议必须有半数以上委员到会方能举行。讨论决定“三重一大”事项时，应当有三分之二以上委员到会。

第九条 党总支委员因故不能参加会议，应在会前向会议主持人请假，并对议题提出书面意见或建议。会后由会议主持人或学院党政办公室主任向其通报本次会议的议事情况及决定或决议。

第十条 对已确定的议题，相关分管副书记或委员应当保证时间参加会议；如因特殊情况不能参加会议，相关议题应当缓议。

第十一条 会议议题若涉及与会者本人及夫妻关系、直系血缘关系、近姻近亲关系的利益问题时，有关人员应当回避。

第十二条 学院党政办公室主任列席会议并负责记录，其他列席会议的人员由会议主持人根据议题内容安排确定，并在讨论相关议题时进入会场，汇报或讨论完毕即退出。

第四章　议题确定

第十三条 学院党总支委员和股东会、理事会可向党总支书记提出需要会议研究和审议的事项，由党政办公室主任汇总后，报党总支书记确定。

第十四条 凡提交党总支会议讨论决定的事项，应由分管委员组织有关部门于会前充分讨论，并提供相关材料、政策依据和可供选择的方案或建议。

第十五条 凡属学院“三重一大”事项，在提交党总支会议决策或审议之前，应当广泛听取各党支部和股东、理事长、监事会主席、工会主席等有关人员的意见，必要时应当组织专题研究，听取相关专家或学院法律顾问的意见和建议，在详细论证和充分酝酿的基础上，再提交党总支会议研究决策或审议。

第十六条 学院中层干部的选拔任免，要严格按照《党政领导干部选拔任用工作条例》，在学院党总支成员中进行充分酝酿，并与理事会沟通达成共识后，再提交党总支会议讨论决定。凡应当提交理事会、教职工代表大会（以下简称“教代会”）讨论通过的重要事项或应当由学术委员会审议的重大学术事项，均应事先提交党总支会议审议。

第十七条 会议要严格按照预定议题进行，原则上不临时动议议题或表决事项，特别是不临时动议有关“三重一大”的事项。

第五章　议事程序

第十八条 学院党总支会议讨论决定问题，必须执行少数服从多数的原则，决定重大问题要进行表决。同一问题的赞成人数超过应到会党总支人数的半数为通过。党总支会议议事时，应一题一议，逐项讨论通过，由提出议题的副书记、总支委员就议题作简要说明，列席会议人员可作必要的汇报。参加会议的总支委员根据说明或汇报情况充分发表意见，会议主持人根据讨论发言情况进行归纳集中，提出明确意见，获得通过后，形成会议决定或决议。

第十九条 在讨论决定重大问题时，党总支成员都要充分发表意见，明确表态，按照少数服从多数的原则作出决定。对重要问题意见分歧较大、赞成与反对的人数接近时，除紧急情况外，一般应暂缓作出决定，待进一步调查研究、交换意见后，提交下次会议讨论决定或向衡职院党委请示。

第二十条 讨论干部问题，要逐个进行表决。会议研究前，党总支书记应当征求理事长、院长、分管院长的意见。党总支会议按规定程序讨论决定干部任免后，由书记签发，以党总支名义发文；工会、妇联、团委的选任制领导干部，其任免按有关章程的规定执行。

第二十一条 学院党总支会议进行表决，视情况可采取口头、举手、无记名投票或记名投票等方式。对讨论的议题意见基本一致时可进行口头表决，对经过充分讨论仍有分歧的议题可进行举手表决；中层及以上干部任免和特殊情况需要时，在充分讨论的基础上，采取无记名或记名投票方式表决。表决后由会议主持人当场宣布表决结果。

第二十二条 遇有重大突发事件和紧急情况，来不及召开党总支会议的，书记或副书记、委员可临机处置，事后应及时向党总支会议报告。

第六章　贯彻督办

第二十三条 学院党总支会议通过的决议决定，各有关部门必须严格执行，如有不同意见须按组织程序反映。

第二十四条 学院党总支会议对重大问题作出决定后，党总支和理事会、院长要按照各自的职责分工，明确落实责任，组织实施；党总支和理事会、院长要积极配合，形成推进工作落实的合力。如有新的情况和问题，确实不能按原决定或决议执行时，要及时向党总支书记报告。对重要事项的变更，要在下一次党总支会议上通报或重新审议决定。

第二十五条 学院党政办公室负责会议决定、决议的督办和协调，并将执行落实情况及时向党总支报告，并通报理事会。各相关部门要及时将决议的执行落实情况反馈至党政办公室，重大紧急事项也可以直接反馈至党总支书记，必要时要写出专题书面报告。

第七章　附则

第二十六条 学院党总支会议内容除经授权传达或对外公布外，与会人员不得向外传播或泄露，如有泄露，追究当事人的责任。

第二十七条 党总支会议的会务工作由党政办公室负责，包括收集议题、印制议题、制发通知、汇总有关材料、会议记录、起草会议纪要等。

第二十八条 党总支会议纪要由党总支书记审阅签发。党政办公室负责印制并分送党总支书记、副书记和各委员，必要时发送各党支部和理事会、监事会、院长及其他有关部门。

第二十九条 学院党政办公室主任负责做好会议记录的保管工作，并按年度整理后入档保存。

第三十条 本规则由学院党政办公室负责解释。

第三十一条 本规则自发布之日起施行。

2021 年 9 月 1 日

衡水职业技术学院交通运输学院股东会议事规则

第一章 总则

第一条 为建立健全衡水职业技术学院（以下简称“衡职院”）交通运输学院（以下简称“学院”）法人治理结构，规范学院办学行为，保证股东会依法行使职权，保障学院所有股东公平、合法地行使股东权利及履行股东义务，根据《中华人民共和国公司法》（以下简称《公司法》）等相关法律、法规及规范性文件和《衡水职业技术学院交通运输学院章程》（以下简称“学院章程”）的有关规定，制定本规则。

第二条 本规则是学院股东会审议议案的基本行为准则。

第三条 学院应当严格按照法律、行政法规、学院章程和本规则的相关规定召开股东会，保证股东能够依法行使权利。

学院理事会应切实履行职责，认真、按时组织股东会。全体理事应当勤勉尽责，确保股东会的正常召开和依法行使职权。

第四条 股东会应当在相关法律、法规和学院章程规定的范围内行使职权。

第二章 股东会的职权

第五条 股东会是学院的权力机构，依法依规行使下列职权：

（一）决定学院发展规划、发展战略和投资计划。

（二）选举或者更换非由教工代表担任的理事、监事，决定有关理事、监事的报酬事项。

（三）审议批准理事会、监事会的报告。

（四）审议批准学院年度财务预算方案和决算方案。

（五）审议批准学院年度分配方案和弥补亏损方案。

（六）对学院增加或者减少注册资本作出决议。

（七）对学院因事业发展需要筹集资金作出决议。

（八）对学院相关资产的处置作出决议。

（九）对学院合并、分立、停办和清算等事项作出决议。

（十）修改学院章程。

（十一）对股东向股东以外的人转让股份作出决议。

（十二）审议法律、法规和学院章程规定的应当由股东会决定的其他事项。

第六条 股东会作出上述事项的决议、决定，应遵循中共衡水职业技术学院委员会（以下简称“衡职院党委”）和中共衡水职业技术学院交通运输学院党总支委员会（以下简称“学院党总支”）决策前置程序，事先征求学院党总支和衡职院党委的意见，并应当采用书面形式（视情况可分项请示），由股东签名后置备于学院党政办公室。

第三章 股东会的类型

第七条 学院股东会分为年度股东会和临时股东会。年度股东会每年至少召开一次，应当于上一会计年度结束后的一个月内举行。临时股东会可不定期召开。

第八条 有下列情形之一的，学院应在事实发生之日起一个月内召开临时股东会：

（一）理事人数不足《公司法》规定的法定最低人数，或者少于学院章程所定人数的三分之二以上时。

（二）单独或者合并持有学院有表决权股份总数10%（不含投票代理权）以上的股东书面请求时。

（三）理事会认为必要时。

（四）监事会提议召开时。

（五）二分之一以上理事提议并经理事会审议同意的。

（六）学院章程规定的其他情形。

前述第（二）项持股股数按股东提出书面要求日计算。

第九条 学院召开股东会结束后三日内，应当由学院法律顾问对以下问题出具法律意见并公告：

（一）会议的召集、召开程序是否符合法律、行政法规、学院章程和本规则的规定。

（二）出席会议人员的资格、召集人资格是否合法有效。

（三）会议的表决程序、表决结果是否合法有效。

（四）应学院要求对其他有关问题出具的法律意见。

第十条 学院股东会原则上以现场会议形式在学院章程规定的地点召开。遇有特殊情况，也可以在保证股东会合法有效的前提下，通过视频、电话、通信表决

（股东本人签字的表决意见和表决票以传真、邮寄、电子邮件等方式在规定时间内送达）的方式召开。但股东会的年度会议、审议股东会认为股东在其中存有重大利益关联事项的会议，不得以通信表决方式召开。

第十一条 理事会秘书负责落实召开股东会的各项筹备和组织工作。

第四章 股东会的召集

第十二条 理事会应当在本规则第七条规定的期限内按时召集股东大会。

第十三条 股东会会议由理事会依法召集，理事长主持。理事长因故不能履行职务时，由理事长指定的副理事长主持；理事长和副理事长均不能出席会议时，由半数以上理事共同推举一名理事主持。

第十四条 理事有权向理事会提议召开临时股东会，并向理事会提出书面建议。对理事的提议，理事会应当根据法律、行政法规、学院章程及本规则的规定，在收到提议后 10 日内提出同意或不同意召开临时股东会的书面反馈意见。

理事会同意召开临时股东会的，应当在作出决定后的 5 日内发出召开股东会的通知；理事会不同意召开临时股东会的，应当说明理由并公告。

第十五条 监事会有权向理事会提议召开临时股东会，并向理事会提出书面建议。理事会应当根据法律、行政法规、学院章程及本规则的规定，在收到提议后 10 日内提出同意或不同意召开临时股东会的书面反馈意见。

理事会同意召开临时股东会的，应在作出理事会决定后的 5 日内发出召开股东会的通知，通知中如对原提议作出变更，应事先征得监事会的同意。

理事会不同意召开临时股东会，或者在收到提案后 10 日内未作出反馈的，视为理事会不能履行或者不履行召集股东会会议的职责，监事会可以自行召集和主持。

第十六条 单独或者合计持有学院 10%以上股份的股东有权向理事会请求召开临时股东会，并以书面形式向理事会提出。理事会应当根据法律、行政法规、学院章程及本规则的规定，在收到提议后 10 日内提出同意或不同意召开临时股东会的书面反馈意见。

理事会同意召开临时股东会的，应当在作出理事会决定后的 5 日内发出召开股东会的通知，通知中如对原请求作出变更，应当事先征得相关股东的同意。

理事会不同意召开临时股东会，或者在收到请求后 10 日内未作出反馈的，单独或者合计持有学院 10%以上股份的股东有权向监事会提议召开临时股东会，并以书面形式向监事会提出请求。

监事会同意召开临时股东会的，应在收到请求后 5 日内发出召开股东会的通知，通知中如对原请求作出变更，应当事先征得相关股东的同意。

监事会未在规定期限内发出股东会通知的，视为监事会不召集和主持股东会，如连续超过 30 日以上，单独或者合计持有学院 10%以上股份的股东可以自行召集和主持。

第十七条 监事会或股东决定自行召集股东会的，须书面通知理事会。

第十八条 监事会或股东自行召集的股东会，理事会及其秘书应予以配合，并提供股权登记日的股东名册，会议所必需的费用由学院担负。

第五章　股东会的提案

第十九条 股东会的提案应当于会前与学院党总支沟通，重大问题应当征求衡职院党委的意见；涉及教职工切身利益的提案还应当与学院工会或教代会沟通。

第二十条 理事会在召开股东会的通知中应列出本次股东会讨论的事项，并将所有提案的内容充分披露。需要变更前次股东会决议涉及的事项的，提案内容应当完整，不能只列出变更的内容。未明确具体内容的事项，不能视为提案，股东会不予表决。

第二十一条 提案的内容应当符合下列条件：

（一）属于学院业务范围和股东会职权范围。

（二）符合法律、行政法规和学院章程及本规则的规定。

（三）有明确议题和具体决议事项。

（四）以书面形式提交或送达理事会。

第二十二条 学院召开股东会，理事会、监事会以及单独或者合并持有学院 3%以上股份的股东，有权向学院提出提案。

单独或者合计持有学院 3%以上股份的股东，可以在股东会召开 10 日前提出临时提案并书面提交召集人。召集人应当在收到提案后 2 日内发出股东会补充通知，公告临时提案的内容。

除前款规定的情形外，召集人在发出股东会通知公告后，不得修改股东会通知中已列明的提案或增加新的提案。

股东会通知中未列明或不符合本规则第二十二条规定的提案，股东会不得就其进行表决并做出决议。

第二十三条 股东会拟讨论理事、监事选举事项的，股东会通知中应充分披露理事、监事候选人的详细资料，至少包括以下内容：

（一）教育背景、工作经历、社会兼职等个人情况。

（二）与学院或学院的控股股东及实际控制人是否存在关联关系。

（三）是否受到过有关部门的处罚等。

理事候选人应在股东会召开之前作出书面承诺，同意接受提名，承诺公开披露的理事候选人的资料真实、完整，并保证当选后切实履行理事职责。

第二十四条 提出涉及投资、财产处置等提案的，应当充分说明该事项的详细情况，包括：涉及金额、价格（或计价方法）、资产的账面值、对学院的影响、审批情况等。如果按照有关规定需要进行资产评估、审计或出具财务报告的，理事会应当在股东会召开前至少 5 个工作日公布资产评估情况、审计结果或财务报告。

第二十五条 根据相关法律法规、规范性文件的规定，需要股东会审议变更项目资金用途的提案，应在召开股东会的通知中说明改变资金用途的原因、新项目基本情况及其对学院发展的影响。

第二十六条 理事会审议通过年度报告后，应当对分配方案作出决议，并作为提案提交年度股东会讨论决定。

第二十七条 理事会决定不将股东会提案列入会议议案的，应当在股东会上作出解释和说明。

第六章　股东会的通知

第二十八条 召集人应当在年度股东会召开 20 日前，以公告或书面方式通知各股东。临时股东会应当于会议召开 15 日前通知各股东。

第二十九条 股东会会议的通知应当包括以下内容：

（一）会议召开的时间、地点和会议期限。

（二）提交会议审议的事项和议案。

（三）以明确的文字说明全体股东均有权出席股东会议，并可以书面委托代理人出席会议和参加表决，该股东代理人不必是学院的股东。

（四）有权出席股东会股东的股权登记日。

（五）代理委托书的送达时间和地点。

（六）会务联系人姓名、电话号码。

第三十条 发出股东会通知后，无正当理由，股东会不应延期或取消，通知中列明的提案不应取消。一旦出现延期或取消的情形，召集人应当在原定召开日前至少 2 日作出公告并说明原因。延期召开股东会的，还应当在通知中说明延期后的召开日期。

第七章　股东会的召开

第三十一条 股东会应当在学院住所地或会议通知明确的地点召开。

第三十二条 理事会和其他召集人应采取必要措施，保证股东会的正常秩序。对于干扰股东会、寻衅滋事和侵犯股东合法权益的行为，应当采取措施加以制止并及时报告有关部门查处。

第三十三条 股东可以出席股东会议，也可以委托代理人出席，并依照有关法律、法规、学院章程及本规则享有知情权、发言权、质询权及表决权等权利。

出席股东会的股东和代理人，应当遵守有关法律、法规、学院章程及本规则的规定，自觉维护会议秩序，不得侵犯其他股东的合法权益。

第三十四条 股东出席股东会议，应当持本人身份证或其他能够表明其身份的有效证件或证明。代理人出席会议的，应出示本人有效身份证件、股东的授权委托书。

法人股东应由法定代表人或者法定代表人委托的代理人出席会议。法定代表人出席会议的，应出示本人身份证、能证明其具有法定代表人资格的有效证明和持股凭证；代理人出席会议的，应出示本人身份证、法定代表人依法出具的书面授权委托书和持股凭证。

第三十五条 股东出具的委托他人出席股东会的授权委托书应当载明下列内容：

（一）代理人姓名。

（二）是否具有表决权。

（三）分别对列入股东会议程的每一审议事项投赞成、反对或弃权票的指示。

（四）委托书签发日期和有效期限。

（五）委托人签名（或盖章）。委托人为法人股东的，应加盖法人单位印章。

（六）对可能纳入股东会议程的临时提案是否有表决权，如果有表决权应行使何种表决权的具体指示。

委托书应当注明如果股东不做具体指示，股东代理人是否可以按自己的意愿表决。

第三十六条 委托书由委托人授权他人签署的，授权签署的授权书或者其他授权文件应当经过公证。经公证的授权书或者其他授权文件和代理委托书均需备置于学院或者召集会议的通知中指定的其他地方。

委托人为法人的，由其法定代表人或者董（理）事会、其他决策机构决议授权的人作为代表出席学院的股东会。

第三十七条 出席会议人员的签名册由学院理事会秘书负责制作。签名册应载明参加会议人员的姓名（或名称）、身份证号码、住所地址、持有或者代表有表决权的股份数额、被代理人姓名（或名称）等事项。

第三十八条 召集人和学院法律顾问应依据股东名册共同对股东和代理人资格的合法性进行验证，并由理事会秘书负责登记股东姓名（或名称）及其所持有表决权的股份数。在会议主持人宣布现场出席会议的股东和代理人人数及所持有表决权的股份总数之前，会议登记应当终止。

第三十九条 股东会要求理事、监事、院长等列席会议的，理事、监事、院长等应当列席并接受股东的质询。除涉及学院秘密不能在股东会议上公开外，理事、监事、院长等应当对股东的质询和建议作出答复或说明。

第四十条 监事会自行召集的股东会，由监事会主席主持。监事会主席不能履行职务或不履行职务时，由半数以上监事共同推举的一名监事主持。

股东自行召集的股东会，由召集人推举代表主持。

第四十一条 在年度股东会上，理事会应当就前次年度股东会以来股东会决议中应当由理事会办理的各个事项的执行落实情况作出专项报告，由于特殊原因未能执行落实的，应当说明原因。

监事会也应就其过去一年的工作向股东会进行报告。

第八章　股东会的表决

第四十二条 会议主持人应当在表决前宣布出席会议的股东和代理人人数及所持有表决权的股份总数，出席会议的股东和代理人人数及所持有表决权的股份总数以会议登记为准。

第四十三条 股东和代理人以其所代表的有表决权的股份数额行使表决权（综合学院占股比例确定每股占多少表决权）。股权登记日登记在册的所有股东或其代理人，均有权依照有关法律、法规、学院章程及本规则行使表决权。

第四十四条 股东会采取无记名投票的方式进行表决。

第四十五条 出席股东会的股东对所审议的提案可投赞成、反对或弃权票。出席股东会的股东委托代理人在其授权范围内对所审议的提案可投赞成、反对或弃权票。未填（空白）、错填、字迹无法辨认的表决票或未投的表决票，在统计表决结果时均视为“弃权”。

第四十六条 股东会应对所有列入议事日程的提案逐项进行表决，对同一事项有不同提案的，应以提案提交时间的先后为序进行表决，并做出决议。除因不可抗力等特殊原因导致股东会中止或不能做出决议外，股东会不应当对提案进行搁置或不予表决。

第四十七条 理事、监事候选人名单以提案的方式提请股东会决议。股东会审议理事、监事选举的提案，应当对每一名理事、监事候选人逐个进行表决。

第四十八条 股东会审议提案时，不得对提案进行修改，否则，有关变更应当被视为一个新的提案，不能在本次股东会上进行表决。

第四十九条 股东会对提案进行表决前，应当由 1 名股东代表、1 名监事代表负责计票和监票，并当场公布表决结果，决议的表决结果载入会议记录。

审议事项与股东有利害关系的，相关股东或委托代理人不得参加计票、监票。

第五十条 会议主持人应当宣布每一提案的表决情况和结果，并根据表决结果宣布提案是否通过。

第五十一条 会议主持人如果对提交表决的决议结果存有怀疑，可以安排对所投票数进行点算；如果会议主持人未进行点票，出席会议的股东或者股东代理人对会议主持人宣布结果有异议的，有权在宣布表决结果后立即要求点票，会议主持人应当立即组织清点。

第五十二条 股东会审议有关关联交易事项时，关联股东不应当参与投票表决，其所代表的有表决权的股份数不计入有效表决总数；股东会决议的公告应当充分披露非关联股东的表决情况。

第五十三条 在正式公布表决结果前，出席股东、代理人、计票人和监票人等对表决情况均负有保密义务。

第九章　股东会的决议

第五十四条 股东会决议分为普通决议和特别决议。

股东会作出普通决议，须经出席股东会的股东（包括股东代理人）所持表决权的过半数通过。

股东会作出特别决议，须经出席股东会的股东（包括股东代理人）所持表决权的三分之二以上通过。

股东会各项决议的内容应当符合法律、行政法规和学院章程的规定，违反法律、行政法规和学院章程的决议无效。

第五十五条 下列事项由股东会以普通决议通过：

（一）理事会和监事会的工作报告。

（二）理事会拟定的年度分配方案。

（三）选举理事、选举和罢免非教职工代表担任的监事，决定理事会和监事会成员的报酬和支付方式。

（四）学院年度预算方案、决算方案。

（五）学院年度工作报告。

（六）除法律、行政法规或者学院章程规定应当以特别决议通过以外的其他事项。

第五十六条 下列事项由股东会以特别决议通过：

（一）学院增加或者减少注册资本。

（二）学院购买、出售重大资产（购买资产超过 20 万元、出售资产超过 10 万元）。

（三）学院合并、分立、停办和清算。

（四）学院章程的修改。

（五）罢免任期未届满的理事。

（六）学院章程规定和股东会认定会对学院办学产生重大影响、需要以特别决议通过的其他事项。

第五十七条 股东会的决议应当及时公告，公告中应列明出席会议的股东和代理人人数、所持有表决权的股份总数及占学院有表决权股份总数的比例、表决方式、每项提案的表决结果和通过的各项决议的基本内容。

第五十八条 股东会提案未获通过，或者本次股东会变更前次股东会决议的，应当在股东会决议公告中作出特别说明。

第十章 股东会的记录

第五十九条 股东会应当进行会议记录。股东会会议记录由理事会秘书负责，会议记录记载以下内容：

（一）会议召开的时间、地点、议程及召集人姓名。

（二）会议主持人、出席人及列席人的姓名。

（三）出席股东会的有表决权股份数及占学院股份总数的比例。

（四）各发言人对每一审议事项的发言要点。

（五）每一决议事项的表决结果。

（六）股东的质询意见、建议及列席理事、监事等相关人员的答复或说明。

（七）计票人、监票人的姓名。

（八）学院章程规定或股东会认为应当载入会议记录的其他内容。

第六十条 主持人应当保证会议记录内容真实、准确和完整。出席会议的股东（委托代理人）、理事、监事和会议记录人应当在会议记录上签名。会议提案、记录、签名册及代理出席的委托书等相关资料由理事会秘书一并保存，保存期限按学院档案管理规定执行。

第十一章　附则

第六十一条 本规则未尽事宜，依照有关法律、法规、规范性文件和学院章程执行；遇有法律、法规、规范性文件和学院章程修改的，学院理事会应及时修订本规则，并提交股东会审议通过。

第六十二条 本规则所称“以上”“内”，含本数；“过”“低于”“多于”，不含本数。

第六十三条 本规则自学院股东会审议通过之日起生效。

第六十四条 本规则由学院理事会负责解释。

2021 年 9 月 1 日

衡水职业技术学院交通运输学院理事会议事规则

第一章　总则

第一条 为完善衡水职业技术学院（以下简称“衡职院”）交通运输学院（以下简称“学院”）法人治理结构，规范学院理事会议事方式和决策程序，促使理事和理事会有效地履行职责，提高理事会规范运作和科学决策水平，根据《中华人民共和国高等教育法》《中华人民共和国民办教育促进法实施条例》《普通高等学校理事会规程》和《衡水职业技术学院交通运输学院章程》(以下简称“学院章程”)等法律法规和有关规定，制定本规则。

第二条 理事会是学院的决策机构，对股东会负责，所作出的决议必须符合国家法律、法规。

第三条 理事会研究议决学院重大问题，应当事先听取中共衡水职业技术学院交通运输学院党总支委员会（以下简称“学院党总支”）的意见，重大问题要征求中共衡水职业技术学院委员会（以下简称“衡职院党委”）的意见。涉及教职工切身利益的重要事项，还应当征求学院工会或教代会的意见。

第二章　理事会的组成

第四条 学院理事会由 9 名理事组成。理事由股东向股东会推荐，其中衡职院推荐 4 名（含 1 名教职工理事）、武邑县人民政府推荐 1 名、衡水市交通运输局推荐 1 名、河北德隆投资有限公司（以下简称“德隆公司”）推荐 3 名。衡职院推荐的理事一般应具有五年以上教育教学经验，其他股东推荐的理事一般应具有五年以上本专业工作经历。

理事须经股东会选举通过后任命。

第五条 理事任期为三年，任期届满，可连选连任。理事任期从就任之日起计算，至本届理事会任期届满时为止。理事任期届满未及时改选，在改选出的理事就任前，原理事仍应当依照法律、行政法规和学院章程的规定，履行理事职务。

第六条 理事可以在任期届满以前提出辞职。理事辞职应当向理事会提交书面辞职报告，理事会应在 3 日内披露有关情况。

如因理事的辞职导致学院理事会低于法定最低人数时，在改选出的理事就任前，原理事仍应当依照法律、行政法规和学院章程规定，履行理事职务。

除前款所列情形外，理事辞职自辞职报告送达理事会时生效。

第七条 理事依法享有以下权利：

（一）出席理事会会议，并享有选举权、被选举权、表决权。

（二）召开理事会会议提议权。

（三）受理事会委托，处理理事会相关事务。

（四）受理事会委托，在对外事务中代表学院。

（五）向理事会、院长提出建议和质询。

（六）协助、督促院长及行政管理部门开展相关工作。

（七）委托代表理人出席会议。

（八）相关法律法规规定的其他权利。

第八条 理事依法承担以下义务：

（一）遵守学院章程和本规则，按时参加会议，执行理事会决议。

（二）以高度责任感为学院建设和发展努力工作，献计献策。

（三）履行理事职责，完成理事会分配的工作任务。

（四）遵纪守法，不擅自利用职权谋取私利。

（五）未经理事会同意，不在其他院校担任领导职务。

（六）不对外泄露学院秘密。

（七）相关法律法规所要求的其他义务。

第九条 理事资格的终止

（一）有下列情况之一的，理事资格自动终止：

1．任届期满的；

2．举办人转让投资的；

3．自愿退会的；

4．自然离职的。

（二）有下列情况之一的，经理事会议研究表决，可取消理事资格：

1．违反学院章程或本规则，致使学院利益受到严重损失的；

2．为谋求个人利益搞非组织活动，破坏理事会团结的；

3．不执行理事会决议的。

第十条 理事在实施职权时，超越权限或违反理事会决议，致使学院利益遭受损害的，应负赔偿责任。

第十一条 理事会设理事长 1 名，副理事长 3 名。理事长由衡职院推荐，副理事长由武邑县人民政府、衡水市交通运输局和德隆公司各推荐 1 人。理事长、副理事长均须经过理事会选举产生或罢免。

第十二条 理事会设秘书 1 人，向理事会负责。理事会秘书由学院党政办公室主任兼任，经理事会授权，负责处理理事会的日常事务等。

第十三条 理事会可聘请教育专家、企业代表或社会知名人士担任资深荣誉理事和荣誉理事。

第三章　理事会及理事长的职权

第十四条 理事会行使下列职权：

（一）召集股东会，并向股东会报告工作。

（二）选举理事长、副理事长，聘任或解聘资深荣誉理事和荣誉理事。

（三）制订学院内部管理机构的设置方案。

（四）聘任和解聘院长，根据院长提名聘任和解聘副院长。

（五）制定学院发展战略、发展规划、年度工作计划，并对其实施情况进行监督。

（六）筹集办学经费，制订学院的年度财务预算方案和决算方案。

（七）制订学院章程的修改方案。

（八）制定学院的基本管理制度。

（九）审议教职员工编制定额，对各职能部门及教职员工的工作绩效进行考核，并按规定实施奖惩。

（十）制定学院的风险管理体系，包括安全评估、财务控制等，并实施监控。

（十一）管理学院对外信息的披露。

（十二）经股东会同意，聘请或更换法律顾问。

（十三）听取院长的工作汇报，督促检查理事会决议的执行落实情况。

（十四）制订学院的合并、分立、终止等工作方案，决定学院业务范围、开办资金、法定代表人的变更。

（十五）法律、行政法规、学院章程规定，以及股东授予的其他职权。

第十五条 理事会应当确定学院对外投资、出售资产等相关事项的权限，建立严格的审查和决策程序；对重大投资项目应当组织有关专家、专业人员进行评估或评审，并报股东会、学院党总支和衡职院党委审批。

第十六条 按照学院章程规定，理事长行使下列职权：

（一）召集和主持股东会会议。

（二）召集和主持理事会会议。

（三）督促检查理事会决议的执行情况，并向理事会报告。

（四）组织制定理事会运作的规章制度。

（五）签署理事会的重要文件。

（六）听取院长、财务负责人等定期或不定期的工作汇报，对理事会决议的执行提出意见。

（七）向理事会提名理事会秘书和院长人选。

（八）审批理事会工作经费的使用方案。

（九）在发生不可抗力或重大危急情形、无法及时召开理事会会议的紧急情况下，对学院事务行使符合法律规定和学院利益的特别处置权，并在事后向理事会、股东会、党总支和衡职院党委报告。

（十）行使理事会授予的其他职权。

第十七条 学院副理事长协助理事长工作。理事长不能履行职务的，指定一名副理事长履行职务；副理事长均不能履行职务的，由半数以上理事共同推举一名理事履行职务。

第四章　理事会的会议制度

第十八条 理事会会议分为定期会议和临时会议。理事会每年应当至少召开四次定期会议，一般情况下安排在每季度第一个月的第一周召开。

第十九条 在发出召开理事会定期会议通知前，理事会秘书应当征询各理事的议题，汇总后报理事长审定。理事长在确定议题前，应当视议题内容与股东、院长进行沟通，并听取学院工会、党总支及衡职院党委主要负责人的意见。

第二十条 议题涉及应当由院长办公会、学院党总支会议、衡职院党委会履行前置程序的，应当按规定履行程序后，再经理事会会议研究决策。

第二十一条 有下列情形之一的，应当召集理事会临时会议：

（一）有代表二分之一以上表决权的股东提议时。

（二）有三分之一以上理事联名提议时。

（三）监事会提议时。

（四）理事长认为必要时。

（五）院长提议时。

（六）学院章程规定的其他情形。

第二十二条 按照第二十一条规定提议召开理事会临时会议的，应当通过理事会秘书或者直接向理事长提交由提议人签字（或盖章）的书面提议。书面提议中应当载明下列事项：

（一）提议人的姓名。

（二）提议理由或者所基于的客观事由。

（三）提议会议召开的时间或者时限、地点和方式。

（四）明确具体的议题。

（五）提议人的联系方式和提议日期等。

议题内容应当属于学院章程规定的理事会职权范围内的事项，并将与议题有关的材料一并提交。

理事会秘书在收到上述书面提议和有关材料后，应于当日转呈理事长。理事长认为提议内容不明确、不具体或者有关材料不充分的，可要求提议人进行修改或补充。

理事长应当在接到提议后10日内召集并主持召开理事会会议。

第二十三条 根据工作需要，也可以召开理事会扩大会议，扩大范围由理事长确定。

第五章　理事会会议的召集、通知和出席

第二十四条 理事会会议由理事长召集和主持；理事长不能履行职务或者不履行职务的，指定一名副理事长召集和主持；副理事长均不能履行职务或者不履行职务的，由半数以上理事共同推举一名理事召集和主持。

第二十五条 理事会召开定期会议和临时会议，理事会秘书应当分别于会议召开10日以前和5日以前将书面会议通知，通过专人送达、挂号邮寄、特快专递、电子邮件、传真或者其他方式送交全体理事及出席、列席人员。以非直接方式送达的，应当通过电话进行确认并做好相应记录。

情况紧急、需要尽快召开理事会临时会议的，可以随时通过电话或者其他口头方式发出会议通知，但召集人应当在会议上作出说明。

第二十六条 理事会书面会议通知应当包括以下内容：

（一）会议的时间和地点。

（二）会议的召开方式。

（三）会议的事由及议题。

（四）会议召集人和主持人、临时会议的提议人及其书面提议。

（五）理事表决所必需的会议提案等材料。

（六）理事应当出席或者委托其他理事代为出席会议的要求。

（七）会议列席人。

（八）联系人和联系方式。

（九）发出通知的日期。

口头会议通知至少应当包括上述第（一）（二）项内容，以及情况紧急、需要尽快召开理事会临时会议的说明。

第二十七条 理事会定期会议的书面通知发出后，如果因特殊情况需要变更会议的时间、地点等事项或者增加、变更、取消会议提案的，应当在原定会议召开时间的前 3 日发出书面变更通知，说明情况和新提案的有关内容及相关材料。不足 3 日的，会议日期应当相应顺延或者取得全体与会理事的认可后按期召开。

理事会临时会议的会议通知发出后，如果需要变更会议的时间、地点等事项或者增加、变更、取消会议提案的，应当事先取得全体与会理事的认可并做好相应记录。

第二十八条 理事会会议应当有过半数的理事（包括受委托出席的理事）出席方可举行。有关理事拒不出席或者怠于出席会议导致无法满足会议召开的最低人数要求时，理事长或理事会秘书应当及时向股东会和学院党总支报告。

理事与理事会拟决议事项有重大利害关系的应回避表决，该理事会会议由过半数与拟决议事项无重大利害关系的理事出席方可举行。理事是否与拟决议事项有重大利害关系，可以由理事会依据法律、行政法规、有关规章和学院章程等的相关规定确定。

监事可以列席理事会会议；学院党组织负责人、院长和理事会秘书未兼任理事的，可以列席理事会会议。会议主持人认为有必要的，可以安排工会主席及其他有关人员列席理事会会议。

第二十九条 原则上理事会会议应当由理事本人出席；理事因故不能出席的，应当事先审阅会议材料，形成明确意见，书面委托其他理事代为出席。委托书中应当载明：

（一）委托人和受托人的姓名。

（二）委托人对每项提案的明确意见。

（三）委托人的授权范围和对提案表决意向的指示。

（四）委托的有效期限。

（五）对可能纳入理事会会议议程的临时提案是否有表决权，如果有表决权应行使何种表决权的具体指示。

（六）委托人的签字或盖章及日期。

委托其他理事对定期报告（学期报告、年度报告等）代为签署书面确认意见的，应当在委托书中进行专门授权。

受托理事应当向会议主持人提交书面委托书，并在会议签到簿上说明受托出席的情况。

代为出席会议的理事应当在授权范围内行使权利。理事未出席理事会会议，亦未委托代理人出席的，视为放弃在该次会议上的投票权。

第三十条 委托和受托出席理事会会议应当遵循以下原则：

（一）在审议关联交易事项时，关联理事不得委托或代理非关联理事出席，非关联理事也不得接受关联理事的委托。

（二）理事不得在未说明其本人对提案的个人意见和表决意向的情况下全权委托其他理事代为出席，有关理事也不得接受全权委托和授权不明确的委托。

（三）每名理事只能接受一名理事的委托，理事也不得委托已经接受其他理事委托的理事代为出席。

第六章　理事会会议的召开

第三十一条 理事会会议以现场召开为原则。必要时，在保障理事充分表达意见的前提下，经主持人、提议人同意，也可以通过视频、电话、通信表决（理事本人签字的表决意见和表决票以传真、邮寄、电子邮件等方式在规定时间内送达）的方式召开。理事会会议也可以采用现场与其他方式同时进行的方式召开，但理事会的定期会议、审议理事会认为股东或理事在其中存有重大利害关系的事项、聘任或解聘学院理事会秘书、院长、副院长等重要人事事项以及涉及师生员工切身利益的重大事项的会议，不得以通信表决的方式召开。

以视频和电话方式召开的会议，以视频显示在场或在电话会议中发表意见的理事计算出席会议的理事人数；以通信表决方式召开的会议，以实际收到的有效表决票计算出席会议的理事人数。

第三十二条 有三分之一以上的与会理事认为提案不明确、不具体，或者因会议材料不充分等其他事由导致其无法对有关事项作出判断时，可联名提出缓议该提案，会议主持人应予采纳。提议缓议的理事应当对提案再次提交审议应当满足的条件提出明确要求。

第三十三条 会议主持人应当提请出席理事会会议的理事对各项提案发表明确的意见。

除征得全体与会理事的一致同意外，理事会会议不得就未包括在会议通知中的提案进行表决。理事接受其他理事委托代为出席理事会会议的，除非在授权委托书中已明确，否则不得代表其他理事对未包括在会议通知中的提案进行表决。

第三十四条 理事应当认真阅读有关会议材料，在充分了解情况的基础上独立、审慎、负责地发表意见。

理事可以在会前向理事会秘书、会议召集人、院长、会计负责人和学院法律顾问等有关人员了解决策所需要的信息，也可以在会议进行中向主持人建议请上述人员解答有关情况。

第三十五条 学院各职能部门有义务为理事会决策提供信息和资料。提供信息和资料的职能部门及有关人员应当对来自学院内部且可客观描述的信息的真实性、准确性和完整性承担责任。对于来自学院外部的信息和资料的可靠性，应在进行评估后，方可提供给理事会作为决策参考，并向理事会说明。

第七章　理事会会议的表决

第三十六条 理事会实行民主集中制。表决重大事项，应当由与会人数的三分之二以上通过方为有效；表决其他事项，应当由参加人数的二分之一以上通过方为有效。

第三十七条 理事会会议实行集体审议、独立表决、个人负责的决策制度。会议表决实行一人一票，以举手或书面表决（记名或无记名投票）等方式进行。当反对票和赞成票相等时，理事长有权多投一票。

第三十八条 每项提案经过充分讨论后，主持人应当适时提请与会理事进行表决。

理事的表决意向分为赞成、反对和弃权。与会理事应当从以上意向中选择其一，未做选择或者同时选择两个以上意向的，会议主持人应当要求有关理事重新选择。拒不选择的，视为弃权。中途离开会场不回而未做选择的，视为弃权。

第三十九条 出现下述情形的，理事应当对有关提案回避表决：

（一）理事与理事会会议决议事项所涉及的人员或单位有关联关系的。

（二）理事本人认为应当回避的。

（三）法律和学院章程规定的必须回避的其他情形。

在上述情形下，理事会会议由过半数的无关联关系的理事出席即可举行，理事会会议所作决议须经无关联关系的过半数理事通过。出席理事会的无关联理事人数不足5人的，不得对有关提案进行表决，而应将该事项提交股东会审议。

第四十条 理事会应当严格按照股东会和学院章程的授权行事，不得越权形成决议。

第四十一条 与会理事表决完成后，理事会秘书应当及时收集理事的表决票，并在列席监事会主席或监事的监督下进行统计。

现场召开会议的，会议主持人应当当场宣布统计结果；其他情况下，应当在规定的表决时限结束后下一个工作日将表决结果通知各理事。

理事在会议主持人宣布表决结果后或者规定的表决时限结束后进行表决的，其表决情况不予确认和统计。

第四十二条 提案未获通过的，在有关条件和因素未发生重大变化的情况下，理事会会议在一个月内不应当再审议内容相同的提案。

第四十三条 现场召开和以通信等方式召开的理事会会议，可以视需要进行全程录像和录音。

第八章　理事会会议的记录、公告及文档管理

第四十四条 理事会秘书负责对理事会会议进行记录。会议记录应当包括以下内容：

（一）会议届次、召开的时间、地点及方式。

（二）会议通知的发出情况。

（三）会议召集人和主持人。

（四）会议应到人数、实到人数及姓名、委托人及受托人姓名。

（五）会议议程。

（六）会议审议的提案、理事发言要点和主要意见、对提案的表决意向（尤其应该包括理事提出的任何疑虑或表达的反对意见）。

（七）每一决议事项的表决方式和结果（表决结果应载明赞成、反对或弃权的

票数），如每个事项表决结果均为全票通过，可合并说明。

（八）如有应当提交学院股东会、党总支、衡职院研究决定或上级政府、教育行政等主管部门审批、审核或立案的事项，应单独说明。

（九）其他应该在决议中说明和记载的事项。

第四十五条 除会议记录外，理事会秘书应当视需要在会后对会议召开情况整理形成会议纪要，并根据统计的表决结果就会议所形成的决议制作单独的决议记录。

第四十六条 与会理事本人或其委托代为出席会议的理事应当对会议记录和决议记录进行签字确认。理事对会议记录或者决议记录有不同意见的，可以在签字时作出书面说明。必要时，应当及时向股东会报告。

理事既不按规定进行签字确认，又不对其不同意见作出书面说明或者向股东会报告的，视为完全同意会议记录和决议记录的内容。

第四十七条 理事应当对理事会的决议承担责任。理事会的决议若有违反法律或者学院章程，致使学院遭受严重损失的，参与决议的理事对学院负有赔偿责任；但经证明在表决时曾表明异议并记载于会议记录的，该理事可以免除责任。

第四十八条 学院应依照相关法律的规定将理事会决议进行公告，决议的公告应当包括以下内容：

（一）会议通知发出的时间和方式。

（二）会议召开的时间、地点、方式，以及是否符合有关法律和学院章程的说明。

（三）委托他人出席和缺席的理事人数、姓名、缺席理由和受托理事姓名。

（四）每项提案获得的同意、反对和弃权的票数，以及有关理事反对或者弃权的理由。

（五）涉及关联事项的，说明应当回避表决的理事姓名、理由和回避情况。

（六）审议事项的具体内容和会议形成的决议。

理事会决议公告事宜，由理事会秘书根据相关法律、法规、学院章程等有关规定办理。在决议公告披露之前，与会理事、列席人员、记录和服务人员等负有对决议内容保守秘密的义务。

第四十九条 理事会会议档案，包括会议通知和会议材料、会议签到簿、理事代为出席的授权委托书、会议录音或录像资料、表决票、经与会理事签字确认的会议记录、会议纪要、决议记录、决议公告等，一并作为档案资料由理事会秘书定期移交学院档案室保存，保存期限按学院档案管理制度执行。

第九章　理事会决议案的执行和反馈

第五十条 下列事项经理事会会议审议同意后，须提交股东会批准后方可组织实施：

（一）关于学院的发展规划、投资计划。

（二）关于学院的年度财务预算和决算方案。

（三）关于学院增加或者减少注册资本方案。

（四）关于办学资金筹集方案。

（五）关于学院资产处置方案。

（六）关于学院合并、分立、停办和清算方案。

（七）关于学院章程的修改方案。

（八）聘请或者更换法律顾问。

（九）按照法律法规和学院章程规定的其他事项。

第五十一条 理事长应当督促理事会决议的执行，检查决议的落实情况和组织进行评估，并在以后的理事会会议上通报决议的执行落实情况。

第十章　附则

第五十二条 本规则自学院股东会批准之日起生效。

第五十三条 本规则进行修改时，由理事会提出修正案，提请股东会批准。

第五十四条 本规则所称“以上”“内”，含本数；“过”“低于”“多于”“前”，不含本数。

第五十五条 本规则未尽事宜或与本规则生效后颁布、修改的法律或经合法程序修订的学院章程相抵触时，执行法律和学院章程的规定。

第五十六条 本规则的解释权属于学院理事会。

2021 年 9 月 1 日

衡水职业技术学院交通运输学院监事会议事规则

第一章　总则

第一条 为维护衡水职业技术学院（以下简称“衡职院”）交通运输学院（以下简称“学院”）及股东的合法权益，规范学院监事会议事程序和行为，保证监事会依法独立行使职权，依据《中华人民共和国公司法》（以下简称《公司法》）等法律法规和《衡水职业技术学院交通运输学院章程》（以下简称“学院章程”），结合学院实际，制定本规则。

第二条 监事会是学院依法设立的监督机构，对学院股东会负责。监事会行使法律、法规、规范性文件及学院章程、股东会赋予的职权，对学院的教育教学、财务以及理事、院长等履行职责的合法合规性进行监督，维护学院、股东和师生的合法权益。

第三条 学院监事应当自觉遵守国家法律、法规、规范性文件和学院章程的有关规定，谨慎、认真、勤勉地行使学院赋予的权利，忠实地履行职责。

第四条 学院监事依法行使监督权的活动受法律保护，学院及各职能部门和个人不得干涉。监事履行职责时，学院及各部门应当予以协助，不得拒绝、推诿和阻挠。

第二章　监事会的组成

第五条 根据学院章程规定，学院监事会由 3 名监事组成，设监事会主席 1 人。监事会主席由全体监事过半数选举产生。监事会会议由监事会主席召集和主持，召集人不能履行职务或者不履行职务的，由半数以上监事共同推举 1 名监事召集和主持监事会会议。

监事会明确 1 名联系人，由监事会主席提名并经监事会决议后确定。

第六条 学院监事的任职资格应当符合法律、法规及其他相关文件的规定和要求。学院理事、院长、副院长和财务负责人等不得兼任监事，其配偶及直系亲属在其任职期间也不得担任监事。

违反本条规定选举监事的，该选举结果无效。

第七条 监事由股东推荐，衡职院推荐 1 名，企业方推荐 1 名，武邑县人民政府推荐 1 名，其中应有教职工监事 1 名。股东监事由股东会选举或更换，教职工监事由学院工会或教代会民主选举或更换。

监事的每届任期为三年，任期届满，可连选连任。

第八条 监事应当遵守法律、行政法规和学院章程，对学院负有忠实义务和勤勉义务，不得利用职权收受贿赂或者其他非法收入，不得侵占学院的财产。

第九条 遇有下列情形之一的，应当卸任监事职务：

（一）任期届满的。

（二）从事危害学院、股东和师生利益的行为并经查实的。

（三）自动辞职的。

第十条 监事任期届满未及时改选，或者监事在任期内辞职导致监事会成员低于法定人数的，在改选出的监事就任前，原监事仍应当依照法律、行政法规和学院章程的规定，履行监事职务。股东会和学院工会或教代会增选或补选的监事，其任期自获选生效之日起至该届监事会任期届满之日止。

第十一条 监事应当保证学院披露的信息真实、准确、完整。

第十二条 监事可以列席理事会会议，并对理事会决议事项提出质询或者建议。

第十三条 监事执行学院职务时如违反法律、行政法规、部门规章或学院章程的规定，给学院造成损失的，应当承担赔偿责任。

第十四条 监事的报酬经股东会决定后由学院支付，监事会行使职权所需要的日常经费经股东会据实确定后由学院支付。

第三章　监事会及监事会主席的职权

第十五条 学院监事会应当在《公司法》、学院章程和本规则规定的范围内行使下列职权：

（一）了解学院决策及教育教学运行情况。

（二）对理事会编制的学院工作报告进行审核并提出书面意见，说明报告的编制和审核程序是否符合法律、行政法规和部门规章的规定，报告内容是否真实、准确、完整地反映学院的实际情况。

（三）检查学院的财务运行情况。

（四）对理事会制定的分配政策、制度及方案提出建议、发表意见。

（五）对理事、院长、副院长和财务负责人等执行职务时的行为进行监督，对违反法律、行政法规、学院章程或学院党总支、股东会决议的理事、院长、副院长和财务负责人等提出罢免的建议。

（六）当发现理事、院长、副院长和财务负责人等有关人员的行为损害学院、股东和师生的利益时，要求其予以纠正。

（七）提议召开临时股东会，在理事会不履行《公司法》、学院章程规定的召集和主持股东会职责时召集和主持股东会。

（八）向股东会提出提案。

（九）依照《公司法》第 152 条的规定，对理事、院长等提起诉讼。

（十）学院章程规定的其他职权。

第十六条 监事会主席行使下列职权：

（一）组织履行监事会的职责。

（二）召集、主持监事会会议。

（三）检查督促监事会决议的执行落实。

（四）审定并签署监事会报告及其他重要文件。

（五）代表监事会向股东会报告工作。

（六）学院章程规定应履行的其他职权。

第十七条 当理事或院长等与学院发生诉讼时，由监事会主席或由其指定的监事代表学院与理事或院长等进行诉讼。

第四章　监事会会议的召集

第十八条 监事会会议分为定期会议和临时会议。

第十九条 监事会定期会议应当每 6 个月召开一次。在发出召开监事会定期会议的通知之前，监事会主席应当向全体监事征集会议提案。

第二十条 监事和其他有关人员需要提交监事会研究、讨论、决定的提案，应预先提交监事会联系人，由监事会联系人汇集分类整理后，书面送交监事会主席审阅，并由监事会主席决定是否列入议程。对未列入议程的提案，监事会主席应当向提案人说明理由。

第二十一条 提案文本应当随会议通知一并送达全体监事和列席会议的有关人员。

第二十二条 监事会会议的提案应符合下列条件：

（一）与法律、法规、学院章程等规定不相抵触。

（二）属于学院的业务范围和监事会的职责范围。

（三）提案符合学院、股东和师生的利益。

（四）有明确的议题、具体事项和方案。

（五）至少应当在会议召开 5 日前送达监事会联系人。

第二十三条 出现下列情况之一的，监事会应当在 10 日内召开临时会议：

（一）任何监事提议召开时。

（二）股东会、理事会、院长办公会等通过了违反法律、法规、学院章程和其他有关规定的决议时。

（三）学院财务违规操作、财务会计信息失真，要求学院财务予以改正但不予落实时。

（四）理事、院长等执行学院职务时出现违法、违规或违反学院章程的行为，要求理事会采取措施但不予采纳时。

（五）理事、院长等人的行为损害股东、学院或师生的利益，要求其予以纠正但拒绝执行时。

（六）学院章程规定的其他情形。

第二十四条 监事提议召开临时会议的，应当向监事会主席提交本人签字的书面意见，并应当载明下列事项：

（一）提议监事的姓名。

（二）提议理由或者所基于的客观事由。

（三）会议召开的时间、地点和方式。

（四）具体事项及内容完整的提案。

（五）联系方式和提议日期等。

第二十五条 监事会主席应当在收到监事的书面提议后 3 日内，发出召开监事会临时会议的通知。监事会主席怠于发出会议通知的，提议监事应当及时向股东会报告。

第二十六条 召开监事会定期会议和临时会议，监事会主席应当责成联系人分别提前 10 日和 5 日将盖有监事会印章的书面会议通知通过直接送达、传真、电子邮件或者其他方式，提交全体监事。非直接送达的，还应当通过电话进行确认并做好相关记录。

第二十七条 如遇到特殊情况，需要尽快召开监事会临时会议的，可以随时通过口头或者电话等方式发出会议通知，但召集人应当在会议上作出特别说明。

第二十八条 书面会议通知至少包括以下内容：

（一）举行会议的日期、地点和会议期限。

（二）事由及议题。

（三）会议召集人和主持人、临时会议的提议人及其书面提议。

（四）监事表决所必需的会议材料。

（五）监事应当出席会议的要求。

（六）会议联系人和联系方式。

（七）发出通知的日期。

口头会议通知至少应包括上述第（一）（二）项内容，以及情况紧急需要尽快召开监事会临时会议的说明。

第二十九条 监事会主席召集和主持监事会会议；监事会主席不能履行职务或者不履行职务的，由半数以上监事共同推举一名监事召集和主持监事会会议。

第五章　监事会会议的召开

第三十条 监事会定期会议应当以现场方式召开。

第三十一条 监事会临时会议在保障监事充分表达意见的前提下，可以通过通信表决方式进行。通信表决是指监事对监事会提交会议审议的事项，通过通信、传真、电子邮件等指定的信息传递方式行使表决权。

第三十二条 监事会临时会议采取通信表决方式，会议召集人（主持人）应当向与会监事说明具体原因。在通信表决时，监事应当将其对审议事项的书面意见和投票意向在签字确认后以通信、传真、电子邮件等指定的信息传递方式提交至会议主持人。监事不应当只写明投票意向而不表达其书面意见或者投票理由。

第三十三条 采用通信方式召开监事会会议，通知中还应当载明以下内容：

（一）明确本次监事会会议以通信方式进行表决。

（二）详尽披露拟审议事项的有关信息。

（三）附送表决票的标准格式，要求监事复印使用。

（四）监事填制完毕的表决票的送达方式、地址及截止期限。

（五）其他需要向监事说明的事项。

第三十四条 表决票的形式可以由学院理事会秘书负责设计制作。

第三十五条 采用通信方式表决的，监事不得委托其他监事代为出席。监事必须在表决票上作出同意、反对、弃权其中一种的表决意见，并在事后整理完成的会议决议上签字确认。

第三十六条 经监事签署的表决票及审议意见，应当在会议通知中指定的截止期限之前以邮件、传真或专人报送等形式送达监事会主席、其他召集监事会会议的监事或联系人等指定人员。送达的上述文件非原件时，应当在会议结束后的 5 日内将原件送达或邮寄至学院监事会。

第三十七条 监事未按会议通知中要求的方式、期限及地址送达表决票的，监事会视为因故未出席会议。

第三十八条 监事会主席或其他召集人应当指定专人做好会议记录，并在会后及时整理形成会议决议。会议决议及会议记录经监事会主席或其他召集人签名确认，并及时送交参会监事在会议决议及会议记录上签字确认。

第三十九条 监事会会议应当由监事本人出席。监事因故不能出席的，可以书面委托其他监事代为出席。委托书应载明代理人的姓名、委托事项、权限和有效期限，并由委托人签名。

第四十条 监事未出席会议，也未委托其他监事代为出席的，视为未履行监事职责。如连续两次不能出席监事会会议，也未委托其他监事出席会议，视为不能履行职责，监事会可提请股东会或学院工会（教代会）予以更换。

第四十一条 受托监事应当在会前向会议主持人提交书面委托书，说明受托出席的情况，并在授权范围内行使监事职权。

第四十二条 监事会应当根据监事的提议，安排学院理事、院长及其他有关人员或者相关中介机构的专业人员到会接受咨询。

第六章　监事会会议的议事程序

第四十三条 监事会会议应当由过半数的监事出席方可举行。监事拒不出席或者怠于出席会议导致无法满足会议召开的最低人数要求的，其他监事应当及时向股东会报告。

第四十四条 理事会秘书应当列席监事会会议。监事会可根据实际需要，安排学院理事、院长、工会主席和衡职院纪委负责人等出席监事会会议。

第四十五条 会议主持人应当逐一提请与会监事对每项议案发表明确的意见，并根据监事的提议，要求理事、院长等到会人员接受质询或回答有关问题。

第四十六条 监事会会议的表决实行一人一票制，可采取举手、投票或通信方式进行。

第四十七条 监事的表决意向分为同意、反对和弃权。与会监事应当从上述意向中选择其一，未做选择或者同时选择两个以上意向的，会议主持人应当要求该监事重新选择，拒不选择的，视为弃权；中途离开会场不回而且未做选择的，视为弃权。

第四十八条 监事会形成的决议应当经过半数监事同意。

第四十九条 召开监事会会议，可以视需要进行全程录音或录像。

第七章　监事会会议的决议

第五十条 当提案与监事有关联关系时，该监事应当回避且不得参与表决。

第五十一条 监事会会议的列席人员只在讨论相关议题时列席会议，在其他时间回避。列席人员有发言权但无表决权。

第五十二条 监事会会议决议经出席会议监事签字后生效，签字监事人数应当达到法定要求。

第五十三条 监事应当对监事会决议承担责任。监事会决议违反法律、行政法规或学院章程，致使学院遭受损失的，参与决议的监事对学院负有赔偿责任。但经证明在表决时曾表示异议并记载于会议记录的，该监事可以免除责任。

第五十四条 监事会决议的公告事宜，由理事会秘书根据有关规定办理。

第五十五条 监事应当保证监事会决议公告的内容真实、准确、完整，没有虚假记载、误导性陈述或重要遗漏。

第五十六条 监事会的决议情况在通过正式的渠道披露之前，参加会议的所有人员不得以任何方式泄密，否则承担由此导致的一切法律责任。

第五十七条 监事会主席应当督促有关人员落实监事会决议，并在下一次监事会会议上通报决议的执行落实情况。

第八章　监事会会议的记录

第五十八条 监事会主席或其他召集人应当指定工作人员对现场会议进行记录。会议记录应当包括以下内容：

（一）会议届次。

（二）召开时间、地点、方式。

（三）会议召集人和主持人。

（四）会议出席及列席人员。

（五）会议议程。

（六）会议审议的提案，每位监事对有关事项的发言要点和主要意见，对提案的表决意向。

（七）每项提案的表决方式和表决结果（说明具体的同意、反对、弃权票数）。

（八）与会监事认为应当记载的其他事项。

对以通信方式召开的监事会会议，监事会主席应当参照上述规定，指定专人整理会议记录。

第五十九条 与会监事应当对会议记录进行签字确认，如对会议记录有不同意见的，可以在签字时作出书面说明。

第六十条 监事不按前款规定进行签字确认，不对其不同意见作出书面说明或者向股东会报告的，视为完全同意会议记录、决议记录和会议纪要的内容。

第六十一条 监事会的会务材料，包括会议通知、提案、签到簿、录音或录像资料、表决票以及经与会监事签字确认的会议记录、决议记录和会议纪要及决议公告等，由理事会秘书保管。

第六十二条 监事会会议档案资料的保存按学院档案管理制度的有关规定执行。

第九章　附则

第六十三条 本规则所称“日”，均指工作日。

第六十四条 本规则所称“以上”，包含本数；本规则所称“过”，不包含本数。

第六十五条 本规则未尽事宜，按有关法律、法规和规范性文件及学院章程的规定执行。本规则如与国家日后颁布的法律、法规和规范性文件或经合法程序修改后的学院章程相冲突，按国家有关法律、法规和规范性文件及学院章程的规定执行，并及时对本规则进行修订，修订后报股东会审议通过。

第六十六条 本规则自学院股东会审议通过之日起生效，修订时亦同。

第六十七条 本规则由学院监事会负责解释。

2021 年 9 月 1 日

衡水职业技术学院交通运输学院院长办公会议事规则

第一章　总则

第一条 为完善衡水职业技术学院（以下简称“衡职院”）交通运输学院（以下简称“学院”）法人治理结构，规范学院院长办公会的议事程序，保证院长依法行使职权，履行职责，承担义务，提高会议质量和议事效率，根据《中华人民共和国高等教育法》《中共中央办公厅关于坚持和完善普通高等学校党委领导下的校长负责制的实施意见》和《衡水职业技术学院党委领导下的院长负责制实施办法》《衡水职业技术学院交通运输学院章程》（以下简称“学院章程”）有关规定，结合学院实际，制定本规则。

第二条 院长是学院日常教育教学管理的负责人，应当依法依规履行职权，对理事会负责，组织实施理事会和党总支决议。

第三条 院长办公会是学院日常教育教学管理的议事机构，主要研究提出拟由学院理事会和党总支讨论决定的重要事项方案，制定执行落实理事会和党总支会议决议、决定的有关措施，组织实施学院教育教学、科学研究及常规运行管理等工作。

第四条 院长办公会由院长召集和主持。院长因故不能主持会议而有临时议决事项必须召开办公会时，应当委托一名副院长主持会议。

第五条 理事会秘书（党政办公室主任）和监事（1 人）列席会议。根据会议内容，由院长或会议主持人安排确定其他列席人员。

第六条 学院党政办公室负责处理院长办公会的日常事务工作。

第二章　议事原则

第七条 对理事会负责原则。院长办公会根据法律法规和学院章程规定，依照理事会的授权行使职权，对理事会负责。

第八条 院长负责制原则。院长办公会由院长决定召开并召集和主持会议。

第九条 重要事项经学院党总支前置研究原则。凡涉及学院“三重一大”事项的，须经学院党总支会议审议后，方可经由院长办公会讨论研究。

第十条 依法议事科学决策原则。议题决策的前期，应当充分进行调研和论证其必要性和可行性，避免决策风险。

第十一条 分工负责原则。院长和分管副院长根据分工安排，牵头具体工作，履行各自职责。

第十二条 民主集中制原则。院长办公会对理事会授权下有关学院管理的重要事项实行集体议事、会议表决。院长应当在充分听取意见的基础上，统领全局、把关定向、科学决策。

第三章　议事范围

第十三条 院长办公会议事范围包括以下内容：

（一）贯彻上级关于高等教育和高等职业教育改革发展的文件、会议精神和工作部署，研究拟订实施方案。

（二）制定落实学院党总支、股东会、董事会的决策、决定及学院其他重要会议精神的措施和办法。

（三）研究拟定学院发展战略、中长期规划、投资发展计划、重大资产重组与改革方案，审议重要合同及资金使用方案。

（四）研究拟订学院年度工作计划。

（五）研究拟定学院年度财务预算和决算报告。

（六）研究拟定学院章程、基本管理制度和重要规章制及其修改方案。

（七）研究提出学院教育教学改革方案、内部管理机构设置方案。

（八）研究提出学院重大基建项目、重要资源和资产处置、大额资金使用和审计监督方案。

（九）研究提出学生学籍管理、学生奖励或处分、招生、创业就业工作方案。

（十）研究拟定教职员工的薪酬、考核奖惩、聘用和解聘方案。

（十一）对教学、科研、行政管理等日常工作进行安排部署。

（十二）研究制定院长工作报告以及需要向上级报送的专项工作报告。

（十三）讨论处理工会、教代会、团委会、学生会等需要由院长办公会研究落实的提案。

（十四）审议学院对外合作交流事项。

（十五）其他需要由院长办公会研究确定和审议的事项。

第四章　会议召开

第十四条 院长办公会原则上实行定期召开制度，每月不少于两次。

第十五条 如遇下列情况之一，可召开院长办公会临时会议：

（一）理事会提议时。

（二）监事会提议时。

（三）党总支提议时。

（四）院长认为必要时。

（五）有重要事项必须立即决定安排部署时。

（六）有突发事件发生时。

第十六条 院长办公会应当由半数以上领导成员参加方能召开，与会人员因故不能参加的，应事先向院长或会议主持人请假。

第五章　议题提出与确定

第十七条 会议议题由各分管院长提出，学院党政办公室负责收集汇总，报院长审定。院长办公会的重要议题，应在会前听取学院理事长和党总支书记的意见。

第十八条 凡提交院长办公会的议题，分管院长应责成相关部门或教学单位事先进行充分调研、论证和协商，在形成比较成熟的方案、意见或建议后，在会议召开前 5 个工作日报学院党政办公室。需要相关部门会签的议题材料，由相关部门会签。

第十九条 提交院长办公会会议研究讨论的事项，涉及教职工工资、福利、保险、解聘（或开除）等关系教职工切身利益问题的，应当事先听取学院工会或教代会的意见。

第二十条 院长办公会议题确定后，由学院党政办公室根据院长的意见，安排会议时间、地点、议程及议题顺序，并提前 3 个工作日将会议通知和会议材料送达与会人员审阅，以便做好议事准备。

第二十一条 出现下列情况之一，提案不予提交院长办公会审议：

（一）送交材料未达到要求的。

（二）未在规定时间内报送的。

（三）按规定须履行学院党总支会议前置审议程序，但未提交审议或审议未通过的。

（四）按照法律相关规定，需经法律审核但未予审核或审核未通过的。

第二十二条 涉及以下重大事项的，应先与学院理事会、党总支、衡职院党委主要负责人沟通，并经有关会议前置审议后，方可提交院长办公会研究：

（一）学院办学理念、改革发展战略、中长期发展规划等制定。

（二）资产重组、股权转让、资本运作和大额投资的原则性、方向性问题。

（三）学院重要改革方案、重要规章制度的制定或修改。

（四）学院合并、分立、停办和清算方案。

（五）学院内部管理机构的设置和调整。

（六）副院长、职能部门和教学单位负责人等重要人事变动。

（七）在重大安全稳定等涉及学院政治责任和社会责任方面采取的重要措施。

（八）对办学规模、资本结构、教育教学等产生重要影响的项目设立，以及其他重大项目安排事项。

（九）其他应当经学院理事会、党总支和衡职院党委审议同意后，由院长办公会研究决定的事项。

第六章　议事方式与决定

第二十三条 院长办公会应按预定议题进行，一般不临时动议，特别是不临时动议重要事项。

第二十四条 院长办公会实行一题一议，分题讨论研究。议事程序一般为：

（一）提出议题的分管院长或列席会议的部门负责人就议题作简要说明，包括政策或法规依据、主要内容、调查或征求意见情况，解决问题的建议或方案。

（二）相关部门列席人员就议题进行必要的补充说明。

（三）各分管院长就议题充分发表意见。

（四）主持人在充分听取讨论意见的基础上，进行集中归纳，在征得过半数人员的同意后，作出决定或决议。

第二十五条 如需要对讨论的议题进行表决时，可根据讨论事项的不同，采取口头、举手、投票（无记名投票或记名投票）方式进行，最后由会议主持人作出明确决定，即作为会议的决议。对暂不能作出决定的应当场予以说明。

第二十六条 会议对少数人的不同意见，应予认真考虑。如意见分歧较大，应暂缓作出决定，待进一步调查研究、交换意见后再行讨论。

第二十七条 对因故缺席会议的分管院长，必要时会后由院长（也可以委托一名副院长）或学院党政办公室主任向其转告本次会议重要事项的议事情况和结果，或由党政办公室起草纪要送阅。

第二十八条 经院长办公会审议通过的提案，应形成会议决议，按学院章程和决策程序需要理事会、股东会或党总支审议的，学院党政办公室应当将有关提案及资料于会后5个工作日内报送学院理事长或党总支书记。

第二十九条 在遇到突发紧急情况时，第一时间了解情况或在事发现场的分管院长，应立即电话向院长报告情况，提出处置建议，并征求院长意见。紧急情况下由个人或少数人临时决定的事项，应在事后及时向学院党总支、理事会和院长报告；临时决定人应当对决策情况负责，党总支、理事会或院长办公会应当在事后按程序予以追认。

第七章　会议记录

第三十条 学院党政办公室主任负责院长办公会会议的记录，遇有特殊情况可由院长指定专人记录。

会议记录应当使用专门的记录本。会议记录包括下列内容：

（一）会议召开的日期、地点、主持人姓名。

（二）出席、列席及缺席会议人员的姓名。

（三）会议议程、议题。

（四）出席会议人员的发言要点。

（五）所议事项的决定或结论。

会议结束后，要将会议记录呈送院长和各副院长签字确认。

第三十一条 学院党政办公室负责根据会议记录整理形成会议纪要，呈报院长签发。会议纪要除发送院长、副院长外，还应发送学院党总支书记、理事长、监事会主席和需要执行落实会议议定事项的有关部门。如会议纪要涉及保密事项，按规定范围发送。

第三十二条 院长办公会议记录、纪要及相关会议材料按学院档案管理要求及时归档保存。

第八章　会议纪律

第三十三条 参会人员及列席人员必须严格遵守保密制度和保密纪律。凡需要保密的议事内容和讨论情况，不得以任何方式泄露和传播。

第三十四条 院长办公会实行回避制度，凡涉及与会人员本人及夫妻关系、直系血缘关系、近姻近亲关系的利益问题时，有关人员应当回避。

第三十五条 对院长办公会职责权限内的“三重一大”事项，不得以个别征求意见等方式取代集体讨论。

第三十六条 院长办公会议作出的各项决定，分管院长按照分工负责组织实施。如对会议决议持有不同意见，可以保留或者向理事会或党总支反映，但在没有作出新的决策之前，不得影响会议决议的执行。

确需对决议内容作出重要调整，应当重新按规定履行决策程序。

第三十七条 学院党政办公室应将院长办公会议定的有关事项列入督办范围，及时进行跟踪、督促、检查，并向院长和分管院长反馈落实情况。

第九章　附则

第三十八条 未尽事宜或本议事规则与有关法律法规、学院章程相冲突时，以有关法律法规和学院章程的规定要求为准。

第三十九条 本议事规则由学院党政办公室负责解释。

第四十条 本议事规则经院长办公会审议通过，报学院理事会批准后自公布之日起实施。

2021 年 9 月 1 日

衡水职业技术学院交通运输学院工会工作规程

第一章　总则

第一条 为适应衡水职业技术学院（以下简称“衡职院”）交通运输学院（以下简称“学院”）发展需要和工作要求，发挥工会在学院改革发展和构建和谐校园中的作用，促进民主政治建设，保障教职工参与学院民主管理和民主监督的权利，根据《中华人民共和国工会法》（以下简称《工会法》）、《中国工会章程》和《衡水职业技术学院交通运输学院章程》（以下简称“学院章程”）的规定，结合办学实际，制定本规程。

第二条 衡水职业技术学院交通运输学院工会（以下简称“学院工会”）是在中共衡水职业技术学院委员会（以下简称“衡职院党委”）、衡水职业技术学院工会（以下简称“衡职院工会”）和中共衡水职业技术学院交通运输学院总支委员会（以下简称“学院党总支”）的领导下、教职工自愿参加的基层群众组织。学院工会遵循党的基本路线和工会工作指导方针，围绕学院的中心任务，根据广大会员的意愿和要求，依照《工会法》《中国工会章程》和学院章程等，独立负责地开展工作，履行维护、建设、参与、教育职能，发挥党联系群众的桥梁和纽带作用。

第三条 学院工会支持学院理事会和院长依法依规行使职权，对学院教育教学工作和各项事业建设给予配合支持，维护学院的和谐稳定；教育会员遵守国家法律法规和学院规章制度，履行岗位职责，同时代表和组织会员依照法律规定参与学院的民主管理和民主监督。

第四条 学院工会与教职工代表大会（以下简称“学院教代会”）保持密切的工作联系，学院工会会员大会与学院教代会一并召开，教代会代表与工会会员代表为双重身份。学院工会配合、协助学院教代会各专门委员会开展工作，承担学院教代会的有关具体任务。

第五条 学院工会实行民主集中制原则，上级组织领导下级组织，同时坚持民主协商和群众路线的工作方法，密切联系会员，动员和依靠广大会员加强工会建设，提高工作水平，增强组织活力，把工会建设成为“教职工之家”。

第二章　职能任务

第六条 履行教育职能。按照全国高校思想政治工作会议提出的“四个统一”的要求，认真做好教职工的思想政治工作和精神文明建设，努力建设一支政治素质过硬、业务能力强、育人水平高、适应学院创新发展需要的高素质教工队伍。

（一）加强政治引领，团结教育教职工认真学习践行习近平新时代中国特色社会主义思想，贯彻执行党的路线、方针、政策，不断增强“四个意识”、坚定“四个自信”、做到“两个维护”，把对党绝对忠诚的政治信仰转化为推动学院高质量发展的精神动力。

（二）引导和教育教职工牢固树立终身学习的理念，拓宽文化视野，夯实专业知识，锻炼业务能力，努力提高自身的专业素质和业务水平。

（三）深入开展爱国主义、集体主义和爱校教育，大力弘扬社会主义核心价值观，加强法制和师德建设，引领教职工争当师德先锋和育人标兵。

（四）认真做好先进典型的培树、评选、表彰工作，大力推广先进经验，发挥先进模范的示范作用。

（五）教育教职工发扬主人翁精神，做到爱校爱岗，不断增强事业心、责任心，弘扬担当奉献精神，认真完成学院交给的各项任务。

第七条 履行参与职能。动员和组织教职工通过多种途径和形式参与学院的民主管理，使学院工会成为广大教职工有组织、有纪律、有作为地参政议政的民主渠道和监督平台。

（一）代表和组织教职工依照法律法规，通过学院教代会、校务公开等多种组织形式和渠道，参与学院的民主管理和民主监督。

（二）根据工作需要，列席学院党总支会议、股东会、理事会和院长办公会等有关会议，并提出合理化建议和意见，维护教职工的合法权益。

（三）支持配合学院理事会和院长做好教职工的聘任、考核、提职、晋升和奖惩等工作。

（四）支持教职工的合理化建议，维护教职工的合法权益，参与调处和裁决与教职工切身利益有关的争议问题。

（五）会同有关部门做好学院教代会规定的其他工作。

第八条 履行建设职能。团结教育广大教职工积极参加学院的改革和建设，努力建设学习型工会，积极发挥工会在学院建设中的主力军作用。

（一）加强工会组织建设，健全民主制度和民主生活。

（二）做好会员的发展、接收、教育和会籍管理工作，建立、发展和壮大工会积极分子队伍。

（三）加强教职工之家建设。

（四）组织好工会干部的学习培训，不断提高工会干部的思想、政治和业务素质。

（五）加强工会理论调研工作，提高工会工作的整体水平。

第九条 履行维护职能。坚持为教职工说话办事，全心全意为教职工服务。

（一）关心教职工生活，倾听教职工呼声，协助理事会为教职工做好事、办实事、解难题，认真做好劳动人事争议调解工作。

（二）协助和督促理事会做好教职工工资、劳动安全卫生和社会保障等方面的工作，安排和落实好教职工的集体福利。

（三）建立困难教职工档案，组织开展群众性互爱互助、互帮互济活动。

（四）组织开展群众性文化体育活动。

（五）维护女教职工的特殊利益，组织女教职工的特殊疾病检查，落实政策规定的假期、保险等，举办卫生健康知识讲座。

第十条 学院工会承担教代会工作机构的职责，主要协助执行委员会做好下列工作：

（一）做好学院教代会的筹备和会务工作，组织选举教代会代表，征集和整理提案。

（二）学院教代会闭会期间，组织传达贯彻大会精神，督促检查会议决议的执行落实，组织各代表团及专门委员会的活动，主持召开教职工代表团和专门委员会负责人联席会议等。

（三）组织学院教代会代表的培训，接受和处理教代会代表的建议和申诉。

（四）就学院民主管理工作向党总支、理事会汇报，并就不断改进和完善民主管理提出意见和建议。

（五）做好学院教代会文书档案的管理工作。

学院工会各工作委员会要积极协助教代会各专门委员会开展工作，配合处理共同性的问题。

第十一条 做好工会财务工作，收好、管好、用好工会经费；管好、用好工会财产。

第三章　组织

第十二条 学院工会会员代表大会是学院工会的权力机关，必须按期召开。会员代表为常任制，任期 3 年。工会会员代表大会下设工会委员会和经费审查委员会。

第十三条 工会委员会的委员，应坚持党的领导、密切联系教职工、热心为教职工服务，做到办事公道、作风正派。

第十四条 工会委员会设主席 1 人、副主席 1 人、委员 3~5 人。

工会委员会由会员代表大会采取无记名投票方式选举产生。首届工会委员会候选人的产生，以工会小组为单位提名，由学院党总支根据工会小组的提名情况提出建议名单，报衡职院工会和衡职院党委审查同意后，提交会员代表大会通过。此后工会委员会候选人的产生，由上届委员会根据多数工会小组的意见，提出建议名单，报学院党总支、衡职院工会和衡职院党委审查同意后，提交会员代表大会通过。

工会主席、副主席由工会委员会选举产生。

第十五条 工会委员会对会员代表大会负责，执行会员代表大会的决议，定期向会员代表大会报告工作和经费收支情况，接受会员监督。

第十六条 工会委员会实行集体领导和分工负责相结合的制度，重要问题要经过集体讨论作出决定。

第十七条 工会委员会根据工作需要，可设立若干工作委员会。各工作委员会由工会委员会选聘工会积极分子组成，设主任 1 人，必要时可设副主任 1 人。主任由工会委员兼任。

第十八条 经费审查委员会，负责对工会经费收支和资产管理情况进行审查监督。委员会设主任 1 人，委员 2~4 人。委员候选人由各代表团推荐，经工会会员代表大会选举产生。主任由学院党总支提名，工会经费审查委员会选举通过。

第十九条 学院的系部、处室等二级单位设工会小组，受工会委员会直接领导，完成工会委员会布置的各项工作任务。

工会小组长由会员代表大会选举产生或由会员大会直接选举产生，任期与学院工会相同，如遇特殊情况可以提前或推迟改选。

条件成熟时，学院二级单位可设立分工会，分工会之下设工会小组。

第二十条 工会干部的任职条件是：热爱工会工作，密切联系教职工，反映教职工的呼声；热心为广大教职工服务，廉洁奉公；有一定的组织能力，受教职工拥护和信任。

第二十一条 为保持工会工作的连续性和正常运行，如工会干部职位因各种原因出现空缺，应按第十四条规定的办法和程序进行替补。

第四章 会员

第二十二条 凡与学院签订聘用合同的教职工，承认《中国工会章程》和学院章程，遵守本规程的规定，定期交纳会费，均可加入学院工会。

第二十三条 要求加入工会的教职工，须由本人提出书面申请、工会小组讨论通过、学院工会委员会批准，方可入会；其会籍从学院工会批准之日算起。

第二十四条 会员退会自由。会员提出退会申请，经由所在工会小组提出，报学院工会批准。从批准退会之日起停止交纳会费，并在原会员登记表上予以注销。

第二十五条 工会会员应积极参加工会的各项活动，正确行使自己的权利，履行好应尽的义务，按时足额交纳会费。

第二十六条 会员没有正当理由连续 6 个月不交纳会费、不参加工会组织生活、经教育拒不改正的，应视为自动退会。

第二十七条 因违法犯罪并受到刑事处罚的会员，经学院工会委员会讨论决定，报衡职院工会批准，开除其会籍。

第五章 经费和资产

第二十八条 学院工会经费的来源

（一）工会会员交纳的会费（按会员每月工资收入的 0.5%计收，工资尾数不足 10 元的不计交会费）。

（二）学院向工会拨给的经费（应于每月 15 日以前按照上月份全部教职工工资总额的 2%，向工会拨交当月的工会经费）。

第二十九条 学院工会根据经费独立的原则，建立健全预算、决算、经费审查监督制度。

（一）建立经费审查委员会。

（二）向会员代表大会报告财务、经费审查工作，接受会员的审议。会员有权对经费使用情况提出意见和建议。

（三）为工会办公和开展活动提供必要的设施、场所和经费等条件。

第三十条 学院工会的资产和学院拨给工会使用的不动产，任何人不得侵占、挪用和任意调拨。

第六章 附则

第三十一条 本规程由学院工会负责解释。

第三十二条 本规程自学院工代会审议通过之日起执行。

2021 年 9 月 1 日

衡水职业技术学院交通运输学院教职工代表大会实施细则

第一章 总则

第一条 为完善衡水职业技术学院（以下简称“衡职院”）交通运输学院（以下简称“学院”）法人治理结构和管理体制，保障教职工参与学院民主管理和监督，促进依法治校，依据《中华人民共和国教育法》《学校教职工代表大会规定》《河北省学校教职工代表大会实施办法》等法律法规、政策文件和《衡水职业技术学院教职工代表大会实施细则》《衡水职业技术学院交通运输学院章程》（以下简称“学院章程”)，结合学院实际，制定本细则。

第二条 衡水职业技术学院交通运输学院教职工代表大会（以下简称“学院教代会”）是学院教职工行使民主管理权力的机构，是学院民主管理的基本形式。

第三条 学院教代会以习近平新时代中国特色社会主义思想为指导，全面贯彻执行党的基本路线和教育方针，认真参与学院民主管理和监督。

第四条 学院教代会及其代表应当遵守国家法律法规，遵守学院规章制度，正确处理国家、学院、集体和教职工的利益关系。

第五条 学院教代会在中共衡水职业技术学院委员会（以下简称“衡职院党委”)、衡水职业技术学院工会（以下简称“衡职院工会”）和中共衡水职业技术学院交通运输学院总支委员会（以下简称“学院党总支”）的领导下开展工作。学院教代会的组织原则是民主集中制。学院党总支要定期研究学院教代会工作，定期听取学院教代会的工作汇报。学院理事会应当支持学院教代会依法行使职权。

第六条 学院实行教职工代表大会和工会会员代表大会合二为一的体制（简称“学院双代会”)，教代会与工代会合并召开，届期相同。教代会代表具有双重代表身份，既是教职工代表大会代表，又是工会会员代表大会代表，当选教代会代表的必须是工会会员。

第二章 职权

第七条 学院教代会可行使审议建议权、审议通过或否决权、审议决定权、评议监督权和民主推荐选举权等职权。

（一）审议学院下列相关事项：

1．学院中长期发展规划、重大改革措施、年度财务预算等草案；

2．学院党总支、理事会与工会就涉及教职工聘用关系重大调整、工资福利制度重大改革等事项进行协商的情况；

3．学院教代会工作机构开展工作的情况；

4．法律法规规定或者学院党总支、理事会与工会协商确定的应当向教代会报告的其他事项。

（二）审议并通过学院下列相关事项：

1．学院教代会实施办法、学院章程、有关校务公开、教职工理事、教职工监事等民主管理制度；

2．涉及教职工的薪酬福利、聘用管理、教育培训、考核奖惩等制度；

3．学院上一届（次）教代会提案办理情况报告、工会工作报告及其他专项报告；

4．涉及学院体制改革中的教职工整体劳动关系变更、安置分流、经济补偿等原则方案；

5．法律法规规定或者学院党总支、理事会与工会协商确定的应当提交教代会审议通过的其他事项。

（三）审查监督学院下列相关事项：

1．健全完善教代会、院务公开、教职工理事和教职工监事等民主管理制度情况；

2．教代会决议贯彻落实情况；

3．学院章程、规章制度和决策部署执行情况；

4．学院涉及教职工利益的有关合同履行情况；

5．教代会提案落实情况；

6．法律法规规定或者学院党总支、理事会与工会协商确定的应当向教代会报告并接受审查监督的其他事项。

（四）选举或罢免教职工理事、教职工监事。

学院教代会的相关意见和建议，以会议决议的方式作出。

第八条 学院应当建立健全沟通机制，全面听取教代会的意见和建议，并合理吸收采纳；不能吸收采纳，或短期内无法解决的问题，应当及时作出说明。

第三章　教代会代表

第九条 学院教代会代表

（一）凡与学院签订聘任聘用合同、具有聘任聘用关系的教职工，均可当选为学院教代会代表。

学院教代会代表占全体教职工的比例为20%~30%。

（二）学院各级工会组织、党组织和管理部门的主要负责人可作为代表候选人，在选举时，其名额分配到有关选区参加选举。

第十条 学院教代会代表以工会小组或分会为选区，由教职工直接选举产生。

学院教代会代表按照选区组成代表团，并推选出团长。

第十一条 学院教代会代表的选举程序

（一）由学院工会制定选举代表方案，内容包括：代表人数、组成比例、代表条件、选区划分、名额分配、选举办法等。

（二）各选区召开会议，依据分配的名额和条件，商定代表候选人名单（候选人名额一般应多于应选代表名额的五分之一）。按照差额选举的原则，采取无记名投票方式选举产生。候选人当选应获选区全体教职工的半数以上通过。

（三）学院教代会代表资格审查小组或学院工会委员会负责对教代会代表资格进行审查。审查内容为当选代表是否符合所规定的条件，是否符合所分配的结构、比例，是否符合民主选举程序。审查合格后进行公示，并将代表登记表存档。

第十二条 学院教代会代表实行任期制，任期3年，可连选连任。

代表出现缺额应及时补选，补选条件和程序与选举代表相同。

第十三条 代表调动、退休和撤换、增补程序

（一）教代会代表在任期内退休、调离学院或学院依法解除聘用关系的，其代表资格终止。

（二）因内退、长期病假（超过6个月）等原因脱离教育教学岗位，无法正常履行代表职责的，不再保留其教代会代表资格。

（三）因工作需要调离原选区的，可保留代表资格，原选区可根据代表类别予以增补。

（四）教代会代表对学院教职工负责，并接受学院全体教职工的监督。代表失去教职工信任的，由原选区向学院工会提出撤换申请。经同意后，召集原选区全体教职工开会讨论，允许本人申辩，全体教职工过半数同意撤换的，书面报告学院工会同意后，宣布撤销其代表资格。

第十四条 学院教代会代表以教育教学一线的教师、职员和工人为主体，一线教师、职员和工人代表不得低于代表总数的60%，并应当根据学院实际，保证一定比例的青年教职工和女教职工代表。

第十五条 学院教代会代表享有以下权利：

（一）选举权、被选举权和表决权。

（二）对涉及教职工权益的学院教育教学管理状况有知情权和质询权。

（三）提出提案，并在教代会上充分发表意见。

（四）在教代会闭会期间对大会决议的执行情况和提案的落实情况进行监督检查。

（五）就学院工作向理事会或监事会反映教职工的意见和要求。

（六）因履行职责受到压制、阻挠或者打击报复时，向有关部门提出申诉和控告。

第十六条 学院教代会代表应当履行以下义务：

（一）努力学习并认真执行党的路线方针政策、国家法律法规、党和国家关于教育改革发展的方针政策，不断提高思想政治素质和参与民主管理的能力。

（二）积极参加学院教代会组织的各项活动，认真宣传和带头执行教代会通过的决议，完成教代会交办的任务。

（三）依法履行代表职责，密切联系教职工群众，客观真实地反映教职工的意见和要求。

（四）及时向本部门教职工报告履责情况，接受评议和监督。

（五）自觉遵守学院的规章制度和职业道德规范，提高业务水平，做好本职工作。

第四章　组织规则

第十七条 学院结合办学实际，在条件成熟时建立健全二级系部教职工代表大会制度，在该范围内行使相应的职权。

第十八条 学院应当遵守教代会的组织规则，定期召开教代会，支持教代会的工作。

第十九条 学院教代会每学年至少召开一次。遇有重大事项，经学院党总支、理事会、工会或三分之一以上教代会代表提议，可以召开教代会临时会议。

第二十条 学院教代会每3年为一届，期满按程序进行换届选举。

第二十一条 学院教代会须有三分之二以上代表出席方可举行。

教代会根据需要可以邀请离退休教职工等非教代会代表，作为特邀或列席代表参加会议。特邀或列席代表在教代会上有发言权，但没有选举权、被选举权和表决权。列席或特邀代表经学院党总支、理事会和工会协商产生。

第二十二条 学院教代会的议题，应当围绕学院中心工作，根据教职工的普遍要求，由工会视议题内容提交学院党总支或理事会研究确定，并提请教代会表决通过。

第二十三条 学院教代会的选举和表决，须经教代会代表半数以上通过方为有效。

第二十四条 学院教代会在全体代表中推选人员，组成主席团主持会议。

主席团应当由学院各方面人员组成，其中包括学院党总支、理事会、监事会、工会的主要领导和股东代表、院长等，教职工代表应不低于60%。

第二十五条 学院教代会可根据实际情况和需要设立若干专门委员会。专门委员会对教代会负责，完成教代会交办的有关任务。

教代会闭会期间，遇有急需解决的重要问题时，可由学院工会联系有关专门委员会，与学院有关部门协商处理。办理结果要向下一次教代会报告并确认。

第五章　工作机构

第二十六条 学院工会为教代会的工作机构。

第二十七条 学院工会承担以下与教代会相关的工作职责：

（一）做好学院教代会的筹备和会务工作，组织选举教代会代表，征集和整理提案，提出会议议题、议程和主席团建议名单。

（二）教代会闭会期间，传达贯彻教代会精神，督促检查教代会决议的落实，组织各代表团及专门委员会的活动，主持召开各代表团长、专门委员会负责人联席会议。

（三）组织教代会代表的培训，接受和处理教代会代表的建议和申诉。

（四）就学院民主管理工作开展情况向党总支、理事会汇报。

（五）指导各分会组织，召开好二级系部教职工代表大会。

（六）完成教代会委托的其他任务。

第二十八条 学院应当为工会承担教代会工作机构的职责提供必要的工作条件和经费保障。

第六章　教代会的召开

第二十九条 学院教代会召开程序

学院教代会一般分三个阶段，即筹备阶段、预备会议、正式会议。

第三十条 学院教代会筹备阶段的主要工作包括征集提案、确定议题和起草文件等。

（一）成立教代会筹备小组。筹备小组根据需要可设立若干工作组，一般应设秘书组、代表资格审查组、提案组、宣传组、会务组等。筹备小组由学院党总支、理事会和工会的主要负责人及教职工代表组成。党总支书记任组长，理事会理事长和工会主席任副组长。

（二）确定大会议题。大会召开前，筹备小组围绕学院中心任务，针对改革、管理、分配和教职工普遍关心的问题，提出关于大会中心议题的建议，经与学院理事会沟通后，报党总支确定。

（三）需要提交大会审议的文件，应于会议召开 7 日前印发全体教职工代表，在广泛征求教职工意见的基础上进行修改完善。

（四）筹备小组提出专门工作委员会组成方案、大会主席团建议名单；拟订会议日程、议程；编订会议经费预算。

（五）做好提案征集和教职工代表培训工作。教代会召开 15 日前，提案组发出征集提案通知，并将《提案表》印发全体教职工代表；提案内容应围绕教代会中心议题及教职工普遍关心的问题提出；提案应是一事一案，附议人至少为 2 人，少于 2 人的视为无效，也可以以代表团名义集体提出。

教职工代表培训工作由工会负责，工会要围绕本次教代会的任务和职权，对教职工代表进行相关政策、法规以及民主管理和参政议政知识等为主要内容的培训。

第三十一条 学院教代会预备会议主要内容

预备会议由学院工会主席主持，全体代表参加。通过各类事项一般采取举手表决方式。

（一）听取会议筹备情况的报告。

（二）通过代表资格审查报告。

（三）通过大会议程。

（四）选举大会主席团。

（五）通过教代会专门工作委员会组成方案。

（六）通过大会其他事项。

经预备会议选举产生大会主席团后，召开大会主席团第一次会议，讨论通过大会执行主席和主持人及其他有关事项。

第三十二条 学院教代会正式会议主要内容

（一）理事长作学院工作报告。

（二）有关领导作专题议案报告及有关事项说明。

（三）财务后勤部负责人作财务工作报告。

（四）提案工作委员会作提案工作报告。

（五）工会委员会作工会工作报告。

（六）组织代表团讨论审议有关工作报告及提交大会审议的其他方案。

（七）召开主席团会议，听取各代表团审议有关工作报告和方案的意见。

（八）换届时进行大会表决、选举，并宣布结果。

（九）换届时通过专门工作委员会组成人员名单。

第三十三条 学院教代会会议结束后 10 日内，由学院工会主席分别向衡职院工会和衡职院党委报告会议的召开情况。

第七章　教代会闭会期间的工作处理和提案落实

第三十四条 学院教代会闭会期间的工作处理

（一）对涉及面广、与教职工利益关系重大的问题，经学院党总支、理事会、工会或者三分之一以上教代会代表提议，应当召开教代会临时会议。

（二）教代会闭会期间，可通过召开主席团会议处理急需解决的问题，并向下一次教代会报告。

第三十五条 学院教代会提案处理和落实

（一）提案审议。各代表团初审后由提案工作委员会根据规定程序和提案要求对符合立案的应当立案。对有争议的提案可提交学院党总支、理事会和工会联席会议讨论商定。对没有立案的提案应向提案人说明理由。

（二）提案转交。由提案工作委员会负责将立案提案转交学院党总支会议研究并签署意见后交理事会承办。

（三）提案落实。学院理事会在接到提案后，要及时做出解答或提出处理意见。对于条件不具备或近期内确定不能办理的提案，理事会要责成有关人员和部门做出解释。对立案的提案处理意见和落实情况要向提案人反馈。

（四）检查催办和提案登记。学院工会及提案工作委员会负责对提案办理情况进行检查和督促，并对立案的提案进行登记，提案登记表及办理情况记录由工会存档，在下次教代会上由提案工作委员会对立案的办理情况向全体代表进行报告。

（五）提案工作的奖惩。鼓励有关部门做好提案的办理及落实工作，对优秀提案和认真落实提案的部门由工会给予适当奖励。对办理提案不认真、敷衍塞责、弄虚作假的单位或部门负责人，工会有权提出质询，并可建议学院党总支和理事会给予批评教育。

第八章　教代会档案资料管理

第三十六条 有关教代会的上报文件、批复，教职工代表、主席团成员、专门工作委员会成员名单，教代会有关文件、讲话、报告、决议、决定、总结及音像资料等，提案登记表及办理结果记录，代表团长联席会议及专门工作小组重要活动记录等，均应做好保管，并按学院档案管理规定归档。

第九章　附则

第三十七条 本细则由学院工会负责解释。

第三十八条 本细则自发布之日起施行。

2021 年 9 月 1 日

衡水职业技术学院交通运输学院教学管理暂行办法

第一章　总则

第一条 为推进衡水职业技术学院（以下简称“衡职院”）交通运输学院（以下简称“学院”）教学管理的科学化和规范化建设，提高管理水平、教学质量和办学效益，保障人才培养目标的实现，根据《中华人民共和国高等教育法》《高等学校教学管理要点》《教育部关于全面提高高等教育质量的若干意见》和河北省教育厅《关于加强高职高专教育教学工作的若干意见》等法律法规和规定要求，结合学院实际，制定本办法。

第二条 教学管理工作包括教学计划管理、教学基本建设管理、教学运行管理和教学工作绩效考核等方面。

第三条 教学管理工作的基本任务

（一）将立德树人根本任务落实到各个专业建设及教学环节。

（二）建立稳定的教学秩序，保证教学工作正常运行。

（三）遵循高等职业教育规律，改进和完善教学管理机制，提高管理效能和管理水平。

（四）研究并组织实施教学改革与创新。

（五）调动教师和学生教与学的积极性，提升人才培养质量。

第四条 教学管理工作以服务教学为宗旨，综合运用科学合理的管理方法组织实施。注重先进管理理念的吸收和现代管理方法与手段的应用，努力推进教学管理的现代化、规范化和信息化。

第五条 院长全面负责组织实施学院教学管理工作，并通过协调和发挥职能部门的作用，统一调动各种资源为教学服务，统一管理教学工作进程，完成各项教学管理目标任务。

第六条 学院理事会负责讨论决定有关教学及教学管理的指导思想、政策、规划、重大改革举措等，建立和完善教学工作会议和各级领导听课、调研、联系系部的制度规范，不断提高决策和领导水平。

第七条 学院教学工作接受衡职院教务处的指导和监督。

第二章 管理机构与职能职责

第八条 学院实行两级教学管理体制。教学工作部是学院负责教学管理的职能部门，系部是教学实体，教学工作部和系部是学院教学平台的主体。学生工作部和对外合作部是协助教学管理的主要部门。教学指导委员会是学院教育教学的主要咨询与评议机构；教学督导组按照《衡水职业技术学院交通运输学院教学督导管理办法》有关规定，对全院教学工作和教学管理工作进行检查、监督、评估和指导。

第九条 教学工作部主要职责

（一）组织制定学院专业建设与发展规划、专业人才培养方案和教学规章制度。

（二）指导、协调、监督系部教学运行管理，及时做好教学运行状态的信息收集和反馈。

（三）组织制订各类教学质量评估方案，实施教学质量全面管理与监控。

（四）组织协调学院教学运行建设，组织实施重点课程、精品课程、示范课程和教材建设等相关教学建设工作。

（五）规划和指导教学改革与研究工作，组织实施课程体系及教学内容的研究与改革。

（六）审查毕业生的学籍资格和学历授予资格。

（七）协调系部的教学管理工作。

（八）考核系部教学工作目标的完成情况。

第十条 系部主要职责

（一）依据区域经济社会需求和教学条件，论证、拟订专业建设和教学基本建设的计划及实施方案。

（二）根据学院的人才培养目标和培养模式，设置课程体系，制定课程标准，建设试题库。

（三）编制专业人才培养方案和教学执行计划，落实教学计划，选配任课教师，全面保证教学工作正常运行。

（四）组织实施教师教学质量检查、教学工作量核算和年度考核。负责教学责任事故初步认定，提出处理意见上报教学工作部。

（五）严格执行学院学籍管理规定和工作规范。

（六）组织开展第二课堂、创新创业训练和各类专业技能竞赛等活动。

第十一条 教学指导委员会是学院教育教学改革与建设的咨询、参谋和审议机构，下设专业建设小组、课程与教材建设小组和师资队伍建设小组。

教学指导委员会的主要职责是：

（一）把握国家高等教育、高等职业教育的发展方向和发展趋势，对学院推进教育教学改革与建设、完善教学管理体制与制度、制（修）订教学发展规划等提供咨询意见和建议。

（二）研究教学工作中存在的问题，指导学院专业、课程、教材、实践教学基地、现代教育技术、师资队伍、教学改革、重大项目等教学基本建设。

（三）根据学院人才培养目标、规格等相关要求，以及社会经济发展对人才的需求，加强对人才培养方案、各主要教学环节质量标准的研究，对教学质量控制体系建设提出建设性意见和建议。

（四）指导学院教研教改、教学基本建设项目立项、结题审查和评估、教学成果奖的评议和鉴定以及教育质量监督和评估。

（五）开展教学建设和教学改革经验交流，沟通教学信息，宣传推广教学改革与研究成果。

（六）完成院长委托的其他工作。

第十二条 系部教学指导委员会分会是系部教学改革和建设的咨询、参谋和审议机构，主要职责是：

（一）研究本单位教学管理、教学建设及教学改革中的重要理论与实践问题。

（二）审议、指导本单位专业设置、调整和建设规划，向学院推荐各类专业建设专项计划项目。

（三）审议、指导本单位课程建设，负责重点课程和各类课程改革项目的评选，并向学院推荐。

（四）审议本单位教材建设规划，对教师教材建设立项申请进行评审和验收，并向上级有关部门推荐优秀教材。

（五）指导本单位实践教学基地、实验实训室建设，并对实践教学进行监督和指导。

（六）审议本单位设置的各类教学奖评定细则，并按学院相关规定和要求组织推荐各类教学奖参评项目。

（七）审议本单位制订的教学管理制度和措施，并对完善本单位教学管理体制和教学管理措施提出意见和建议。

（八）参加本单位教学评估和教学质量检查工作。

（九）完成本单位委托的其他工作。

第十三条 学生工作部和对外合作工作部等教学协管部门，应严格按照职能职责以及教学执行计划和教学管理的要求，切实做好教育教学相关管理、协助与服务等工作。

第三章 教学计划管理

第十四条 培养方案的制订

（一）教学工作部负责对学院人才培养方案制（修）订的指导思想、基本原则等进行监督，对培养方案中总学时、总学分、各类课程学分的比例以及课程代码编制、培养方案格式、进度要求等进行总体安排。

（二）各系按照学院人才培养方案制（修）订的指导思想和基本原则，组织制（修）订各专业培养方案，并按照学院要求的时间节点上报教学工作部。

（三）教学工作部负责汇总审核各专业培养方案，组织培养方案答辩并向各系反馈答辩意见。

（四）各系根据答辩反馈意见，组织修改、完善培养方案，修改完善后提交教学工作部。

（五）教学工作部提请召开学院教学指导委员会会议，审议人才培养方案，经院长办公会审核通过、理事会批准，并报衡职院教务处备案后，由教学工作部统一印发各系部执行。

（六）根据确定的专业培养方案，各系部组织各级各类课程标准的制（修）订工作。

第十五条 培养方案的管理

（一）培养方案原则上一个培养周期（即一届学生从入学到毕业的时间）结束后全面修订一次。

（二）培养方案应保持相对稳定，一经批准，必须严格规范地执行，在一个培养周期内不得随意变更。

（三）在培养方案的执行过程中，确因经济、社会、科技发展和进步对人才的知识结构和能力素质提出新的要求，或需要吸纳最新的教育教学改革成果等特殊原因应当调整或修改的，要严格履行审批程序。系部在深入调研、充分论证的基础上，提出调整或修改方案，经本单位教学指导委员会分会审议通过，系部主任签字盖章后，在每学期开学前 2 周提交教学工作部，教学工作部对各相关系部的调整或修改方案集中审查，经学院教学指导委员会审议通过、院长办公会批准后方可执行。

（四）培养方案中所更改的课程涉及其他教学单位的，应与相关单位会签后报教学工作部。

（五）相关系部在培养方案的调整或修改过程中，不得随意更改总学分（学时）或课程学分（学时）。

（六）未经衡职院主管副院长批准，一律不得对培养方案进行更改，凡擅自更改培养方案者，按教学事故处理。

第十六条 教学执行计划的制订与主讲教师选派

（一）每学期开学后的第 3 周，教学工作部按照人才培养方案制订下学期各专业教学执行计划的程序、进度与要求，并下发通知至各系部。

（二）各系部应根据教学工作部的通知要求，及时制订本单位所属各专业教学执行计划，并提请本单位教学指导委员会分会审议。

（三）系部将本单位教学指导委员会分会审议通过的教学执行计划，在履行相关签字盖章手续后，于每学期第 6 周前提交教学工作部。

（四）教学工作部负责汇总、审查，统一印发各系部的教学执行计划，同时制定执行计划下的课程主讲教师选派规定，并于每学期的第 8 周前向系部下发课程主讲教师选派通知。

（五）系部根据教学执行计划和主讲教师选派通知要求，选派主讲教师，并于每学期的第 10 周前将课程主讲教师选派报表报教学工作部审查。

（六）课程主讲教师选派审查结束后，由教学工作部实施统一排课。第 15 周前完成排课，形成课表。

（七）承担全院性课程的系部，应制定针对不同专业大类的课程类别，供相关专业学生选修。

（八）凡需要其他教学单位承担的课程，承办专业单位应提出基本要求，并与承担课程的教学单位商定课程的设置和教学方案、课程标准等。

第四章　教学基本建设管理

第十七条 专业建设与管理

专业建设与管理按照《衡水职业技术学院交通运输学院专业建设管理办法》

执行。

第十八条 课程建设与管理

（一）课程建设与管理按照《衡水职业技术学院交通运输学院课程建设管理办法》执行。

（二）系部应加强课程教学相关文件资料（授课计划、考卷、教学质量分析与监控等）的管理，课程教学相关文件资料至少保存至学生毕业后3年。

第十九条 教材建设与管理

（一）教学工作部负责制定学院教材建设发展规划、年度计划和教材管理办法，督促检查系部教材建设规划，控制教材质量，组织教材评优，推荐优秀自编教材公开出版，推荐申报国家奖及申报省（部）级规划、精品与重点教材。同时，负责教材建设专项基金的审核与管理。

（二）系部负责组织编制本单位教材建设规划及教材建设和管理工作，审查本单位教材选题及主编人员、自编教材质量，负责推荐本单位自编、统编优秀教材。

（三）教材征订计划工作任务由教学工作部向系部统一下达，系部按照学院教材选用工作原则和要求，组织各教研室集体讨论确定选用教材，填写《衡水职业技术学院交通运输学院教材选用审批表》（由教学工作部提供），审核后报教学工作部。教学工作部根据各系部上报的教材选用情况，统一编制教材征订计划。

（四）教材订购和发行工作由教学工作部统一组织，教材发行采用学院统一招标、教材服务商代理的形式进行。系部负责收集、了解本单位教材使用质量反馈信息、监控教材选用质量，加强教材选用的指导和管理，并报衡职院院长办公会、党委会审核通过后，方可选用。

第二十条 实践教学基地建设坚持校内校外结合、统一整体规划、整合优化资源的原则。实践教学基地建设包括校内实训教学基地建设和校外实训基地建设。

（一）校内实训教学基地建设必须以教学为主，为本系各专业和课程实践教学服务。应根据专业教学需要，建立必要的专业教室、专业实验室、实训车间等，除承担本系的实践教学任务外，同时能够承担其他系相关专业课程的实践教学任务。

（二）校外实训基地建设应与培养目标紧密结合，以实训计划和课程标准的要求为依据，选择专业对口、工艺和设备先进、技术力量雄厚、管理水平较高、生产任务充足的企业，以互利共赢为基础开展合作，搭建实训教学平台。努力使实训教学与企业生产实际密切结合，实现学生职业素质培养、专业技能训练和服务企业发展的共赢。

第五章　教学运行管理

第二十一条 教学调度管理

（一）教学工作部依据学院教学执行计划，统筹教学运行，编排全院课表，并定期在网上公示。课表公示后，由系部通知相关教师查询课表。课表一经排定，未经学院批准，任何系部和教师个人不得随意改动。

（二）教学工作部统一制定和公布选课计划，相关系部负责组织教师指导学生通过选课管理系统进行选课，并协调处理选课中的相关问题。

（三）任课教师因公出差、请病事假等特殊情况需要临时调整课程，经系部主任签字同意后，报教学工作部审批，由系部安排其他教师临时代课。

（四）教学工作部负责统筹全院教学资源管理，协调专用教室、多媒体教室、实验实训室的借用、调整及处理使用过程中的相关问题。

（五）系部按照学院相关文件规定，对本单位的教学秩序实施管理。教学工作部对全院教学运行秩序进行监督、检查和指导。

第二十二条 考试考务管理

（一）教学工作部负责建立健全考务管理制度，严格考试、考核管理，严肃考务工作纪律，统一制定考试计划、管理试题库、印制试卷及进行试卷评估工作。

（二）系部负责组织教师进行试卷命题、评阅和登统，并做好试题和试卷的保密工作。同时根据学院统一安排，做好各类考试的考前纪律教育、考场安排和监考教师的选派、培训等工作。

（三）集中考试由教学工作部统一安排和组织实施，分散考试由相关系部组织实施。

（四）考试结束后，系部负责对试卷进行回收、整理和归档保管。

第二十三条 违纪处理

（一）教师发生教学违纪与事故时，依据《衡水职业技术学院交通运输学院教学违纪与教学管理事故处理暂行办法》执行。

（二）学生考试违纪的处理，依据《衡水职业技术学院交通运输学院考试管理规定》执行。

第二十四条 成绩管理

（一）教学工作部统一管理成绩提交工作，于每学期第 6 周前制作教师成绩录入密码下发到各系部，由系部通知相关教师。

（二）学生成绩由任课教师负责登记签字，于课程考试结束后 5 日内将成绩上网提交。学生本人可从学院教务网页或向所在系部查询各科考试成绩。如学生对考试成绩存疑，本人可在考试成绩公布后的规定时间内到系部填写《学生查询试卷申请表》，经系部主任批准后，由系部安排组织核查和处理相关事宜。期中结束的课程，核查考卷的期限为该课程成绩网上提交后的 5 日内；期末结束的课程，核查考卷的期限为次学期的第 2 周内，逾期不再受理。

（三）考核成绩一经网上提交，原则上不得更改。如确有错误必须更改的，应由任课教师到系部教学秘书处领取《任课教师更改学生成绩申请表》，经本人所在系部主任审核并提出处理意见，报教学工作部批准后，方可更改成绩。

（四）学生课程的免听、免修、增修、缓考由所在系部审批处理，并报教学工作部备案。

（五）系部应对本单位的学生建立完整的成绩档案，每学期结束后，系部应将学生成绩单整理、装订、盖章后报教学工作部备案。

第二十五条 学籍管理

（一）教学工作部根据教育部、河北省教育厅相关文件精神，结合学院实际情况，适时组织制（修）订学生学籍管理制度。

（二）学生学籍档案由各系部按学院要求及时建立、更新与完善。学籍档案表格由教学工作部统一设计和印制。

（三）对转学、转专业、休学、复学、退学、保留入学资格、延期毕业等学籍异动的处理，由教学工作部统一安排。各系部应依据学院有关规定签署具体处理意见，经教学工作部等相关部门审核，先后报学院主管副院长、院长审批后执行。

（四）学籍异动处理结果，由教学工作部下发至相关系部，该系部负责将处理结果送达学生本人。

（五）学生电子注册信息由教学工作部统一组织、管理、审核和上报，各系部按照教学工作部的统一安排，具体负责本单位学生电子注册信息的核查工作。

第二十六条 证书管理

（一）毕业证书、结业证书、肄业证书、毕业证明书等相关学历证书证明，由教学工作部统一管理。

（二）教学工作部负责毕业生毕业资格审查的统一组织与学历数据的报送工作，各系部具体负责毕业生毕业资格的核查工作。

（三）教学工作部负责毕业证书、结业证书、肄业证书、毕业证明书的制作或打印，各系部负责证书的发放工作。

第二十七条 实践教学管理

（一）各系部按照教学执行计划和相关文件规定，组织开展学生实习实训、毕业设计（论文）等实践教学活动，教学工作部负责学生实习实训和毕业设计（论文）过程的监督管理与专项评估工作。

（二）大学生创新创业训练计划、专业技能竞赛、创新创业学分认定由教学工作部按照学院相关文件规定统筹安排，各系部具体组织实施各阶段的教学活动。

（三）教学工作部负责对全院实验实训教学进行管理和监督，各系部负责实验实训教学的具体组织和实施。

（四）教学工作部负责全院现代教育技术技能的培训工作，维护多媒体设备，制定多媒体教室建设规划，并按照相关教学计划提供教学服务。

第二十八条 教学质量监控

（一）教学工作部负责全院教学质量的宏观监控，组织实施教学质量的评估与检查。

（二）各系部负责本单位各类教学质量的管理与考核。

第六章　教学工作绩效考核及奖励办法

第二十九条 考核依据

各系部教学工作绩效考核按照《衡水职业技术学院交通运输学院教学工作考核管理办法》执行。

第三十条 考核范围列入教学工作业绩考核的范围包括所有从事教学工作的系部。

第三十一条 考核原则

（一）教学绩效考核工作从实际出发，实事求是、公平合理地反映各系部的教育教学质量。

（二）通过发挥考核指标的导向作用，引导和督促各系部认真贯彻落实教育部、省教育厅、衡职院和学院关于提高教育教学质量的方针、政策和措施，不断提高人才培养工作水平。

（三）根据各系部的办学基础条件类别、承担专业和学科教学任务类别，采取分类考核的方式方法。

（四）根据高等职业教育改革与发展情况，对考核指标实行动态管理，不断完善和规范考核指标体系。

第三十二条 考核程序

（一）上年度的系部教学工作绩效考核安排在每年的1~2月进行，由教学工作部负责组织实施。

（二）各系部根据考核指标和评分办法进行总结和自评，并向教学工作部提交自评报告及相关支撑材料。教学工作部审核后报学院党政办公室在全院进行公示。

（三）召开院长办公会，审议确认考核结果。

第三十三条 考核指标

（一）系部教学绩效考核指标体系由四个一级指标组成：教学状态、教学运行、教学建设与改革、教学效果。详细指标及评分办法由教学工作部依据《衡水职业技术学院交通运输学院教学工作考核管理办法》另行制定。

（二）为激励各系部积极实施教学改革与创新，推进教学质量持续提升，学院设置教学工作奖励指标，进行奖励加分，奖励加分可由教学质量分进行折算。

第三十四条 学院将在考核中获得前两名的系部命名为“教学工作先进单位”，召开全院大会予以表彰奖励，颁发奖牌，并增加下一年度的教学经费数额。教学经费数额的增加标准为：对第一名按正常教学经费的 1.5 倍划拨，第二名按 1.3 倍划拨；连续两年获得第一名的，按 2 倍划拨。

第七章　附则

第三十五条 本办法由教学工作部负责解释。

第三十六条 本办法自发布之日起施行。

2021 年 9 月 1 日

衡水职业技术学院交通运输学院教师教学工作管理办法

第一章　总则

第一条 为明确衡水职业技术学院（以下简称“衡职院”）交通运输学院（以下简称“学院”）、系部和教师在教学工作中应有的权利、责任和义务，加强教学管理，严肃教学纪律，保证教学质量，依据《中华人民共和国高等教育法》《中华人民共和国教师法》及河北省教育厅《关于加强高职高专教育教学工作的若干意见》等文件精神和衡职院相关制度规定、《衡水职业技术学院交通运输学院章程》（以下简称“学院章程”），结合学院实际，制定本办法。

第二条 学院围绕落实立德树人根本任务，以人才培养为中心工作，以全面提升教师教书育人水平为目标，以全面提高教育教学质量为核心，以教学管理改革和创新为关键，积极构建和完善教师教学工作体系、评价体系和激励体系，推进和完善教师教学工作的全要素、全过程、全方位管理。

第三条 学院教师教学工作实行院、系部两级管理模式。

第二章　教学基本职责

第四条 学院认真贯彻执行党和国家的教育方针，全面落实立德树人根本任务，保障教学投入和教学基本条件建设，制定教学基本规范和制度，建立教师教学评价机制、监督机制、激励机制，提供教师教学发展的条件，保障正常的教学秩序，使学生在学院得到良好的教育和成长体验。

第五条 教学工作部是学院教学工作的管理职能部门，协调学院教学指导委员会组织制（修）订、审定各专业人才培养方案，实施教学计划管理和运行管理，组织推动教学建设与改革，制定基本教学规范，提供教师教学的服务和保障，对全院教学工作进行督查和工作绩效考评。

第六条 系部是教学工作的责任主体单位，直接负责教学工作的组织、实施和监督检查，为教师教学工作和教学团队开展教学活动创造条件，提供支持服务，并根据学院要求和自身发展需要，建立健全制度规范和管理工作细则。系部党支部对教学中“课程思政”与“思政课程”协同建设和所涉意识形态工作负有直接领导责任。

第七条 教研室是教学工作的基层管理实体和教学研究的组织形式，根据系部职责分工，负责加强专业建设，建立和完善以专业建设为核心的教学研究机制，促进教师教学研究。定期召开课程内容研讨会，协调不同课程之间的知识结构，不断完善课程体系。以专业核心课程、特色课程、精品课程建设及团队建设为重点内容，制定专业建设规划和实施方案，明确工作任务和建设目标。

第八条 课程团队是教学工作的基础教学组织，所有课程应当建立课程团队。课程团队的主要职责包括：讨论确定课程标准和教学日历；讨论确定实验、实训、实习等实践教学方案；讨论确定课程中的创新创业教学方案；组织现代教育技术和现代教学方法的学习、交流与研讨；制定课程建设规划与组织实施。

第九条 教师是履行教学职责的专业人员，是教学工作的主导者、设计者和组织者，是课堂教学与管理的直接责任人，承担教书育人、培养社会主义现代化事业的建设者和接班人的时代使命。教学工作是教师的基本职责，学院所有教师都有承担教学工作的义务。

第十条 全体任课教师要认真学习马克思列宁主义、毛泽东思想，学思践悟习近平新时代中国特色社会主义思想，注重师德修养，努力践行社会主义核心价值观，坚持教书和育人相统一、言传和身教相统一、潜心问道和关注社会相统一、学术自由和学术规范相统一，把思想价值引领贯穿教育教学的全过程。学院根据建设河北省职业院校股份制混合所有制办学试点的要求，明确专业教学任务，确定教学工作目标，制定教学建设规划，积极构建集课程建设、课堂教学、实践教学、效果评价、持续诊断改进于一体的闭环式教学工作体系，形成积累式发展的长效机制。

第三章　教师的聘任

第十一条 教师的教学工作主要包括：课程建设、课堂教学、实践（实验、实训）教学与实习、毕业论文（设计）指导、顶岗实习；学生德育与思想政治教育；学业指导；学生创新创业和社会实践指导；教学改革与教学研究等。

第十二条 教师的聘任由学院和系部共同负责。学院负责制定教师聘任的政策、制度、办法并组织招聘，系部参与所涉专业教师的招聘，具体负责课程任课教师的选派。核心课程、通识课程、思政课程等，应选聘业务能力强、教学经验丰富的教师担任。

第十三条 课程教师分为主持人和主讲人。由多位教师共同承担的课程，系部应选派课程主持人，负责课程团队的教学建设和工作协调；实验课、实训课、实习课等，除选派主讲教师外，根据需要还应选配辅讲教师。

第十四条 首次承担课程主讲教学任务的教师，应由系部主持，在一定范围内（教研室、系部教学指导委员会分会、课程团队）进行试讲。新开课程须经系部主任批准，并报教学工作部审核。

第四章 教师教学岗位职责

第十五条 在教学工作部统一安排下，所有开课教师应在新学期开学前，向学生公布课程标准、基本要求、课程安排和考试考核办法。教师应按照课程标准的基本要求，根据学生应掌握的基本知识和专业技能，以及课程的重点和难点，合理安排教学环节，按相关规定选用合适的教材和教学参考书。在保证课程标准基本要求的前提下，主讲教师可对课程内容进行适当调整。但改动较大时，须经课程主持人或教研室主任同意，核心课程的调整应报请系部主任批准，并在教学工作部备案。

第十六条 实验课、实训课教师应事先预习实验、实训过程。顶岗实习、实践课教师应全程参与实践过程。教师应安排必要的答疑并认真批阅学生的实验报告、实训报告和实习实践报告等。

第十七条 课程主持人或主讲教师，应组织对课程内容和教学方法进行讨论，并随时了解学生的学习情况，听取学生对课程教学的意见，合理调整教学方法和教学内容。

第十八条 考试考核是课程教学的重要环节。课程的考试考核工作由课程主持人或主讲教师全面负责。考试考核事项按《衡水职业技术学院交通运输学院学业考核管理规定》相关要求执行。

第五章 教学基本要求

第十九条 教学质量是教师教学工作的核心，贯穿于教师教学工作的全过程。质量理念是先导、课程建设是基础、课堂教学是基本、实践教学是关键、方式方法是支撑、教风学风是灵魂、教学改革是动力。教师要聚焦质量提升的各个关键环节和核心要素，进行精心设计、系统规划，创造性地开展教学工作。

第二十条 教师要基于教学质量建设，积极参与教学改革、教学研究和实践活动，参加教育教学交流，在每个聘用周期内原则上应取得一定的教学成果，或发表、出版相关教学改革与研究的论文、著作或教材。

第二十一条 课程建设既是教师对教学工作的顶层设计，也是对教学活动的系统设计，建设目标应当与学院人才培养目标定位相一致。教师要在系部、教研室、课程团队的统筹安排下，完成课程建设任务，并积极将优秀教研成果转化为教学资源。

第二十二条 在课堂教学中，教师要坚持提质创优的价值取向和正确的育人导向，遵守教学基本规范；立足于学生的创新思维训练、学习能力提升和可持续发展的需要，促进自身教学能力建设和发展；加强课堂教学管理，树立和培养良好的教风、学风。

第二十三条 教师要紧密联系实践教学实际，定期参加企业实践，了解企业的生产组织方式、工艺流程，熟悉企业相关技能要求、用人标准，学习所教专业在生产实践中应用的新知识、新技术、新工艺。及时总结，把企业实践中的经验和收获转化为教学能力，解决实践教学中的实际问题，推动实践教学改革与产业转型升级紧密对接。

第二十四条 教师要创新教学方式方法，积极采用项目教学、案例教学、情景教学、讨论式教学等方法；充分运用数字化教学资源，积极探索“互联网+”条件下的教学模式创新；注重教学互动，培养和引导学生开展自主性和独立性学习；坚持从教学实际出发，积极探索作业内容及完成形式的改革创新，加强学生课外学习和技能训练的指导。

第二十五条 教师要坚持客观公正、全过程综合评定和学习成果导向的原则，考核和评定学生的学业成绩。应当根据课程的教学内容，布置学生课后应当阅读的文献资料和应完成的作业，确保适宜的学习强度和学业挑战度；在教学过程中增加质性分析和非标准答案作业，培养学生的创造性思维；广泛采用平时测验、大作业、实验实训报告、课堂行为表现等多种评价形式，促进学生深度学习，激发学生提升和发展自身专业素质的潜能。

第二十六条 教师在完成教学任务后，应及时进行总结、自评和反思，比较和分析学生对学习的投入、知识和方法的掌握、能力和素质的提升等情况，探索更为有效的教学方法和策略，不断提升教学能力，形成持续诊断改进工作和自我完善的发展机制。

第二十七条 教师要按照学院教学档案管理规定和要求，认真做好教学材料的归档工作，并接受各级教学质量检查评估，虚心听取意见，改进教学工作。

第六章 教师教学纪律

第二十八条 教师要带头运用科学理论武装头脑，持之以恒地学习践行习近平新时代中国特色社会主义思想，坚定政治信仰，提高政治站位，做到一切教学活动、一切教研活动都坚持党的基本路线，遵循党的教育方针，坚持立德树人目标，把“学院姓社”这个最根本的政治特质烙印在心，体现在教学和教研活动中。

第二十九条 教师要坚持课堂讲授守纪律、公开言论守规矩，在所有教学教研活动中，绝不出现违背党和国家大政方针、违反宪法法律、危害国家安全、破坏民族团结等言行。

第三十条 教师应遵守教学规范，在课前做好教学方案，并在课表规定的时间之前进入教学地点，做好讲授准备。授课期间应精力集中，认真讲授和组织教学活动，高质量地完成教学任务。

第三十一条 教师应依照教学计划安排课程进度，按院历规定的教学周数以及课表规定的具体时间和地点授课，如因特殊情况确需更改上课时间、上课地点或请他人代课，须严格履行审批手续。学院教学工作部应及时公布各系部的调课或停课信息。

（一）教师临时调整上课时间或地点，须报请系部主任同意，并应提前填写调课审批表，及时通知学生，调课教师同时必须说明补课的时间安排。

（二）教师承担教学任务期间，应安排好相关的培训或学术活动，原则上不允许请假。因病假、事假等原因不能正常工作时，须填写《衡水职业技术学院交通运输学院教师请假审批表》，按规定程序办理；若需要由他人代课，须同时提交申请报告，由学院主管副院长审批，按学院教学管理和教师考勤相关规定办理。教师当年所请病假或事假一般不应超过 7 天，因特殊事由超过 7 天的，须经学院院长批准；超过 30 天的，须经理事长批准，同时系部应对该课程教学工作作出妥善安排。

第三十二条 课程考试是考查教学效果的重要环节，应严格按有关规定进行。考试试题在开考前应严格保密；考试过程中，监考教师应严格执行考场纪律；考后任课教师应认真审阅考卷和评定成绩（包含以展代考、顶岗实习、毕业论文等形式），并于课程考试结束后 5 日内将成绩上网提交。

第三十三条 教师教学工作中出现下列情况的，属于违反教学纪律的行为，可认定为教学事故。

（一）一般教学事故：授课和监考迟到 10 分钟以上；擅自调课或请他人代课；

授课、监考时从事与授课、监考无关的事情；无正当理由不按时交送课程考试成绩材料，或上报的成绩存在多处错误等。

（二）严重教学事故：组织实施实验、实训或实习等教学活动中出现安全责任事故；未履行规定的请假手续自行停课、缺课或随意减少学时；考试过程中出现重大失误行为，如丢失试题或试卷而影响考试正常进行或学生的成绩评定；对学生违反考试纪律的行为隐瞒不报等。

（三）重大教学事故：在课堂、论坛讲座等公众场合发表错误言论；教学行为对学院正常教学秩序造成严重影响；对学生有侮辱性言行；泄露考题或擅自更改学生成绩；考试过程中玩忽职守，纵容学生作弊；因工作失职，致使教学过程中发生人身伤亡事故等。

第七章　教师教学督导、检查与考核

第三十四条 学院建立健全院、系两级教学督导机制，制定教学督导与教学促进办法，明确教学督导任务，全方位、规范化督导教师授课以及课程建设情况，构建和不断完善教学质量数据分析的长效机制。

第三十五条 学院聘请 3~5 名教师组成教学督导队伍。督导教师要深入课堂听取学生意见，客观评价教师授课和课程建设状况，并将评价结果存档。

第三十六条 系部要建立学生全员参加教师教学效果评价制度。采用信息化手段，对每一位任课教师教学效果、网络资源及在线课程建设情况进行即时评价，评价结果及时反馈到教师本人，并作为教师申报各类教学奖励和荣誉评审的重要参考。

第三十七条 建立听课、评课与指导制度。院长、主管副院长和教授、副教授每学期原则上听课在 2 次以上，并进行交流和指导。

第三十八条 学院和系部应对教学工作定期进行督促和检查。

（一）教学工作部和系部应检查和掌握开学前教师教学工作的准备情况、学期中教学运行情况以及期末考试考核情况。

（二）期末考试前，教学工作部应会同各系部召开任课教师考务会，布置考试工作，并做好考试方式审定、试题审阅、监考人员安排和培训等工作；在考试期间，应组织考试巡查，维护和保证考场秩序。

第三十九条 教学工作部负责全院教学质量综合评估。系部应加强教师教学工作的考核，考核办法按学院相关规定执行。

第八章　教学奖励与批评处分

第四十条 学院建立教师教学荣誉体系，通过对教学工作成绩显著的教师予以表彰和奖励，弘扬优良校风和教风，展示教师在人才培养活动中的价值和成就，表彰教师在教学工作中做出的突出贡献，促进教学建设和教师发展。

第四十一条 教师教学荣誉体系主要包括：教学标兵、教书育人标兵、优秀教学成果奖、优秀教材奖和其他单项教学奖。教学单项奖主要包括：教学比赛优胜奖、各级大学生技能大赛和创新创业优秀指导奖等。院级教学奖励由学院颁发荣誉证书与奖金；对获得省部级以上教学奖励的教师，学院和各系部应在年终考核、奖酬金分配和职称（职务）晋升等方面给予适当的政策倾斜。

第四十二条 对教学效果学生满意度低、反映意见强烈的教师，由教学工作部协同系部，组织同学科教师、院级教学督导员听课，并组织学生座谈。对于教学理念和教学方法存在问题的教师，学院为其提供教学培训，同时安排教学导师帮助其改进教学，提高教学能力和水平。

第四十三条 学院对教学工作不认真、违反教学纪律等行为的教师给予批评教育，批评教育的方式包括：口头告知、书面告知及通报批评等。口头告知由系部主任安排，书面告知和通报批评由教学工作部主任办公会讨论决定。对违反院纪院规，酿成严重教学事故，并造成不良影响的，视情节给予纪律处分，纪律处分由院长办公会讨论提出处理意见，理事会研究决定。对意识形态问题酿成的事故，按照《衡水职业技术学院交通运输学院意识形态工作责任制实施办法》，追究当事人的直接责任和系部领导责任。对严重违反教学纪律的教师，学院在年终考核、奖酬金分配和职称（职务）晋升等方面予以相应处理。

第四十四条 教学事故责任人有权申诉。当事人如对事故认定与处理持有异议，可在批评和处分决定送达 5 个工作日内向教学工作部提出书面申诉请求。

第四十五条 对在教学检查和教学质量综合评估中不合格的任课教师，应责令其改进。两次以上检查和评估不合格者，应由教学工作部安排培训，培训后仍不合格者，将不再安排其担任该课程的教学工作。

第四十六条 对严重违反教师职业道德和教学纪律，或连续两次教学评估不合格且培训后仍不能胜任教学工作的外聘教师，按学院《员工招聘管理办法》规定解除其聘用关系。

第四十七条 对教师的业务鉴定、考核、奖励、处分等相关材料，均归入本人业务档案。

第九章　附则

第四十八条 本办法由教学工作部负责解释。

第四十九条 本办法自发布之日起施行。

2021 年 9 月 1 日

衡水职业技术学院交通运输学院
教师师德失范行为负面清单及处理办法

第一章 总则

第一条 为贯彻落实中共中央、国务院《关于全面深化新时代教师队伍建设改革的意见》，建立健全衡水职业技术学院（以下简称“衡职院”）交通运输学院（以下简称“学院”）师德师风建设长效机制，落实立德树人根本任务，根据《中华人民共和国教育法》《中华人民共和国教师法》《中华人民共和国高等教育法》和教育部《关于建立健全高校师德建设长效机制的意见》《新时代高校教师职业行为十项准则》《关于高校教师师德失范行为处理的指导意见》等文件精神，结合学院实际，制定本办法。

第二条 严格落实师德建设主体责任，建立健全学院党总支和理事会协同领导、院长主抓、党政办公室牵头、系部和职能部门分工负责、教师自我约束、监事会监督的工作机制。党总支书记和理事长抓师德同责，是师德建设第一责任人；院长对全校师德建设负实施和落实责任；系部和职能部门主要负责人对本单位师德建设负直接领导责任；监事会对全校师德建设负监督责任。

第三条 各系部成立教师师德建设工作小组，组长由党政主要负责人担任，成员由班子成员、分工会或工会小组负责人、教师代表等组成，负责本单位师德建设、考核督查及失范行为初查等工作。

第四条 师德建设坚持权责对等、分级负责、层层落实、失责必问、问责必严的原则。

第五条 本办法适用于学院全体教职工及从事教育教学工作的兼职人员。具体包括事业编制人员、合同制聘用人员、临时招用人员、各类特聘人员等。

第二章 师德失范行为负面清单

第六条 凡有下列情形之一的，认定为师德失范行为。

（一）政治纪律方面。

1．损害党中央权威、违背党的路线方针政策、违背宪法法律、危害国家安全的言行；

2. 损害国家利益、社会公共利益和学院、师生的合法权益，或违背社会公序良俗；

3. 通过课堂、论坛讲座、信息网络及其他渠道发表、传播错误观点，或编造散布虚假信息、不良信息；

4. 破坏民族团结，歧视、不尊重少数民族风俗习惯；

5. 传播宗教和组织宗教活动；

6. 组织或参与封建迷信活动、邪教活动。

（二）学术道德方面。

1. 抄袭剽窃、篡改侵占他人学术成果，或滥用学术资源和学术影响；

2. 伪造科研数据资料、文献注释，或捏造事实、编造虚假研究成果；

3. 在申报课题、科研成果、奖励和职务评审等过程中提供虚假学术信息；

4. 买卖论文、由他人代写或者为他人代写论文；

5. 违规使用科研经费，利用科研活动谋取不正当利益。

（三）教育教学方面。

1. 未经学院批准，随意调课、停课或调整教学计划，并产生不良影响；

2. 备课不认真，教学内容、PPT 陈旧以及照本（屏）宣科，受到学生投诉并得到核实；

3. 在命题、审题、考试等过程中，泄露或变相泄露试题，受到学生投诉并得到核实；

4. 违反考试（评卷）管理规定和考场纪律，影响考试公平、公正的行为，受到学生投诉并得到核实；

5. 不积极、主动、认真指导学生毕业设计（论文），没有尽到导师职责，受到学生投诉并得到核实；

6. 试卷批改、毕业设计（论文）、实验报告评阅等不认真、不严肃，让他人代批代阅并产生不良影响；

7. 侮辱、歧视、体罚或变相体罚、打击报复学生。

（四）工作作风和生活行为方面。

1. 不履职尽责、敷衍工作或拒绝承担岗位工作任务；

2. 违反学院相关规定，擅自从事影响教育教学本职工作的兼职兼薪行为；

3. 违反工作纪律，无故旷教；

4. 擅自违规侵占学院教学用房及仪器设备；

5．对学生实施猥亵、性骚扰或与学生发生不正当关系；

6．造谣传谣，对他人进行诬告陷害、侮辱诽谤和人身攻击；

7．以非法方式表达诉求，煽动闹事，组织参与非法集会、违法上访等活动；

8．作为互联网群组建立者、管理者，不履行群组管理责任，造成群组内的信息发布和言论违反法律法规、用户协议和平台公约；

9．组织或参与黄赌毒以及传销活动；

10．在遇到突发事件或学生面临危险时，擅离职守、逃避职责。

（五）廉洁从教方面。

1．隐瞒应向党组织、学院和所在单位如实报告说明的事项；

2．在晋职晋级、评奖评优、招生、考试、学生奖助贷评定、入党、选拔班干部、参军等工作中徇私舞弊，以不正当手段为本人或他人谋取利益；

3．索要或收受学生及家长赠送的礼品礼金、有价证券和支付凭证等财物，或利用职业便利和本人影响力通过学生及家长谋取不正当利益或损害他人合法权益；

4．不当占有班级活动经费；

5．在论文指导、评审和实习实践、创新创业等人才培养环节，违规收取费用或获得不当利益。

（六）其他违反高校教师职业道德和社会公德、造成不良影响和后果的言行。

第三章　调查认证和处理程序

第七条 对教师师德失范行为的调查认定和处理应坚持公平公正、教育与惩处相结合的原则，做到事实清楚、证据确凿、定性准确、程序合法、手续完备。

第八条 学院成立师德建设委员会，负责师德失范行为调查认定相关事项的领导、组织、协调；党政办公室负责具体实施。

第九条 任何单位或个人均可通过学院、教学系部和职能部门等渠道反映教职工的师德问题。情况反映必须实名，并以书面形式提出，写明反映人的姓名、电话、电子邮件等联系方式，以及被反映人有关行为发生的时间、地点、基本事实和相关证据材料。

第十条 教学系部或职能部门发现本单位教职工有师德失范行为或收到反映本单位教职工师德失范行为相关举报线索、材料的，应及时报党政办公室。

对发现本单位教职工存在师德失范行为负面清单所列的情况或收到举报线

索、材料，不及时处理或推诿隐瞒的，将严肃追究单位及有关负责人的责任。

第十一条 党政办公室收到书面材料后，应会同监事会及被反映人所在单位对有关情况进行核查。其中，涉及党组织、党员、意识形态、民族宗教等问题的，由党政办公室负责牵头核查；涉及教学、科研工作的，由教学工作部牵头核查；涉及其他方面的，由党政办公室协调有关部门核查。

在核查过程中，被核查人应当如实回答询问，配合调查，提供相关证据材料。

未经学院师德建设委员会同意，当事各方均不能公开调查的有关内容。

第十二条 党政办公室根据核查结果，按照规定程序，会同监事会及相关部门提出拟处理意见，提交学院师德建设委员会讨论审议后，根据问题性质，报请学院党总支或理事会研究决定。

党政办公室将认定结果和处理决定书面送达当事人所在单位，由所在单位转送当事人签收。同时，所在单位应召开全体教职工会议，宣读学院处理决定并进行警示教育。

第四章 处理与处分

第十三条 对发生师德失范行为的教职工，一经查实，根据情节轻重，给予相应处理或处分。

（一）情节较轻的，给予批评教育、诫勉谈话、责令检查、通报批评，以及取消其在评奖评优、职务晋升、职称评定、岗位聘用、工资晋级、干部选任、申报人才计划、申报科研项目等方面的资格。以上取消相关资格处理的执行期限不得少于 24 个月。

（二）情节较重的，参照《事业单位工作人员处分暂行规定》及学院相关规定，给予行政处分，包括警告、记过、降低岗位等级或撤职、开除。需要解除聘用合同或劳动合同的，按照《中华人民共和国劳动合同法》《事业单位人事管理条例》相关规定进行处理。

（三）情节严重、影响恶劣的，给予相应处分的同时，撤销其所获荣誉、称号，追回相关奖金，依据《教师资格条例》，按程序报请上级教育主管部门撤销其教师资格、解除教师职务。是中共党员的，同时给予党纪处分。

（四）涉嫌违法犯罪的，及时移送司法机关处理。

对于从事教学工作的兼职教师，经学院师德建设委员会认定构成师德失范行为的，报请学院理事会与其解除聘用关系。

第十四条 被处理人对学院的处理决定有异议的，自收到处理决定之日起 30 日内，可以书面形式向学院提出申诉；对申诉处理决定不服的，可向上级主管部门进行申诉。

第十五条 因师德失范受到处理的教职工要端正态度、积极整改，所在单位党政负责人要对其进行思想教育，加强引导，督促改正。

第十六条 在处理期满后，根据当事人悔改表现予以延期或解除。教职工在处理决定生效期间有悔改表现，且没有再出现违反师德情形的，除开除和解聘处分外，处理决定期满后，本人提出解除处分的书面申请，所在单位研究同意后报党政办公室，经理事会审定延期或解除，审定结论以文件形式下发，并向所在单位全体教职工通报。

处理决定和处理解除决定完整存入个人的人事档案。

第五章　问责

第十七条 对于相关单位和责任人不履行或不正确履行职责，有下列情形之一的，根据职责权限和责任划分严肃追究责任：

（一）师德师风制度建设、日常教育监督、舆论监督、预防工作不到位。

（二）师德失范问题排查发现不及时。

（三）对已发现的师德失范行为处置不力、方式不当。

（四）已作出的师德失范行为处理决定落实不到位，师德失范行为整改不彻底。

（五）多次出现师德失范问题或因师德失范行为引起不良社会影响。

（六）其他应当追责的失职失责行为。

第十八条 教职工出现师德失范行为，所在系部、部门党政主要负责人要分别向学院作出检讨，由学院视情节轻重采取约谈、诫勉谈话、通报批评、纪律处分或组织处分等方式进行问责。

第六章　附则

第十九条 学院其他管理、服务岗位工作人员参照执行。

第二十条 本办法由党政办公室负责解释。

第二十一条 本办法自发布之日起施行。

2021 年 9 月 1 日

衡水职业技术学院交通运输学院学生管理规定

第一章　总则

第一条 为加强和规范衡水职业技术学院（以下简称“衡职院”）交通运输学院（以下简称“学院”）学生管理工作，维护正常的教育教学秩序和生活秩序，保障学生的合法权益，培养德智体美劳全面发展的高素质技术技能人才，根据《中华人民共和国教育法》《中华人民共和国高等教育法》和教育部《普通高等学校学生管理规定》等法律法规，以及《中共衡水职业技术学院委员会、衡水职业技术学院学籍管理规定（试行）》《衡水职业技术学院交通运输学院章程》（以下简称“学院章程”），结合学院实际，制定本规定。

第二条 本规定适用于学院接受普通高等职业专科学历教育学生的管理。

第三条 学生管理工作的指导思想是：坚持社会主义办学方向，坚持马克思主义的指导地位，认真学习贯彻习近平新时代中国特色社会主义思想，全面落实国家教育方针；坚持以立德树人为根本任务，以理想信念教育为核心，培育和践行社会主义核心价值观，弘扬中华优秀传统文化、革命文化和社会主义先进文化，培养学生的社会责任感、创新精神和实践能力；坚持依法治校，科学管理，健全和完善管理制度，规范管理行为，将管理与育人相结合，不断提高管理和服务水平。

第四条 学生管理工作的主要任务是：教育和引导学生坚定拥护中国共产党的领导，努力学习马克思列宁主义，自觉学思践悟习近平新时代中国特色社会主义思想；牢固树立社会主义核心价值观，不断加强自身修养，提升思想道德素质；遵守学院规章制度，养成良好的行为习惯；刻苦学习、勇于探索，努力掌握现代科学文化知识和专业技能；积极锻炼身体，增进身心健康，培养审美情趣。

第五条 实施学生管理，应尊重和保护学生的合法权利，教育和引导学生承担应尽的义务与责任，鼓励和支持学生实行自我管理、自我服务、自我教育、自我监督。

第二章　学生的权利与义务

第六条 学生在校期间依法享有下列权利：

（一）参加学院教育教学计划安排的各项活动，享用学院提供的教育教学资源。

（二）参加社会实践、创新创业、志愿服务、勤工助学等活动，并获得相应的指导、支持和服务。

（三）申请奖学金、助学金及助学贷款。

（四）符合条件的报名应征入伍。

（五）在思想品德、学业成绩等方面获得科学、公正评价，完成学院规定学业并符合相关规定的获得相应的学历证书、职业资格证书。

（六）在校内组织、参加学生团体，按社团章程开展活动；以适当方式参与学院管理，对学院与学生权益相关的事务享有知情权、参与权、表达权和监督权。

（七）对学院给予的处理或者处分有异议，可向学院、教育行政部门提出申诉；对学院、教职员工侵犯其人身权、财产权等合法权益的行为，提出申诉或者依法提起诉讼。

（八）法律、法规和学院章程规定的其他权利。

第七条 学生在校期间依法履行下列义务：

（一）遵守宪法和法律、法规。

（二）遵守学院章程和规章制度。

（三）努力学习文化知识，掌握专业技能，恪守学术道德，完成规定学业。

（四）按规定缴纳学费及有关费用，履行获得奖学金、助学金、贷学金和服兵役学费补偿等的相应义务。

（五）遵守学生行为规范，尊敬师长，团结同学，互助友爱，养成良好的思想品德和行为习惯。

（六）法律、法规和学院章程规定的其他义务。

第三章　学籍管理

第一节　入学与注册

第八条 按照国家招生规定，经学院正式录取的新生，持《录取通知书》，按要求事项和规定期限到校办理入学手续。因故不能按期入学的，应当以书面形式事先向学院请假，请假时间一般不得超过两周。未经请假或请假逾期者，除因不可抗力等正当事由以外，视为放弃入学资格。

第九条 新生入学报到时，由各系部对新生本人及身份证明、录取通知及相关档案材料等进行初审，初审合格后，办理入学手续，给予注册，取得学籍。

第十条 新生入学后，学院在 3 个月内按照国家招生规定对其进行复查，复查不合格者，视具体情况予以处理，直至取消入学资格。凡属弄虚作假、徇私舞弊被录取者，一经查实，取消其入学资格或学籍，档案退回原所在地。情节恶劣的，报请有关部门查究。

复查内容主要包括以下方面：

（一）录取手续及程序等是否合乎国家招生规定。

（二）所获得的录取资格是否真实、合乎相关规定。

（三）本人及身份证明与录取通知、考生档案等是否一致。

（四）身心健康状况是否符合报考专业或者专业类别体检要求，能否保证在校正常学习、生活。

（五）属特殊类型录取学生的专业水平是否符合招录要求。

第十一条 对患有疾病的新生，经学院指定的二级甲等以上医院（下同）诊断不适宜在校学习的，暂不予注册，准许保留入学资格一年。保留入学资格者应当立即办理离校手续，并在 2 个工作日内离校。

保留入学资格者不具有学籍。在保留入学资格期内经治疗康复的，可以在下一学年新生入学前向所在系部提交入学申请，由学院指定医院检查诊断，符合入学体检要求，经学院复查合格后，重新办理入学手续。复查不合格者或逾期（保留入学资格期满之日）不办理入学手续者，视为放弃入学资格。保留入学资格的新生，不享受休学学生和在校学生待遇。

第十二条 新生应征参加中国人民解放军（含中国人民武装警察部队）的，按有关文件规定，应办理保留入学资格手续，其入学资格保留至退役后 2 年。学生可在退役后 2 年内持退役证明和保留入学资格证明及本人身份证件办理入学手续。

第十三条 每学期开学，学生应当在学院规定时间内返校报到，并在一周（自开学之日算起）内缴纳学费、办理注册手续。不缴纳学费或有其他不符合注册条件的，不予注册。不能按期缴纳学费或注册者，应当在返校后 2 日内向学院提出暂缓缴费书面申请，经批准后，可以缓缴，给予注册。未提交申请或申请未获准许的，逾期两周以上（含两周）不缴费、不注册的，视为放弃学籍，按退学处理。

学院按照国家有关规定为家庭经济困难学生提供教育救助，建立完善学生资助体系，保证学生不因家庭经济困难而放弃学业。

第十四条 学院实行学年学分制。各专业学制为 2 年、3 年（高中起点）、5

年（初中起点）。学习最长年限分别为 4 年、5 年、7 年。入伍学生的最长学习期限为学制加实际服役年限再加 2 年；休学创业学生的学习年限为自身对应最长学习年限再加 3 年。

第二节　考核与成绩记载

第十五条 学生必须参加学院教育教学计划规定的课程和各教育教学环节（以下统称“课程”）的考核，其考核成绩将完整、真实地记入成绩系统，并归入学生档案。

第十六条 考核分为考试与考查两种。考核和成绩评定方式，以及考核不合格的课程重修，详见《衡水职业技术学院交通运输学院学生学业考核管理办法》。

第十七条 学生思想品德的考核、鉴定，以本规定第四条为主要依据，采取个人小结、师生民主评议等方式进行。

公共体育课为必修课，其成绩评定应突出过程管理，根据考勤、课内教学和体质健康测试等情况进行综合评定。学生因身体原因不能参加体育技能课学习的，学期初由学生本人申请，持学院指定医院的诊断证明，经学生所在系负责人和教学工作部审核，报学院主管副院长同意后具体安排。

第十八条 每学期学生按教育教学计划规定的课程进行修读，课程考试不及格者应当参加学院组织的补考。

学生学习课程门数按下列规定计算：

（一）凡一门课程分两个以上（含两个）学期讲授，且每个学期都进行考核的，每学期均按一门课程计算。

（二）凡教育教学计划规定的各种实践教学环节，单独进行考核的，按一门课程计算。

（三）毕业论文（设计）按一门课程计算。

第十九条 学生因实习、创业、国际交流等原因不能参与的课程学习，由系部或本人提出申请，经学院审核通过后，可以参加学院认可的开放式网络课程学习。学生修读的课程成绩（学分），学院审核同意后予以承认。

第二十条 学院鼓励、支持和指导学生参加创新创业、社会实践等活动。其参加创新创业、社会实践以及发表论文、获得专利授权等与专业学习、学业要求相关的经历、成果，依据《衡水职业技术学院交通运输学院创新创业教育学分认定与实施办法》相关规定，可以折算为学分，计入学业成绩。

第二十一条 学院建立健全学生学业成绩和学籍档案管理制度，真实、完整地记载、出具学生的学业成绩。对通过补考取得的成绩将在成绩系统中给予标记。

课程考核时，学生违反考核纪律或者作弊的，该课程考核成绩记为无效，并按《衡水职业技术学院交通运输学院学业考核管理办法》视其违纪或作弊情节，给予批评教育或相应的纪律处分，经教育表现较好的，在毕业前对该课程可以给予补考或者重修机会。

学生因退学等情况中止学业，其在校学习期间所修课程及已获得学分，学院予以记录。

第二十二条 学院开展学生诚信教育，以适当方式记录学生学业、学术、品行等方面的诚信信息，建立对失信行为的约束和惩戒机制；对有严重失信行为的，给予相应的纪律处分；对违背学术诚信的，将对其获得学术称号、荣誉等作出限制。

第二十三条 学生应当按时参加学院教育教学计划规定的各项活动。学生上课、实验、实训、实习、军训、创业、社会实践、公益劳动等都要实行考勤。因故不能按时参加的，应当按《衡水职业技术学院交通运输学院学生请假管理办法》办理请假手续并获得批准。无故缺席的，按旷课处理，同时给予批评教育。情节严重的，按《衡水职业技术学院交通运输学院学生违纪处理规定》给予纪律处分。

第三节　留级预警与留级

第二十四条 学生课程考试不合格，且不合格课程学分过高者，学生所在系部应当按照《衡水职业技术学院交通运输学院学生留级管理办法》对其进行留级预警。

第二十五条 经过补考，一学年不合格课程学分达到30学分以上（含30学分）或入学以来不合格课程学分累计达到60学分以上（含60学分），必须留级，详见《衡水职业技术学院交通运输学院学生学籍管理实施细则》。

第四节　转专业与转学

第二十六条 学生一般应当按录取专业完成学业，如有特殊情况且符合条件者，可以申请转专业。学院根据社会对人才需求情况的发展变化，经学生同意，必要时可以适当调整学生所学专业。学生校内转专业按照《衡水职业技术学院交通运输学院学生转专业与转学管理办法》规定程序办理。

第二十七条 学生一般应当在本校完成学业。如患病或确有特殊困难，无法继续在本校学习的，可以申请转学。学生转学办理程序详见《衡水职业技术学院交通运输学院学生转专业与转学管理办法》。

第五节　休学与复学

第二十八条 学院所设专业的学制一般为3年。学生可以分阶段修业，但应当在规定的最长学习年限（含休学和保留学籍）内完成学业。

第二十九条 学生申请休学或学院认为应当休学的，经学院批准，可以休学。

学生休学一般以1年为期（因病休学经学院批准，可以连续休学2年），累计不得超过两年。

学生有下列情况之一者，必须休学：

（一）因病经医院诊断，须停课治疗休养占一学期总学时的三分之一以上（含三分之一）的。

（二）根据考勤，一学期请假、缺课累计超过该学期总学时的三分之一的。

（三）因某种特殊原因，本人申请或学院认为必须休学的。

休学的办理程序详见《衡水职业技术学院交通运输学院学生学籍管理实施细则》。

第三十条 新生或在校生应征参加中国人民解放军、中国人民武装警察部队，学院保留其入学资格或者学籍至退役后2年。

学生参加学院组织的跨校联合培养项目，在联合培养学校学习期间，学院保留其学籍。

学生保留学籍期间，学院与其所在部队、合作院校等组织建立学生管理协作关系。

第三十一条 学生休学应当办理相关手续，学院保留其学籍。学生休学期间，不享受在校学生的待遇，学院不对此期间学生发生的事故及民事责任负责。因病休学学生的医疗费按国家及当地的有关规定处理。

第三十二条 学生休学创业，由本人提交相关证明材料至所在系部，由所在系部初审同意后，报教学工作部审核，经学院院长审批后，在学生工作部备案。休学创业学生可适当延长学习年限，但最长学习年限不得超过8年（含休学和保留学籍）。

第三十三条 学生复学按下列规定办理：

（一）学生休学期满，需持书面申请及相关证明材料，向学院提出复学申请。

（二）因病休学的学生申请复学，须由二级甲等以上医院诊断，出具健康证明，并接受校医务室复查。医务室出具“确已恢复健康，具备复学条件”的证明，经教学工作部复核、院长批准后，方可复学。

（三）复学后，编入原系部原专业的相应年级学习。

第六节 退学

第三十四条 学生有下列情况之一者，学院给予退学处理：

（一）在学院规定的学习年限内（含休学、保留学籍或留级）未完成学业的。

（二）休学、保留学籍期满，在学院规定期限内未提出复学申请或者申请复学经复查不合格的。

（三）经学院指定医院诊断，患有疾病或者意外伤残不能继续在校学习的。

（四）未经批准连续两周未参加学院规定的教学活动的。

（五）超过学院规定期限未注册且未履行暂缓注册手续的。

（六）学生申请退学的。

（七）学院规定的不能完成学业、应予退学的其他情形。

第三十五条 非自愿原因学生退学处理，由其所在系部提出报告并附相关材料，教学工作部审核后，提交院长办公会研究决定，经院长签批。

退学处理的学生，学院将出具《退学决定书》并送达本人，无法送达的在校内或网上公告视同送达。

第三十六条 学生退学后事宜，按下列规定办理：

（一）退学的学生，应当在退学通知送达或公告生效之日起一周内办结离校手续，档案、户口退回原所在地。

（二）学生办结离校手续后，由学生所在系部出具退学证明。

（三）学生已修读课程成绩及所获得学分予以认可，并如实记入成绩系统，由学生所在系部出具成绩证明。

第三十七条 学生如对退学处理持有异议，可以在接到退学通知之日起 5 个工作日内，根据《衡水职业技术学院交通运输学院学生申诉处理办法》向学院学生申诉委员会提出书面申诉。

第七节 毕业、结业与肄业

第三十八条 学生在学院规定的最长学习年限内，修完教育教学计划规定的内容，成绩合格，达到毕业要求，准予毕业，并颁发毕业证书。

各系部应当对具有学籍的毕业班学生进行全面鉴定和审核。鉴定和审核内容包括德、智、体、美、劳，其重点应为政治觉悟、思想品德、学业成绩、专业技能以及学习、劳动态度和心理、身体健康状况等方面。对符合毕业资格的学生，所在系应审核、填报《毕业生资格审核表》，交教学工作部汇总后，报分管副院长和院长审批。

第三十九条 学生在规定学习年限内，修完教育教学计划规定内容，但未达到毕业要求的，或受纪律处理分未解除的，予以结业，学院发给结业证书。

第四十条 结业后一年内且在最长学习年限内可以提出换证申请，修满毕业所规定的全部学分，再以结业证书换发毕业证书，毕业时间按发证日期填写。对超过最长学习年限的结业生，不再受理其结业换证申请。

因受纪律处分未解除领取结业证书的，结业后一年内，纪律处分解除，由学生个人提出申请，经学院批准，予以换发毕业证书，毕业时间按发证日期填写。

第四十一条 学满一学年以上退学的学生，学院可颁发肄业证书或者写实性学习证明。

第八节　学业证书管理

第四十二条 学院严格按照招生时确定的办学类型和学习形式，以及学生招生录取时填报的个人信息，填写、颁发学历证书及其他学业证书。

学生在校期间变更姓名、出生日期等证书需填写的个人信息，应当有合理、充分的理由，并提供有法定效力的相关证明文件。

第四十三条 学院严格执行高等教育学历电子注册管理制度，每年将颁发的毕（结）业证书信息在中国高等教育学生信息网（学信网）注册。

第四十四条 对违反国家招生规定取得入学资格或者学籍的，学院取消其学籍，不得颁发学历证书，已颁发的学历证书，依法予以撤销。对以作弊、剽窃、抄袭等学术不端行为或者其他不正当手段获得学历证书的，依法予以撤销。

被撤销的学历证书已注册的，学院予以注销，并报教育行政部门宣布无效。

第四十五条 毕业证书、结业证书的发放，每年集中进行一次。学历证书遗失或损坏不能补发。经本人申请，学院核实后可以出具相应的证明书。证明书与原证书具有同等效力。

第四章　校园秩序与课外活动

第四十六条 学院和学生应当共同维护校园正常秩序，保障教育教学环境安全、稳定、有序，保障学生的正常学习和生活。

第四十七条 学院建立和完善学生参与管理的组织形式，支持和保障学生依法、依章（程）参与学院管理。

第四十八条 学生应当自觉遵守公民道德规范，自觉遵守学院规章制度，共同创造文明、整洁、优美、安全的学习和生活环境。树立安全风险防范和自我保护意识，保障自身合法权益。

第四十九条 学生不得有酗酒、打架斗殴、赌博、盗窃、吸毒，以及传播、复制、贩卖非法书刊和音像制品等违法、违纪行为；不得参与非法传销和进行邪教、封建迷信活动；不得从事或参与有损大学生形象、有损学院声誉、有悖社会公序良俗的活动。

学院发现学生在校内有违法行为或者严重精神疾病可能对他人造成伤害的，可以依法采取或者协助有关部门采取必要措施。

第五十条 学院坚持教育与宗教相分离原则，任何组织和个人不得在学院进行宗教活动。

第五十一条 学生可以在校内成立、参加学生社团。学生成立团体，应当按学院有关规定提出书面申请，报学院批准并施行登记和年检制度。

学生团体应当在宪法、法律、法规和学院管理制度许可的范围内开展活动，并接受学院的领导和管理。学生团体邀请校外组织、人员到校举办讲座等活动，需经学院批准。

第五十二条 学院提倡并支持学生及学生团体在课余时间开展有益于身心健康、成长发展的学术、科技、艺术、文娱、体育等活动。

学生开展课外活动不得影响学院正常的教育教学秩序和生活秩序。

第五十三条 学院鼓励、支持和指导学生参加创新创业、社会实践、社会服务和开展勤工助学活动。

第五十四条 学生举行大型集会、游行、示威等活动，必须按法律程序和有关规定获得批准。对未获批准的，学院将依法劝阻或者制止。

第五十五条 学生应当遵守国家和学院关于网络使用的有关规定，不得登录非法网站和传播非法文字、音频、视频资料等，不得编造或者传播虚假、有害信息；不得攻击、侵入他人计算机和移动通信网络系统。

第五十六条 学院建立健全学生公寓管理制度，鼓励和支持学生通过制定公约，实施自我管理。详见《衡水职业技术学院交通运输学院学生宿舍管理规定》。

第五章　奖励与处分

第五十七条 学院对在德智体美劳全面发展或者在思想品德、学业成绩、创新创业、体育竞赛、文艺活动、志愿服务及社会实践等方面表现突出的学生，给予表彰和奖励。

第五十八条 学院建立学生表彰奖励制度，采取授予“三好学生”“优秀学生干部”“优秀毕业生”或者其他荣誉称号、颁发奖学金等多种形式，对优秀学生给予精神鼓励或物质奖励。对表现优异的学生，推荐参加省级以上各种评优评先活动。

学院对学生进行表彰、奖励，以及发放国家奖学金等赋予学生利益的行为，坚持公开、公平、公正的原则，建立和完善相应的选拔、推荐、公示等制度。

第五十九条 对有违法、违规、违纪行为的学生，学院给予批评教育，并视情节轻重，给予如下处分：

（一）警告。

（二）严重警告。

（三）记过。

（四）留校察看。

（五）开除学籍。

学院对学生的处分，遵循程序正当、证据充分、依据明确、定性准确、处分适当的原则。

第六十条 学生有下列情形之一者，给予开除学籍处分：

（一）违反宪法、反对四项基本原则、破坏安定团结、扰乱社会秩序的。

（二）触犯国家法律，构成刑事犯罪的。

（三）受到治安管理处罚，情节严重、性质恶劣的。

（四）违反《普通高等学校学生管理规定》和学院规定，严重影响教育教学秩序、生活秩序及公共场所管理秩序的。

（五）侵害学院、他人合法权益，造成严重后果的。

（六）违反学院规定受到纪律处分，经教育仍不悔改的。

第六十一条 学生违纪处分由学生工作部主管。记过以下处分由学生所在系部提出处理意见，学生工作部审核并决定。留校察看以上处分，由学生工作部会同学生所在系部提出处理意见；留校察看处分报院长办公会讨论决定，开除学籍处分经院长办公会讨论通过后，报理事会研究批准，并由学院发布公告。

第六十二条 在对学生作出处分或者其他处理决定之前，由学生工作部告知学生作出决定的事实、理由及依据，并告知学生享有陈述和申辩的权利，听取学生的陈述和申辩。

学院自作出处分决定之日起，在5个工作日内，由学生工作部将处分决定书送达学生，并由其本人在回执上签字。学生拒绝签收的，以留置方式送达；已经离校的，采取邮寄方式送达；无法取得联系的，利用学院网站、新闻媒体等以公告方式送达。开除学籍的处分决定由学院报河北省教育厅备案。

处分决定书自送达、寄发（以邮戳日期为据）或公告之日起，处分决定即生效。

第六十三条 处分决定书应当包括下列内容：

（一）学生的基本信息。

（二）作出处分的事实和证据。

（三）处分的种类、依据、期限。

（四）申诉的途径和期限。

（五）其他必要内容。

第六十四条 除开除学籍处分以外，给予学生警告、严重警告处分设置6个月期限，记过、留校察看处分设置12个月期限，到期按学院规定程序予以解除。解除处分后，学生获得表彰、奖励及其他权益，不再受原处分的影响。

第六十五条 凡开除学籍的学生，自处分决定送达之日起，一周内应当办结离校手续。逾期不办又无正当理由者，由学生工作部会同其所在系按有关规定执行。被开除学籍的学生，由学院发给学习证明，其档案、户口退回原户籍地或者家庭户籍所在地。

第六十六条 对学生的奖励、处理、处分及解除处分材料，教学工作部和学生工作部应按学院档案管理相关规定真实完整地归入文书档案和本人档案。

第六章　学生申诉

第六十七条 学院成立学生申诉处理委员会，受理学生对取消入学资格、退学处理或违规、违纪处分的申诉。学生申诉处理委员会由学院负责相关工作的领导、职能部门负责人、教师代表、学生代表、负责法律事务的相关部门负责人等组成，可以聘请校外法律、教育等方面的专家参加。

学生申诉处理委员会日常办事机构设在学生工作部。

第六十八条 学生对学院作出的涉及本人权益的处理、处分决定持有异议的，应当在接到处理、处分决定书之日起 10 个工作日内，依据《衡水职业技术学院交通运输学院学生申诉处理办法》相关规定，向学生申诉处理委员会提出书面申诉。

第六十九条 学生申诉处理委员会自接到申诉申请书之日起 3 日内，进行审查复核，决定是否受理并告知申诉人。如予以受理，应在接到申诉申请书之日起 15 日内，作出复查结论并书面告知申诉人。情况复杂不能在规定期限内作出结论的，经学院院长批准，可再延长 15 日。申诉受理期间，原处理决定不停止执行。学生申诉处理委员会认为确有必要的，可以建议学院暂缓执行有关决定。

第七十条 学生申诉处理委员会经复查，认为原处理、处分决定认定事实清楚、证据充分、依据准确、程序正当、处分适当的，作出维持原处理、处分决定的复查结论；认为原处理、处分决定存在事实不清、证据不足、依据错误等情况的，则作出变更或撤销原处理、处分决定的复查意见，并通知学生工作部，由其会同学生所在系部重新进行调查研究，提出处理意见，提交院长办公会和理事会研究决定。

第七十一条 申诉人对申诉决定不服的，在接到申诉决定书面通知之日起 15 个工作日内，可以向河北省教育厅提出书面申诉。

第七十二条 自处理、处分决定书送达之日起 10 个工作日内，学生未提起申诉的视为放弃申诉，过期学院不再受理其提出的申诉。

处理、处分决定书未告知学生申诉期限的，申诉期限自学生知道或者应当知道之日起计算，但最长不得超过 6 个月。

第七十三条 学生认为学院及工作人员违反《普通高等学校学生管理规定》、侵害其合法权益的，或者学院制定的规章制度与法律法规、《普通高等学校学生管理规定》相抵触的，可以向河北省教育厅投诉。

第七章　附则

第七十四条 学院根据《普通高等学校学生管理规定》制（修）订学院的学生管理规定或者纪律处分规定，报河北省教育厅备案，并及时向学生公布。

第七十五条 本规定中，“第三章 学籍管理”部分由教学工作部负责解释，其他部分由学生工作部负责解释。

第七十六条 本规定自发布之日起执行。

2021 年 9 月 1 日

衡水职业技术学院交通运输学院学生会章程

第一章 总则

第一条 为健全和规范衡水职业技术学院（以下简称“衡职院”）交通运输学院（以下简称“学院”）学生会制度，表达和维护同学的正当权益，依据《中华全国学生联合会章程》《河北省学生联合会章程》和《衡水职业技术学院交通运输学院章程》（以下简称“学院章程”）等有关规章制度，制定本章程。

第二条 本会的一切活动以《中华人民共和国宪法》为最高准则。

第三条 本会名称为衡水职业技术学院交通运输学院学生会（以下简称“学院学生会”）。

第四条 本会为衡职院学生会分会，是在中国共产党衡水职业技术学院交通运输学院党总支委员会（以下简称“学院党总支”）和衡职院学生会领导下、中国共产主义青年团衡水职业技术学院交通运输学院委员会（以下简称“学院共青团”）指导下的全院性学生群众组织，是学院党政联系学生的桥梁和纽带。

第五条 本会拥护中国共产党的领导，坚持以马克思列宁主义、毛泽东思想、邓小平理论、“三个代表”重要思想、科学发展观为行动指南，深入学习贯彻习近平新时代中国特色社会主义思想和党中央治国理政新理念、新思想、新战略，团结和带领全体同学为成为中国特色社会主义事业的建设者和接班人而努力奋斗。

第六条 本会的宗旨

在坚持全心全意为同学服务的核心理念下：

（一）倡导自我服务、自我管理、自我教育、自我监督。

（二）担当学院党政及各部门联系同学的桥梁和纽带。

（三）反映同学的意见和诉求，维护同学的正当权益。

（四）积极开展校园文化活动，促进同学的全面发展。

第七条 本会的基本任务

（一）高举中国特色社会主义伟大旗帜，坚定不移地学习贯彻党的基本路线和教育方针。

（二）深入开展爱党、爱国、爱社会主义宣传教育，组织广大同学认真学习习近平新时代中国特色社会主义思想，引导全体同学坚持正确的政治方向，增强“四个意识”、坚定“四个自信”、做到“两个维护”，践行社会主义核心价值观，不断提高政治素质和思想觉悟。

（三）团结和带领全体同学主动适应新时代中国特色社会主义事业发展的需要，勤奋学习科学文化知识，增强专业本领，参加创新创业、社会实践和志愿者服务等活动，努力实现全面发展。

（四）充分发挥学院党政联系同学的桥梁和纽带作用，通过各种正当渠道，反映同学的建议、意见和要求，参与涉及学生的学院事务的民主管理，维护同学的正当权益。

（五）维护校风校纪，倡导良好学风，促进同学之间、学生与教职员工之间的和谐团结，协助学院建设良好的教学秩序和学习、生活环境。

（六）积极开展校际交流，加强与兄弟院校学生会的联系，增进相互了解，促进本会工作。

第八条 本会的组织原则是民主集中制。

第二章　会员

第九条 凡取得学院正式学籍并在读的全日制学生，不分民族、性别、年龄和宗教信仰，承认本章程者，均可成为本会会员。

第十条 会员的基本权利

（一）知晓本会事务。

（二）按照本章程规定的民主程序，参与讨论和决定本会的重大事务。

（三）通过各种正当途径和方式，对本会工作提出意见、建议、批评和实行监督。

（四）享有平等的选举权和被选举权，但受到留校察看处分者，在留校察看期间不享有此项权利。

（五）在学习、生活等方面遇到困难或受到不正当待遇时，可请求本会提供帮助和保护。

（六）参加本会组织的各项活动。

（七）在本会注册成立学生社团。

第十一条 会员的基本义务

（一）拥护党的路线、方针和政策，遵守国家法律、法规和学院的规章制度。

（二）遵守本会章程，执行本会决议，服从本会领导，认真完成本会安排的工作任务。

（三）勤奋学习，奋发成才，认真完成学院规定的各项学习任务。

（四）关心、支持并积极参与本会组织开展的各项活动。

（五）尊敬教职工，团结同学，维护学院声誉及本会的利益。

第十二条 对违反本章程和校规校纪的会员，本会有向学院建议给予纪律处分的权利。

第三章　组织和职权

第一节　学生代表大会

第十三条 学生代表大会是本会的最高权力机构。学生代表大会一般每两年召开一次，遇有特殊情况，经本会常务委员会提议，在得到本会学生委员会三分之二以上代表同意后，报请学院党总支和衡职院学生会批准，可提前或推迟举行。学生代表大会应当有五分之四以上正式代表参加方可召开。

第十四条 学生代表大会的代表以系为单位，根据分配的代表名额，经班级、系学生会组织选举产生。选举工作在系党支部的领导下，由系学生会组织实施，系团组织给予指导。

学生会未毕业的上届委员作为当然代表，但须经所在班级同意并经学生代表大会资格审查委员会审查通过后，方可确认其正式代表资格。

第十五条 学生代表大会代表享有下列权利：

（一）在学生代表大会上发言、提问、表决，除内容违反国法校纪外，不受追究。

（二）向学生代表大会提出学生会章程修正案草案。

（三）就学生会工作的重大问题向大会提出提案。

（四）就学生会工作中的问题向学生会干部提问。

（五）就学院工作提出提案，要求有关部门给予答复和解决。

第十六条 学生代表大会代表履行以下义务：

（一）积极行使代表权利，认真履行代表职责。

（二）主动了解本系会员的意见和要求，接受会员监督。

（三）向本系会员介绍学生代表大会和学生会工作的情况。

（四）按时出席学生代表大会，服从会议决议，及时向本系会员传达大会精神。

第十七条 学生代表大会代表受推选单位监督，推选单位有权在学生委员会的监督下更换或罢免代表。

第十八条 学生代表大会行使下列权利：

（一）审议和批准学生委员会的工作报告。

（二）讨论和决定本会的工作方针和任务。

（三）修改本章程。

（四）选举和罢免学生委员会委员（不含当然代表）。

（五）讨论决定应当由学生代表大会决议的其他重大事项。

（六）收集学生的意见和建议，向学院提交提案。

第十九条 学生代表大会进行选举和通过决议，实行表决制。

第二十条 在两次学生代表大会之间，每年至少举行一次学生委员会全体会议或学生委员会全体（扩大）会议，代行学生代表大会的部分职权。

第二节　学生委员会

第二十一条 学生委员会是本会在学生代表大会闭会期间的最高权力机构。学生委员会委员由经学生代表大会差额选举（或学生委员会全体会议增补）产生的委员和当然委员两部分组成，其组成须报请学院党总支和衡职院学生会批准，每届任期与学生代表大会代表任期相同。学生代表大会如提前或推迟举行，其任期随之作相应改变。

学生委员会全体会议应当有三分之二以上委员参加方能召开，由本会常务委员会主持。学生委员会当然委员是指各系学生分会主席（特殊情况下，也可由各系学生分会临时工作组长担任），其任免由系学生代表大会决定，可以更替。

第二十二条 学生委员会行使下列权利：

（一）解释本章程，但不可逾越条款设置的初衷。

（二）在学生代表大会闭会期间，执行代表大会决议，决定本会的重大事项。

（三）召集学生代表大会，主持推选学生代表大会代表。

（四）选举本会常务委员会和主席、副主席。

（五）审议和批准本会常务委员会的工作报告。

（六）修订学生代表大会制定的基本规章，但不得与该规章的基本原则相抵触。

（七）负责每学期考核鉴定各系学生分会、本会日常工作机构成员和各级学生会干部的工作情况，决定表彰优秀学生分会和优秀学生会干部。

（八）决定罢免学生委员会经考核不称职委员（不含当然委员），决定任免、聘任或解聘本会日常工作机构成员。

（九）代表本会会员向学院提出建议和意见。

第二十三条 学生委员会进行选举和通过决议实行表决制。

第三节 常务委员会

第二十四条 本会常务委员会是学院学生委员会的常设领导机构。本会常务委员会由学生委员会全体会议差额选举产生。

第二十五条 常务委员会行使下列权利：

（一）在学院学生代表大会和学生委员会全体会议闭会期间，执行学生代表大会和学生委员会的决议，决定本会的重要事项。

（二）召集学院学生委员会全体会议。

（三）决定聘任或解聘本会秘书长。

（四）审议和批准本会日常工作机构的年度工作报告和年度经费使用情况报告。

（五）提请学生委员会全体会议讨论决定罢免经考核不称职委员（不含当然委员）及任免、聘任或解聘本会日常工作机构成员。

（六）提请学生委员会全体会议讨论决定表彰优秀学生分会和优秀学生会干部。

第二十六条 本会常务委员会决定重要事项实行表决制。

第四节 日常工作机构

第二十七条 本会日常工作机构（执行机构）由经学院学生代表大会差额选举产生的学生委员会委员（当然委员不参加分工）和聘任干部组成，向本会学生委员会及其常务委员会负责并报告工作。在学生代表大会因故推迟召开且学生委员会大部分委员自然离任的情况下，可以组建代理工作机构，代行日常工作机构的全部职权。

第二十八条 日常工作机构的设置

（一）主席 1 人，副主席 2~4 人。

（二）秘书处：秘书长 1 人，副秘书长 2 人。

（三）办公室：主任 1 人，副主任 2~4 人。

（四）另设互助维权部、新闻宣传部、文化体育部、志愿服务部、创新创业部、社会实践活动部、对外联络部等。

各职能部门为学生会处理日常工作事务、开展各类活动的常设机构。各部设部长 1 人，副部长原则上不超过 2 人，由部长主持工作，并对本会学生委员会及其常务委员会负责。

各部部长、副部长一般由学生代表大会选举产生的学生委员会委员担任，必要时也可按照规定程序由本会主席聘请本会有关委员担任；如需聘请干事，由部长提名，本会主席决定是否聘任。

第二十九条 日常工作机构行使下列职权：

（一）执行本会学生委员会及其常务委员会的决议和决定。

（二）负责本会的日常工作。

（三）管理本会的经费和财产。

（四）在本会常务委员会闭会期间，受常务委员会委托，对外代表本会。

第四章　基层组织

第三十条 系学生分会和班委会均为本会的基层组织，接受本会领导。同时，系学生分会在同级党组织领导下和同级团组织指导下开展工作；班委会在系学生分会领导下开展工作。

第三十一条 系学生分会原则上每年改选一次。系学生代表大会的召开、学生分会领导机构的产生和调整，除须报同级党组织批准外，应当同时报本会批准备案；班委会是本会的最基本单位，由班级大会直接选举产生，每年改选一次，根据实际情况可提前或推迟进行。

第三十二条 系学生分会行使下列职权：

（一）执行学院学生代表大会、学院学生委员会、系学生代表大会和系学生委员会的决议、决定，积极配合学院学生会的工作，加强系学生分会之间的联系和交流。

（二）根据本系特点积极开展工作，活跃本系学生的业余文化生活。

（三）对学院学生会的工作提出建议和意见。

（四）定期向学院学生会汇报工作，并接受工作指导和考核。

（五）收集本系同学的建议、意见和要求，并及时向学院学生会反映。

（六）配合学院、系团组织加强对学生社团的管理和服务。

（七）指导本系各班委会的工作。

第三十三条 各系学生分会章程应当根据本会章程并结合工作实际制（修）订，并报本会备案。系学生分会章程不得与本会章程相冲突。

第三十四条 系学生分会及班委会的组织机构、职责权限、工作程序应参照本章程的原则和有关规定，由各系结合工作实际制定。但不应影响其相应职能的行使，且须经本系党组织和学院学生会同意。

第五章 学生会干部

第三十五条 学院各级学生会干部是学生会的骨干成员，应具备良好的政治素质、思想道德素养、较强的工作能力和优良的学习成绩，自愿为同学服务并享有较高威信。

第三十六条 学生会干部任职条件

（一）具有较高的政治素质，自觉增强“四个意识”、坚定“四个自信”、做到“两个维护”，积极学习践行习近平新时代中国特色社会主义思想。

（二）具有良好的思想道德素养，以身作则，尊重师长，与同学融洽相处、互助友爱。

（三）具有较强的大局观念和纪律观念，严格遵守学院的规章制度，听从领导，服从管理，自觉接受同学的监督。

（四）具备较强工作能力，能够胜任所负责的组织管理工作。

（五）具有强烈的担当精神，积极承担并完成工作任务。

（六）具有良好的群众基础，在同学中有较高威信和影响力。

（七）具有坚定的原则性，敢于同一切损害学院利益和同学权益的不正当行为作斗争。

（八）具有正确处理学习与工作关系的能力，努力做到两不误、两促进，在同学中发挥示范表率作用。

第三十七条 学生会干部如有下列行为之一者，由学生会秘书长提出建议，经学生会主席同意，提请常务委员会讨论通过，予以劝退、免职或撤职：

（一）政治立场不坚定，有违反四项基本原则言行的。

（二）作风散漫，不负责任，无故不能完成本职工作的。

（三）缺乏组织观念，不按时参加本会活动，批评后不改正的。

（四）严重违规违纪，受到学院纪律处分的。

（五）借职务之便谋取个人私利，产生不良影响的。

（六）道德品质差，沾染不良习气屡教不改的。

（七）参与邪教、传销等非法组织，从事违法活动的。

（八）学习态度不端正，不能正常完成学业的。

（九）因其他原因无法正常履行工作职责的。

第三十八条 各级学生会组织应当关心和培养学生会干部，促进每一名学生会干部不断提升自身的综合素质。

第三十九条 各级学生会干部如要求辞职，需正式提出书面申请，由常务委员会讨论决定。

第六章　附则

第四十条 本章程在学生会内具有最高效力，学生会内部任何机构不得制定与本章程相抵触的规章、文件、决定。

第四十一条 本章程如作修订，须获得二分之一以上常任代表赞成方可提出，学生代表大会在审议后获得正式代表三分之二以上赞成方为通过。

第四十二条 本章程的解释权属于学院学生委员会。

第四十三条 本章程自发布之日起施行。

2021 年 9 月 1 日

衡水职业技术学院交通运输学院员工招聘管理办法

第一章　总则

第一条 为规范衡水职业技术学院（以下简称“衡职院”）交通运输学院（以下简称“学院”）用工行为，确保教职工队伍的职业素质和能力适应学院发展需要，依据《事业单位人事管理条例》（国务院令第652号）、《事业单位公开招聘人员暂行规定》（原人事部第6号令）及《河北省事业单位公开招聘工作人员暂行办法》（冀人社发〔2011〕9号）等有关规定，制定本办法。

第二条 本办法适用于衡职院安排到学院工作的在编人员和人事代理人员之外招聘的人员，包括管理干部、教师及其他专业技术人员、技术工人等。

第三条 学院招聘工作坚持总量适当、结构合理、配置科学、精简效能的方针，贯彻公开、平等、竞争、择优的原则，遵行德才兼备、人岗匹配的标准，采取面试、笔试和考察相结合的方式。

第四条 学院招聘员工针对岗位实际区分不同类型，分为一般员工、教师（含教辅人员、专职辅导员）、管理人员、特殊人才等。

第五条 学院所需各类人员均面向社会公开招聘，以人事代理招聘方式为主。

第二章　招聘组织管理

第六条 学院成立招聘工作小组，在学院理事会的领导下，对全校员工招聘录用工作实施统一管理。

党政办公室根据学院招聘工作小组安排，负责审核职能部门和系部的员工招聘计划，协调办理招聘、录用、订立劳动合同及组织岗前培训等常规工作。

用人部门负责应聘人员试用期考察及应聘上岗后的业务管理。

第七条 学院招聘员工实行计划申报、审批制度。

招聘计划应包括招聘事由、拟招聘岗位、招聘人数、条件要求、岗位职责等内容。

招聘计划由用人部门在学院规定的本部门设岗范围内根据岗位空缺情况拟定，并填写《衡水职业技术学院交通运输学院员工招聘申请表》（以下简称《员工招聘申请表》），交党政办公室转学院招聘工作小组审核后，报学院理事会批准。

原则上学院每年初集中申报、核准一次，特殊急需的可随时申报。未经报批手续自行招聘人员的，学院不予录用，由此造成的一切后果由当事人承担。

第八条 用人部门根据核准的招聘计划制定招聘方案，报党政办公室转学院招聘工作小组审核确定。招聘方案应当包括下列内容：

（一）招聘岗位名称，学历、专业及条件要求。

（二）招聘对象、范围。

（三）招聘方法、程序。

（四）其他相关事项。

（五）招聘工作的组织领导。

第九条 应聘人员应具备下列基本条件：

（一）政治立场坚定，增强“四个意识”、坚定“四个自信”、做到“两个维护”，在思想上、政治上、行动上同以习近平同志为核心的党中央保持高度一致。

（二）遵守国家宪法、法律法规和学院规章制度。

（三）自觉践行社会主义核心价值观，诚实守信，品行端正。

（四）热爱教育事业，恪守教师职业道德。

（五）符合岗位需要的学历、学位、专业、年龄等条件要求。

（六）具备履行岗位职责所需专业技术领域的技能及专业实践要求。

（七）具备适应岗位要求的身体条件及心理素质。

有以下情形之一者，不得报考：曾因犯罪受过刑事处罚的；曾被开除党籍、公职的；曾因违纪违规被用人单位解除劳动关系的；曾在各级公职人员招考中被认定有舞弊等严重违反考试录用纪律行为的；涉嫌违纪违法正在接受审查尚未作出结论的；在受处分期间或者未满影响期限的；被依法列入失信联合惩戒对象名单的等。报考人员不得报考聘用后即构成回避关系的招聘岗位。

第十条 员工招聘一般应按下列程序进行：

（一）公开发布招聘信息。

（二）受理应聘人员申请，并对其资格条件进行审查（应聘者需提供与原单位解除劳动合同证明或未就业声明材料）。

（三）组织笔试、面试或试讲、体检、考察。

（四）确定聘用人选并公示。

（五）进入试用期考察。

（六）试用期满考核合格者，签订劳动合同，办理用工手续。

第十一条 学院针对不同类型人员，选择合适的方式方法，具体实施招聘工作。

第十二条 员工招聘可采取内部招聘、外部招聘、媒体广告招聘、人才市场招聘、网络招聘及委托职业中介机构招聘等形式进行。

第十三条 员工招聘工作严格实行回避制度。如学院参与招聘工作的人员与应聘者有夫妻关系、直系血亲关系、三代以内旁系血亲或者近姻亲关系的，或者其他可能影响招聘公平公正的，应当回避。

第十四条 员工招聘工作接受学院监事会全程监督，并通过公示接受社会监督。

第三章　一般员工招聘

第十五条 职能部门职员、图书管理员、库房管理员、收发室管理员和后勤水电暖工等，属于一般员工，按下列程序招聘：

（一）学院招聘工作小组发布招聘广告，公示招聘岗位、对象、人数、条件要求，以及相对应的工资、福利和社会保险待遇、报名起止时间等事项。

（二）应聘者填写《员工招聘登记表》，提交本人身份证、户口册和学历证书等相关证明材料。

（三）党政办公室负责受理报名，汇总整理应聘人员资料，协同用人部门拟定初选名单，报学院招聘工作小组确认后，通知入选人员参加笔试、面试、体检和考察。

（四）对符合条件的应聘人员，报学院理事会提出聘用意见。

（五）由党政办公室公示后，协同用人部门组织岗前培训，岗前培训包括在试用期内。

（六）岗前培训结束后，培训合格者，学院与其签订劳动合同，履行劳动合同约定的权利和义务。

第四章　教师招聘

第十六条 教师招聘包括专任教师、教辅人员、专职辅导员和网络技术员。

教辅岗位主要涉及实验技术岗，具体是指从事一线实验实训教学、科学实验、仪器设备维护与管理等工作的人员，负责持续稳定地做好教学科研及专业学科建设的支撑工作。

专职辅导员是指在各系专职从事大学生日常思想政治教育和管理工作的人员。

网络技术员指负责维护学院网络运行并为各职能部门办公和系部教学提供网络技术支持与服务的人员。

第十七条 学院综合考虑办学规模、专业设置、招生计划、在校生人数、实践教学、学生管理、校园网络建设等因素，统一核定各教学及管理、服务单位相关岗位。

第十八条 教师招聘遵循以下程序：

（一）教学工作部协调各二级教学单位根据工作需要提出用人计划，汇总后填写《员工招聘申请表》，并拟定招聘方案，内容包括岗位信息（岗位、招聘人数、学历、专业、岗位职责）、条件要求、招聘流程、上岗时间等，经主管副院长、院长审核签字后，报党政办公室转学院招聘工作小组研究决定。

（二）学院招聘工作小组面向社会发布招聘公告。

（三）党政办公室受理应聘人员报名，并进行资格审查。

（四）学院招聘工作小组牵头，组织相关人员对应聘人员统一进行笔试、试讲或面试。

（五）笔试、试讲或面试合格的，按照 1:1 的比例确定进入体检和考察环节的人员。

（六）体检和考察合格的，招聘工作小组提出初步使用意见，报学院理事会决定。

（七）对聘用人选进行公示。

（八）试用期试用。

（九）学院与受聘人员签订聘用合同。

用人部门可根据特殊教学岗位实际需要招聘兼职人员。

第五章　管理人员招聘

第十九条 管理人员是指业务职能部门和二级教学单位（系、部、中心等）主持行政工作的负责人。

第二十条 招聘管理人员，由党政办公室填写《员工招聘申请表》，并制订招聘工作方案，经学院招聘工作小组审核后，报学院理事会批准。

第二十一条 管理人员招聘按下列程序办理：

（一）学院招聘工作小组面向社会发布招聘公告。

（二）党政办公室受理应聘人员报名，并负责审核提供的本人简历、学历和学位证书复印件，以及能够体现管理决策能力和相关工作经验、重要社会兼职等方面情况的资料。

（三）应聘人员填写《招用员工登记表》。

（四）学院招聘工作小组组织应聘人员进行竞聘演讲和答辩。

（五）根据竞聘成绩排名，院长、主管副院长和监事会主席共同确认并提出由三人签字的聘用人选推荐意见。

（六）学院理事会研究确定聘用人选。

（七）进行公示。

（八）试用期试用。

（九）学院与受聘人员签订聘用合同，并为其颁发《任命书》。

第六章　特殊人才招聘

第二十二条 特殊人才是指教授、博士、技能大师等高层次人才和能工巧匠。

第二十三条 特殊人才的类别

领军人物：曾入选省（部）级以上重点人才项目；正高级职称或具有全日制研究生学历的副高级职称人员，且近五年曾主持省（部）级以上科研项目、其成果应用后取得显著社会效益或经济效益等相当层次的人才。

优秀博士：取得优秀科研成果的博士。

高技能人才：省“大工匠”、省级有突出贡献的技师、省首席技师等省级以上优秀高技能人才及取得突出成果的大中型企业优秀管理人员和技术负责人等。

高水平团队：带头人学术造诣高，在本专业领域具有较强的影响力，团队成员一般应具有硕士及以上学位或副高级职称，教科研能力强，团队近年来取得的研究成果获得省内同行的高度认可。

第二十四条 特殊人才招聘按下列程序办理：

（一）由学院招聘工作小组根据学院事业发展需要，在征求各方意见后，结合当前实际需求制订工作计划和招聘方案，经学院理事会批准后实施。

（二）学院招聘工作小组面向社会发布招聘公告。

（三）党政办公室受理应聘人员报名，并与监事会一名理事共同负责审核提供的本人简历、学历和学位证书、任职资格证书复印件以及能够体现其科研成果、重要社会兼职等情况的资料。

（四）院长、主管副院长与报名应聘者约谈，并进行考察和初步界定。

（五）理事会研究确定聘用人选。

（六）进行公示。

（七）党政办公室办理聘用手续，签订劳动合同或聘用协议书，履行约定的权利和义务。

第七章　临时工招用

第二十五条 临时工是指学院因工作急需，短期招用、由学院经费支付劳动报酬、不纳入劳动合同管理的临时工作人员。

临时用工一般采取外包形式。

第二十六条 学院严格控制临时工的使用范围和人数，用人部门必须依据工作实际需要，制订用工计划，并履行申报、审批手续。

第二十七条 使用临时工应按下列程序办理：

（一）部门提出用工计划。

（二）学院党政办公室进行审核。

（三）报学院理事长批准。

（四）用人部门自主招用。

第二十八条 用人部门负责人不得招用与自己有亲属关系的人员为本部门临时工。

第八章　试用期

第二十九条 学院对首次聘用人员实行试用期制度，期限依据《劳动合同法》有关规定确定。

第三十条 学院在员工试用期间，发现受聘者有下列情况之一者，可随时解除劳动关系：

（一）应聘过程中弄虚作假者（如提供假学位、假文凭、假工作经历等）。

（二）不能胜任岗位工作任务者。

（三）严重失职、给学院造成重大损失者。

（四）违反国家法纪，被依法追究刑事责任者。

（五）与其他单位建立有劳动关系或者在校外兼职影响正常工作者。

（六）患有传染性疾病或其他严重疾病者。

本条应写入劳动合同。

第三十一条 试用期间，员工享受试用期工资待遇。试用期满，员工本人提出书面申请，部门负责人签署意见，报学院党政办公室办理审核定级手续，经理事长批准，自试用期满的下月起调整落实代理人员的工资待遇。

第三十二条 试用期满考核合格的，双方签订劳动合同，予以正式聘用；不合格的，取消聘用。

第三十三条 试用期内任何一方认为不适宜确立正式劳动关系的，可说明原因，友好辞谢。试用期满 3 天以上的，学院按照本地最低工资标准，或学院相同岗位最低档工资的 80%，依据应聘者的实际上班天数发给劳动报酬。

第三十四条 管理人员和特殊专业技术人员的试用期，按劳动合同或聘用协议书的约定执行。

第三十五条 试用期包括在聘用合同期限内。

第九章　新员工工资待遇

第三十六条 一般员工、教师试用期内的工资待遇，按照学院《员工薪酬管理规定》的标准执行，不低于国家规定最低工资标准，但不享受奖励性绩效和福利工资待遇。

第三十七条 管理人员和特殊专业技术人员试用期的工资、福利待遇按劳动合同或聘用协议书的约定执行。

第三十八条 员工被正式录用后，按其所在岗位或所任职务享受相应的工资、福利待遇。学院可以根据员工的工作能力、工作表现和学院的实际需要，调整和变动员工的岗位。调整变动后的奖励性绩效工资也相应变动。

第三十九条 为稳定员工队伍，鼓励员工积极上进，学院根据员工的实际年限，发放工龄（教龄）工资；对在工作中做出重要贡献的，按照《衡水职业技术学院交通运输学院教职工奖惩办法》予以特别奖励。

第四十条 依照相关法律、法规，为其向社会保险经办机构申请办理社会保险登记。

第十章　合同的终止、续订、变更和解除

第四十一条 合同期满，劳动合同即行终止。学院根据需要，经本人同意，可以继续聘用，并不再实行试用期。

第四十二条 员工在医疗期、孕期、产期和哺乳期内，聘用合同期限届满时，聘用合同期限自动延至医疗期、孕期、产期和哺乳期满为止。员工在医疗期、孕期和哺乳期内，如不能到岗完成规定的工作任务，只享受基本工资待遇。

第四十三条 学院因内部机构调整、撤并或生源不足等原因需要减员的，需特别出台相关方案，经理事会研究通过，双方协商一致后执行。

第四十四条 有下列情形之一的，学院有权单方面予以解除劳动关系：

（一）试用期满考核不合格者。

（二）严重违背职业道德、违反学院规章制度者。

（三）不服从工作安排或完不成工作任务者。

（四）失职、渎职，造成严重责任事故者。

（五）发生违法违纪行为或被刑事处罚、劳动教养者。

第四十五条 有下列情形之一的，受聘员工可以通知学院辞职或解除劳动合同：

（一）在试用期内提出辞职的。

（二）合同期满要求解除劳动合同的。

根据学院教育教学特点，受聘者要求解除劳动合同，一般应在学期结束前 30 天通知学院；如确有特殊原因需提前离职，也应当提前 30 天以书面形式通知学院。但无论何种情况，受聘者都应按规定完成自提交辞职报告之日起 30 天的工作量。

第四十六条 有下列情形之一的，学院提前 30 天以书面形式通知员工或者额外支付其一个月工资后，可以解除劳动合同：

（一）员工患病或者非因工负伤，在法定的医疗期满后不能从事原岗位工作的。

（二）员工不能胜任本职工作，经过培训或者调整工作岗位后，仍不能胜任的。

（三）员工年度考核为“不合格”等次的。

第四十七条 劳动合同订立时所依据的客观情况发生重大变化，如员工因升学、参军、培训、进修等个人原因致使劳动合同无法履行，经学院与其协商，未能就变更劳动合同内容达成协议的，终止合同；如双方协商达成一致意见，继续保留劳动合同，并在约定期限内继续在学院上班，经学院批准后，可另签一份合同，约定相关具体事宜。

第四十八条 员工在学期初提出辞职报告的，上交辞职报告时间自动视为上一学期结束时间，且不享受假期福利及工资待遇，已经发放假期工资的，需全额返还，员工在开学初 30 天内合同期满并提出离职的除外。

第四十九条 无论是合同终止还是解除，学院发出书面通知后，被解聘员工应在规定期限内办理合同终止手续，否则视为合同终止，且应在办理完交接手续后方可离校，否则学院将追究其法律责任。

第五十条 第四十四条至第四十九条内容应写入劳动合同。

第十一章　附则

第五十一条 本办法由学院党政办公室负责解释。

第五十二条 本办法自发布之日起施行。

2021 年 9 月 1 日

衡水职业技术学院交通运输学院新聘用人员试用期管理办法

第一章　总则

第一条 为规范衡水职业技术学院（以下简称“衡职院”）交通运输学院（以下简称“学院”）新聘用人员试用期管理工作，根据《中华人民共和国劳动法》《中华人民共和国劳动合同法》，参照《事业单位人事管理条例》（国务院令第 652 号）等有关规定，结合学院实际，制定本办法。

第二条 本办法适用于学院新聘用人员（不包括临时用工）。学院与新聘用人员签订试用期协议，作为劳动合同的补充部分。对试用期有特别约定的新聘特殊人才，按约定执行，没有特别约定的，依据本办法执行。

第三条 劳动合同期限一般为 3 年，试用期 6 个月。试用期自报到之日起计算。

第四条 新聘用人员在试用期内应当按试用期协议约定及岗位职责要求，在聘用岗位工作并履行相应职责。

第二章　培养教育

第五条 学院和用人部门应加强对新聘用人员的培养教育，采取多种形式对新聘用人员进行政治素质、师德修养、履职能力、工作作风、廉洁自律等方面的培养锻炼，帮助其尽快熟悉业务，提高实际工作能力。

第六条 新聘用人员应按规定参加学院和上级主管部门组织安排的培训活动。包括学院组织的岗前培训、河北省教育厅安排组织的高校教师岗前培训、岗位相关的业务培训等。

第三章　试用期管理

第七条 学院和用人部门共同对试用期内的新聘用人员进行管理。

第八条 在试用期内，如新聘用人员申请辞职，本人应提前 3 天提交离职申请，经所在部门负责人同意，报学院党政办公室转院长、理事长批准后，按有关规定及程序办理离校手续。

第九条 试用期内如发现新聘用人员存在下列情况之一者，学院立即解除试用期协议，予以辞退：

（一）思想政治表现不合格的。

（二）出现师德失范行为的（按《衡水职业技术学院交通运输学院师德失范行为负面清单及处理办法》规定执行）。

（三）岗前培训考核不合格的。

（四）在应聘过程中故意隐瞒信息、提供虚假材料或档案的。

（五）本人与原单位劳动合同未解除，或虽已解除，但依然存在劳资纠纷或存在不良从业记录等情况的。

（六）试用期协议约定应予以终止协议的其他有关情形。

第四章　试用期考核

第十条 新聘用人员试用期考核工作坚持实事求是、客观公正、分类考核的原则，注重工作实绩和所聘岗位相关的实践经验，采取领导与群众相结合、平时考核与试用期满考核相结合的方式方法进行。

第十一条 新聘用人员试用期满，以试用期协议、岗位职责和履责情况为依据，以工作实绩为重点，以师生满意度为基础，对其德、能、勤、绩、廉进行全面考核。

第十二条 新聘用人员试用期考核在学院招聘工作小组领导和监事会监督下，由党政办公室会同用人部门组织实施。考核小组成员由学院招聘工作小组安排确定，组成人员应不少于 5 人，组长、副组长一般由党政办公室主任和部门主要负责人担任。

考核小组按照本办法规定要求制定考核标准和实施方案；组织实施考核工作；确定考核结果，提出是否正式聘用的意见并提供相应佐证材料；处理试用期考核工作中遇到的其他问题，或提请学院招聘工作小组协调处理。

第十三条 考核分类、构成及权重

学院对新聘用人员据其所聘岗位分类进行考核，具体分为专任教师、辅导员、管理人员、技术工人四个类别。其测评构成及权重如下：

（一）专任教师（教辅人员）的考核测评由系部负责人测评、教师测评和任课班级学生测评三部分构成，其中系部负责人测评权重占 40%，教师测评权重占 30%，学生测评权重占 30%。

（二）辅导员的考核测评由各系部负责人测评、各系部同年级辅导员测评和所带班级学生测评三部分构成，其中各系部负责人测评权重占40%，各系部同年级辅导员测评权重占30%，所带班级学生测评权重占30%，学生参与率不应低于所带班级学生总数的60%。

（三）管理人员（各部门职员、图书管理员、网络技术员等）的考核测评由部门负责人测评、相关部门职员代表测评两部分构成，其中部门负责人测评权重占60%，相关部门职员代表测评权重占40%。

（四）技术工人的考核测评由部门负责人测评、全体后勤员工测评两部分构成，其中部门负责人测评权重占60%，后勤员工测评权重占40%。

第十四条 试用期考核结果分为“合格”与“不合格”两种。综合测评结果低于60分的，直接确定为“不合格”；60分及以上的由部门考核小组结合考核对象的考核测评结果和定性分析与评价情况确定考核等次。

第十五条 试用期考核除采取测评方式以外，还要深入了解新聘用人员平时的工作情况，并广泛征求有关教职工的意见。在此基础上，依据考核要素对考核对象的工作表现进行定性分析并提出评价意见，以保证考核的全面性、客观性和公正性。

第十六条 新聘用人员试用期满考核工作，由学院党政办公室提前一个月作出布置安排，各部门应在试用期满前10天完成考核工作。

第十七条 试用期考核按以下程序进行：

（一）新聘用人员进行工作小结，填写《衡水职业技术学院交通运输学院新聘用人员试用期考核表》。

（二）各部门考核小组组织进行考核测评，并召开考核小组会议确定新聘用人员试用期考核结果。

（三）考核小组组长或副组长将考核结果书面通知本人。

（四）新聘用人员对考核结果如有异议，可向本部门考核小组提出复议申请，由考核小组做出答复；如对复议结果仍有异议者，可向学院招聘工作小组申请复核。

（五）各部门根据新聘用人员的个人总结、测评考核和定性分析情况，撰写考核鉴定。鉴定材料主要内容包括：新聘用人员的基本情况；考核方法和程序；思想政治表现、师德师风表现、岗位履职表现、工作实际业绩、廉洁自律、适应岗位要求等情况；存在的主要问题；考核小组研究拟定的考核结果以及聘用意见等。连同新聘用人员《考核登记表》《考核测评表》一并报送学院招聘工作小组。

（六）考核结果为“不合格”或发生本办法第九条规定情形应解除试用期协议的，考核小组应提交专门的书面报告，详细说明具体事由及依据。

（七）学院招聘工作小组对考核材料、考核小组鉴定意见等审核后，报理事会研究确定。

第十八条 除综合测评结果低于 60 分者，经定性分析，新聘用人员具有下列情形之一的，应当定为“不合格”等次：

（一）思想政治、师德师风考核不合格的。

（二）试用期内，根据考核对象的综合表现，部门认定不符合所聘岗位要求的。

（三）纪律涣散，经常无故迟到、早退或工作时间擅离职守的。

（四）不认真履行岗位职责，工作出现失误，给学院造成严重损失或引起其他不良影响的。

（五）不服从部门管理和工作安排的。

（六）未经学院同意在校外兼职的（兼职教师除外）。

第十九条 新聘用人员在试用期期间休产假的，试用期截止时间顺延至补足其不在岗的工作日后考核。

第五章　聘用与解聘

第二十条 试用期考核结果为“合格”的，学院提出聘用意见，予以正式聘用，双方签订劳动合同，并从试用期满的下月起调整落实相关待遇。

第二十一条 试用期考核结果为“不合格”的，解除试用期协议，停止对其试用并予以辞退。

第二十二条 学院在作出解除试用期协议决定之日起 3 日内，以书面形式将辞退决定通知新聘用人员，并办结离岗手续。

第二十三条 被解聘人员的工资计发到学院作出相关决定之日起的第 3 天。

第六章　纪律约束

第二十四条 试用期考核是新聘用人员管理的一个重要环节，是建设高素质教职工队伍的重要基础，各部门和系部应予以高度重视，严格按照有关规定和要求，认真负责地做好考核工作。

第二十五条 新聘用人员试用期内原则上不变更试用期协议，不调整工作岗位，一般不安排、不参加学院规定以外的离岗脱产培训学习。

第二十六条 新聘用人员应在试用期结束前一个月提出试用期考核申请，个人借故不申请试用期考核者，学院视作其自动放弃聘用资格，按程序办理辞退手续。

第二十七条 各部门在组织实施新聘用人员工作考核中，要严格执行本办法。对违反上述规定的，一经查实并报请学院同意，由学院招聘工作小组宣布考核结果无效，学院将按照有关规定严肃追究相关负责人和工作人员的责任。

第七章　附则

第二十八条 应聘者对第三条至第二十三条有知情权，用人部门在其报名时有义务作出解释和说明。

第二十九条 上级政府对事业单位新聘用人员试用期管理出台新规定的，参照新规定执行。

第三十条 本办法由学院党政办公室负责解释。

第三十一条 本办法自发布之日起施行。

2021 年 9 月 1 日

衡水职业技术学院交通运输学院教职工考核办法

第一章　总则

第一条 为客观公正评价衡水职业技术学院（以下简称“衡职院”）交通运输学院（以下简称“学院”）教职工的德才表现和工作业绩，激励教职工提高思想政治素质和业务能力，认真履职，热忱尽责，并为教职工岗位调整、续聘合同、提职晋级、表彰奖励等提供客观依据，根据《事业单位人事管理条例》（中华人民共和国国务院令第652号）、《河北省事业单位工作人员考核实施办法》（冀人〔1996〕35号）等文件精神和《衡水职业技术学院交通运输学院章程》（以下简称“学院章程”）有关规定，制定本办法。

第二条 考核应坚持客观公正、民主公开、注重实绩、全面考查的原则，采取定性评价与定量评价相结合、组织考查与群众评议相结合的方式，在衡职院统一安排部署下进行。

第三条 考核分为平时考核、年度考核和聘期考核。考核应根据各类岗位的职责和任务分类实施，将立德树人放在考核评价的首位。

第四条 考核范围包括在编和纳入聘用合同管理的教师、管理人员、其他专业技术人员及工勤人员。

第五条 年度考核结果作为教职工岗位调整、工资晋级以及聘用合同续订或解聘的主要依据，并与评选先进、表彰奖励等相关工作紧密结合。

第二章　考核组织

第六条 考核工作实行学院和校属部门（包括系、部等二级教学单位，下同）分级负责制。

第七条 副处级以上领导干部由衡水职业技术学院党委实施考核。

第八条 学院成立考核工作领导小组，全面负责教职工的考核工作。

组　长：党总支书记、理事长

副组长：院长

成　员：党总支副书记、副理事长、监事会主席、副院长

考核工作领导小组下设考核办公室，具体负责学院科级干部、教职工考核工

作的组织实施。

主　任：院长（兼）

副主任：党政办公室主任

成　员：教学工作部、学生工作部、财务后勤部、对外合作部及系、部主要负责人。

考核办公室日常工作由党政办公室负责。

第九条 学院考核工作领导小组的职责

（一）制订学院教职工考核实施方案。

（二）组织、指导、监督各部门的考核工作。

（三）研究确定教职工的年度考核和聘期考核结果。

（四）受理教职工关于考核结果的复核申请。

（五）协调处理其他有关考核工作的重要问题。

第十条 各部门成立考核工作小组，具体负责本部门的考核工作。系、部考核工作小组由党政负责人组成，党支部书记为第一责任人；各职能部门主要负责人为本部门第一责任人。

第十一条 学院部门考核工作小组的职责

（一）依据学院考核办法制订本部门教职工考核实施细则。

（二）负责本部门考核工作的组织实施。

（三）拟定本部门教职工年度考核、聘期考核意见。

（四）协助学院考核工作领导小组就涉及本部门教职工的有关复核问题开展调查处理工作。

第十二条 考核工作在学院监事会的监督下进行。

第三章　平时考核

第十三条 平时考核包括日常工作纪律考勤及工作状态考核。日常考勤包括请销假、出勤管理、参加学院和部门组织开展的各种会议、集体活动情况等；工作状态包括工作态度、团队精神、工作责任心等。

各部门应建立健全工作纪律考勤制度、工作状态考核制度和台账管理制度，严格工作纪律执行和岗位职责落实，强化日常管理。

第十四条 日常工作纪律考勤和工作状态考核由各部门根据各类人员岗位特点，依据学院相关规章制度，自行制定管理办法及实施细则。

第十五条 各部门应按照“一人一档”要求，建立教职工平时考核台账，作为年度考核和聘期考核的重要依据之一。

第四章　年度考核

第十六条 年度考核内容包括德、能、勤、绩、廉五个方面。

德：主要考核政治立场、政治素质、师德师风和为人师表情况。

能：主要考核履职能力、业务水平、管理水平，掌握和运用新思想、新知识、新技术情况。

勤：主要考核工作态度、勤奋敬业精神和遵守工作纪律情况。

绩：主要考核完成工作任务的数量、质量和效率、工作业绩水平及经济效益和社会效益。

廉：主要考核遵纪守法、廉洁自律情况。

第十七条 年度考核结果分为优秀、合格、基本合格、不合格四个等次。

年度考核的优秀等次比例按部门进行核定，学院总体比例控制在 15%。其中，专任教师为 9%，中层管理人员为 3%，其他人员为 3%。

被考核人数按比例不足产生 1 个优秀指标的部门，原则上根据部门工作特点和性质相近的要求，由学院考核工作领导小组安排与其他部门归并进行。

第十八条 年度考核结果的确定

（一）优秀：积极贯彻执行党和国家的路线、方针、政策；模范遵守学院各项规章制度；业务精通，工作勤奋，富有改革创新精神；工作任务完成好，实绩突出；服务对象满意度高；在廉洁从业方面发挥示范带头作用。

凡在当年获得省部级以上劳动模范、先进工作者、优秀教师等称号者，直接确定为优秀等次，不计入本部门优秀等次比例。

有以下情况之一者，年度考核不能定为优秀等次：

1. 被学院通报批评的；

2. 接受组织诫勉谈话的；

3. 事假累计 10 天以上或病假累计 20 天以上的；

4. 出现工作失职，发生教学事故、管理失误或其他责任事故的。

（二）合格：认真贯彻执行党和国家的路线、方针、政策；自觉遵守学院各项规章制度；业务熟悉，工作热情，尽责努力；工作任务完成较好，实绩明显；服务对象满意度较高；能够坚持廉洁从业。

（三）基本合格：有一定的政治业务素质；能够遵守学院各项规章制度；基本适应工作要求，基本完成工作任务；服务对象满意度一般；廉洁从业方面存在不足。

有以下情况之一者，年度考核定为基本合格等次：

1. 事假累计 20 天以上 60 天以下，或病假累计 60 天以上 90 天以下的；

2. 旷工累计 3 个工作日以上或无故不参加集体活动 3 次以上的；

3. 受到党内警告、行政警告处分的，在作出处分当年。

（四）不合格：政治、业务素质及工作态度差；难以适应岗位工作要求或工作责任心不强；不能完成工作任务或在工作中有严重失误。

有以下情况之一者，年度考核定为不合格等次：

1. 累计旷工 5 个工作日以上或无故不参加集体活动 5 次以上的；

2. 受到党内严重警告处分及以上的；

3. 受到行政记过或降低岗位等级处分的，在受处分期间；

4. 拒绝参加年度考核或拒绝确认年度考核结果的；

5. 不能胜任本职工作且不服从岗位调整的；

6. 不认真履行岗位职责，师生意见较大，影响恶劣，经批评教育不改的；

7. 出现严重工作失误的直接责任者；

8. 存在不廉洁问题；

9. 学院考核工作领导小组认定的其他情形。

（五）在政治纪律、政治规矩、意识形态、师德师风等方面存在严重问题的，实行“一票否决制”。

第十九条 年度考核有以下情况之一者，不予考核：

（一）因病（因公负伤除外）、事假累计超过本年度半年或出国探亲超过本年度半年以上的。

（二）因病处于医疗期内，或经学院同意病休的。

（三）经学院同意调离或辞职，尚未办结离校手续的。

（四）涉嫌违法犯罪取保候审的。

（五）经学院考核工作领导小组认定的其他情形。

第二十条 年度考核一般于每年 12 月下旬或下年度的 1 月进行，基本程序为：

（一）学院布置年度考核工作。

（二）教职工撰写个人总结、填写《年度考核登记表》。

（三）各部门考核工作小组组织教职工述职、进行民主评议，研究拟定考核结果。

（四）党政办公室汇总整理各部门考核结果，经考核办公室主任审核后，提交学院考核工作领导小组研究确定。

（五）公示考核结果，公示期为 5 个工作日。

（六）被考核人在年度考核登记表上签名确认，考核登记表存入本人档案。

第二十一条 考核相关规定

（一）新进教职工的考核按照下列规定办理：

1. 初次就业，在试用期内参加年度考核，只写评语，不确定等次；

2. 非初次就业，本年度在学院工作累计不满 6 个月（含试用期）的，参加年度考核，只写评语，不确定等次；

3. 非初次就业，本年度在学院工作累计满 6 个月（含试用期）的，由学院进行年度考核并确定等次，根据需要可会同原工作单位考核其工作的实际表现；

4. 新进的军队转业干部、退伍士兵，由学院进行考核，一般确定为合格等次。

非初次就业是指新进人员有 1 年以上计算为工龄的工作时间。

（二）学院派出教职工的考核按照下列规定办理：

1. 挂职锻炼、扶贫、驻外的教职工，在挂职锻炼、扶贫、驻外期间由挂职、扶贫、派驻单位进行考核并确定等次，不足 6 个月的，由学院进行考核；

2. 外出学习培训、执行公务的教职工，由学院进行考核，主要根据学习培训、执行任务的表现确定等次。有关情况可由其学习培训、执行任务的相关单位提供。

（三）非学院派出学习培训累计超过考核年度 6 个月的教职工，不参加年度考核。

（四）学院教职工经核准在离岗创业期间的年度考核，按照《河北省人力资源和社会保障厅关于印发〈河北省支持和鼓励事业单位专业技术人员创新创业实施办法〉的通知》（冀人社规〔2017〕22 号）相关规定执行。

（五）受处分教职工的考核按照下列规定办理：

1. 受到警告处分的，在作出处分决定的当年，不能确定为优秀等次；

2. 受到记过处分的，在受处分期间，确定为不合格等次；

3. 受到降低岗位等级处分的，在受处分期间，确定为不合格等次，但不再以年度考核不合格为由重复处理；

4. 受党纪处分的教职工的考核，按照有关规定执行。

（六）学院教职工涉嫌违法违纪被立案调查尚未结案的，参加年度考核，不写评语且暂不定等次。结案后按照规定补写评语、补定等次。

（七）不参加年度考核或考核未确定等次的教职工，其薪级工资不予晋升，绩效工资按照有关规定执行，本年度不计算为现聘岗位的任职年限。

不参加年度考核或考核不确定等次教职工的年度考核登记表，由其所在部门填写评语，写明不参加年度考核或者考核不确定等次的原因，并装入本人档案。

（八）对无正当理由不参加年度考核的教职工，经教育后仍拒绝参加的，其考核结果直接确定为不合格等次。

第五章　聘期考核

第二十二条 聘期考核结果分为合格、不合格两个等次。各部门可结合实际，根据教职工的工作业绩差异，在合格等次中再细分不同的绩效考核层次。

第二十三条 有以下情况之一者，聘期考核应定为不合格等次：

（一）不能履行聘用合同约定岗位职责的。

（二）聘期内年度考核基本合格 3 次以上的。

（三）聘期内年度考核不合格 2 次以上的。

（四）聘期内年度考核不合格 1 次、基本合格 2 次以上的。

（五）无正当理由拒绝确认聘期考核结果的。

第二十四条 聘期考核在聘用期满前 30 天进行，基本程序为：

（一）个人自评。

1．教职工提出聘期考核申请；

2．根据聘期合同所列岗位职责对聘期工作进行回顾，总结成绩、分析不足，制订改进措施，完善职业发展规划；

3．填写《教职工聘期考核登记表》，内容应实事求是，恪守诚信原则，如发现材料弄虚作假经查证属实者，聘期考核定为不合格等次。

（二）审核展示。

部门考核工作小组全面审核教职工的考核材料，并以适当方式公开展示，接受教职工阅评。

（三）部门考核。

1．部门考核工作小组组织教职工述职和民主测评；

2．部门考核工作小组在民主测评的基础上，结合平时考核和年度考核情况，对每个教职工的聘期综合表现进行评议，拟定考核等次；

3．部门考核小组填写《聘期考核结果汇总表》。

（四）学院审定。

党政办公室汇总考核结果，经考核办公室主任审核后，报学院考核工作领导小组研究确定。

（五）公示结果。

考核结果的公示期为 5 个工作日。公示期间，教职工如对本人考核等次有不同意见，可向学院考核工作领导小组提出复核申请。

（六）复核裁定。

学院考核工作领导小组针对教职工的有关复核申请，在全面调查了解有关情况的基础上，以事实为依据、以政策规定为准绳作出裁定。

（七）备案归档。

被考核人在《聘期考核登记表》上签名确认，党政办公室统一收缴后，存入本人人事档案。

第六章　考核结果的使用

第二十五条 平时考核记录是确定年度考核等次的重要依据。

第二十六条 年度考核结果是教职工晋升薪级工资、发放绩效工资、调整岗位、晋升职务（职级）、职称评审以及续签或解除聘用合同的重要依据。

（一）合格以上等次。

1．晋升一级薪级工资；

2．按照有关规定发放绩效工资与奖励；

3．年度考核被确定为优秀档次的，在绩效工资分配时予以倾斜，在职务（职级）晋升、职称评审时，同等条件下予以优先考虑；

4．聘期考核为合格以上等次的，经双方协商同意，可续签聘用合同。

（二）基本合格等次。

1．进行诫勉谈话，限期改正；

2．按照有关规定核减绩效工资；

3．连续两年被确定为基本合格等次的，向较低等级调整岗位。

（三）不合格等次。

1．不予正常晋升薪级工资；不发年终奖金，一年内不晋升；进行诫勉谈话，限期改正；本年度不计算为竞聘更高等级岗位的任职年限；

2．按照有关规定核减绩效工资；

3．向较低等级调整岗位；

4．一年内不得聘用至较高等级的岗位；

5．年度考核不合格且不同意调整工作岗位，或者连续 2 年被确定为不合格等次的，应解除聘用合同。

第七章　复核和申诉

第二十七条 教职工对定为基本合格或不合格等次有不同意见的，可在接到考核结果通知之日起 10 个工作日内向学院考核工作领导小组提出书面复核申请，党政办公室负责教职工复核申请的受理。

第二十八条 申请人申请复核应提交《教职工考核结果复核申请书》、身份证件及本人考核认定结果的复印件；对聘期考核认定结果有不同意见的，还应提供聘用合同的复印件。申请书可通过直接送达、邮寄或传真等方式提交，不接受电子方式提交。当面提交的，受理部门应当场出具收件回执。

申请书应当载明下列内容：

（一）申请人的姓名、出生年月、所在部门、工作岗位、政治面貌、联系方式、邮寄送达地址及其他基本情况。

（二）申请复核具体事项、理由和要求。

（三）申请日期和本人签名。

第二十九条 党政办公室对申请人提交的申请书是否符合受理条件进行初审，在接到申请书之日起 10 个工作日内，由学院考核工作领导小组作出受理或不予受理的决定，并以书面形式通知申请人。

第三十条 符合以下条件的复核申请予以受理：

（一）申请人为教职工本人。本人丧失或部分丧失行为能力的，可以由其近亲属或监护人代为申请。

（二）申请人对于被定为基本合格或不合格有不同意见。

（三）在规定期限内提出。

（四）申请材料齐全，支撑材料真实有效。

凡不符合上述条件之一的，不予受理。申请人按照要求补正全部材料的，应予受理。

第三十一条 学院考核工作领导小组自接到复核申请后，应在 15 个工作日内作出复核结论。

复核决定存入申请人的个人档案。

第三十二条 在作出复核决定前，申请人可以书面形式提出撤回复核的申请，学院考核工作领导小组在接到申请人关于撤回复核的书面申请后，可以决定终结复核处理工作。终结复核决定应当以书面形式通知申请人。

第三十三条 教职工在提出复核、申诉期间，不停止年度考核结果的执行，不因提出复核、申诉而被加重处理。

第三十四条 有下列情形之一的，学院撤销考核结果，重新确定考核等次：

（一）考核所依据的事实不清、证据不足的。

（二）违反规定程序，影响考核公正的。

（三）超越职权或者滥用职权作出考核决定的。

第三十五条 有下列情形之一的，学院变更考核结果：

（一）适用规章制度错误的。

（二）对事实认定有偏差的。

（三）考核结果明显不当的。

第三十六条 教职工的考核结果被重新确定或变更，需要调整该教职工的工资待遇的，按照规定予以调整。

被变更或者重新确定考核等次的教职工工资待遇受到损失的，学院予以补偿。

第八章　附则

第三十七条 有关教职工的考核在相关文件或聘用合同中另有特别规定的，依照规定执行，未作规定的依照本办法。

第三十八条 考核工作中遇到特别重大情况，由学院党总支和理事会召开联席会议作出处理意见。

第三十九条 对在考核过程中徇私舞弊、打击报复，或弄虚作假、捏造业绩的，按照有关规定予以严肃处理。

第四十条 本办法所称的“以上”“以下”“期满”均包含本数，“超过”“不超过”均不包含本数。

第四十一条 本办法由学院党政办公室负责解释。

第四十二条 本办法自发布之日起施行。

2021 年 9 月 1 日

衡水职业技术学院交通运输学院薪酬制度

第一章　总则

第一条 为建立健全衡水职业技术学院（以下简称“衡职院”）交通运输学院（以下简称“学院”）薪酬制度体系，维护和实现好教职员工的利益，吸引留住优秀人才，激励教职工恪尽职守，高质量、高绩效地完成教育教学工作任务，确保学院战略目标的实现，依据国家有关法律法规、政策规定和学院章程，结合办学实际制定本制度。

第二条 学院薪酬制度体系的设计及实施原则

学院基于对衡水周边高职院校、特别是衡水大中专院校的薪酬价位水平的深入调研，并以此为参照，根据学院薪酬管理思路、预算及薪酬支付能力，构建市场化的薪酬分配模式。在实施中遵循以下原则：

（一）公平性原则。薪酬比值的确定应综合考虑岗位类别、心理因素、学院发展状况等实际情况，并基于一致公认、明确客观的参照依据。

（二）激励性原则。薪酬政策应与工作绩效挂钩，构建绩效优先、结果导向、保持适当工资档次落差的分配机制，特别鼓励教职工为学院发展做出突出、重大的贡献。

（三）竞争性原则。薪酬水平应与本地经济社会和学院的发展水平相适应，与劳动力市场接轨，且富有一定弹性。

（四）合规性原则。薪酬制度应符合国家和地方政府的法律、法规和相关政策规定。

（五）经济性原则。薪酬增长幅度不应超出学院财力承受的范围。

第三条 学院理事会负责薪酬决策及统一管理。主要内容如下：

（一）学院薪酬管理制度制（修）订的审批。

（二）学院教职工薪酬级别的确定。

（三）学院总体工资标准的确定及变动。

（四）学院教职工工资的变动。

（五）对作出突出、重大贡献者给予特别奖励的安排。

（六）关于教职工对薪酬异议的最终裁定等。

学院党政办公室负责学院薪酬管理制度的具体实施，监事会负责学院薪酬管理制度实施过程的监督。

第四条 本制度适用于学院在编及与学院正式签订劳动合同的各类人员。

第五条 学院教职工分为管理人员、专业技术人员和技术工人等。

第二章 薪酬结构和内容

第六条 学院薪酬分为经济性报酬和非经济性报酬两大类别。

（一）经济性报酬。主要包括：工资、福利、带薪休假（国家法定节假日和学院自主安排的寒暑假等）。

（二）非经济性报酬。主要包括：学院为教职工创造和提供舒适、便利的工作条件；具有挑战性的工作；优秀的校园文化；个人才能发挥和发展的良好空间、平台及制度保障等。

第七条 学院实行年薪制、结构工资制和协议工资制。基本模式为：

（一）学院领导班子、内设机构干部及引进的特殊人才，实行年薪制或协议工资制，具体薪酬方案由学院理事会提出，经股东会研究决定。

（二）教职工实行结构工资制，即基础工资+岗位工资+教龄工资+奖金+津贴/补贴。

1．基础工资。执行国家规定标准，在工资总额中占** %。

基础工资标准详见《教职工工资标准表》。

2．岗位工资。参照国家政策关于事业单位管理岗位、专业技术职务岗位和技术工人岗位等级工资的规定标准，制定学院岗位工资标准，在工资总额中占** %。岗位工资标准详见《教职工工资标准表》。

3．教龄工资。

（1）教职工教龄特指其在学院的服务年限，即校龄，不含教职工的社会工龄（即在其他单位的工作年限）；

（2）教龄工资按服务年限分段制定等级标准，每 5 年设定一个档次，以此体现教职工为学院逐年积累的劳动贡献，鼓励教职工长期、稳定地在学院工作；

（3）教龄工资标准详见《教职工工资标准表》。

4．奖金：即奖励性绩效工资。

（1）根据教职工履责状况、工作绩效考核结果确定；

（2）奖金在工资总额中占**%，对有突出、重大贡献的部门及个人应上不封顶；

（3）奖金考核标准详见《教职工工资标准表》。

5．津贴、补贴。

（1）包括交通津贴、伙食津贴、特事岗位津贴、加班补贴、值班补贴等；

（2）各类津贴、补贴标准详见《学院津贴补贴标准表》。

第八条 关于岗位工资

（一）岗位工资标准的确立、变更。

1．学院岗位工资标准由理事会研究确定；

2．学院根据办学效益状况及变动，应调整变更岗位工资标准；

3．学院根据教职工聘用的岗位与级别，核定岗位工资等级。凡年度考核合格以上者，在现岗位级别基础上调整上浮一个档次。

（二）学院遵循变岗变薪原则，晋升增薪，降级减薪。

1．晋升职务的专业技术人员、提升等级的技术工人，据其新的工作岗位上浮工资等级；

2．在工作中表现优异、业绩突出的特殊贡献者，符合晋升专业技术职务条件的，参照有关政策规定提升其职务，并晋升岗位工资等级；或经理事会研究，一次性给予特别奖励；

3．受到学院降低岗位等级处分的，相应降低工资等级；

4．工资变更从岗位变动的下月起调整。

第九条 关于奖金

奖金分为月奖金和年终奖金。

（一）月奖金的核定。

1．各部门每月5日前向党政办公室提供教职工上月的考勤、岗位履责、工作业绩情况和教职工奖金的建议方案；

2．党群工作部依据汇总资料，审核各部门教职工定量或定性的工作绩效，核定教职工奖金方案；

3．考核结果和奖金方案经理事长审批后，于每月10日发放。

（二）年终奖金的核定。

1．教职工依据工作岗位享受年终奖金（年终绩效工资）；

2．年终奖金与年度考核结果挂钩；

3．学院理事会参照本地机关事业单位年终绩效工资额度、结合学院财力状况确定教职工的年终奖金数额。

第十条 关于教龄工资

（一）教职工在学院工作每满 5 年（年度计算精确到月）设定 1 个工资档次，每晋升 1 个档次增加教龄津贴**元。

（二）教职工一年内实际出勤天数累计不满 6 个月的，不计当年教龄，不计发当年教龄工资。

（三）教职工教龄从试用期起始年度计算，但试用期不计发教龄工资。

第十一条 非正式员工工资

（一）非正式员工是指未签订劳动合同的临时用工、学院退休返聘人员等。

（二）非正式员工工资实行简单等级工资制。见《非正式员工工资标准表》。

（三）党政办公室会同用工部门，每月初对非正式员工上月的工作态度、工作业绩、出勤情况等进行考核汇总，核定其月工资额。

第十二条 试用期工资

（一）试用期工资由党政办公室与教职工在聘前约定。

（二）试用期间的考核由党政办公室会同用人部门共同实施。

（三）教职工入职后按月领取约定的试用期工资。

第三章　薪酬发放

第十三条 教职工工资按月计发，一般在每月 10 日定时发放上月的工资，如发薪日适逢双休日或法定节假日，则在前一天或后一天发放。

第十四条 因不可抗拒原因而无法按期支付工资时，学院应于付薪日前 5 天通知全体教职工，并公告变更后的支薪日期。

第十五条 学院保留按照国家法律和地方劳动法规对教职工的工资做出相关项目扣除的权力；教职工如对工资扣除项存有疑问，应及时与党政办公室联系。

第十六条 教职工离职时，当月不足月的，按实际出勤天数计发基础工资、岗位工资、教龄工资和津贴/补贴，但不发奖金；足月的，发放全部工资。在年终奖金发放前与学院终止劳动合同关系的，根据学院相关制度，不计发年终奖金。

第十七条 学院为教职工统一提供银行工资账户，将所支付工资直接打入本人账户。教职工应注意查核本人工资情况，发现问题及时反馈至财务后勤部。如教职工需变更个人银行账户，应提前联系财务后勤部，并将办结的个人银行账户在财务后勤部备案。

第四章　薪酬调整

第十八条 学院薪酬调整主要分为四类：薪酬结构调整、总体薪酬水平调整、具体岗位薪酬水平调整、个别人员薪酬调整。

第十九条 党政办公室负责对学院薪酬调整提供决策依据：

（一）通过多种有效方式和渠道对本地及区域人才市场薪酬水平进行调查，重点为兄弟院校特别是高职院校的薪酬水平、结构及变动趋势；调查各种职位、专业、人才的供求变化情况等。

（二）密切关注国家、本地及区域经济形势的变动，收集影响薪酬的经济数据，尤其是通货膨胀率、生活水平增长幅度等。

（三）掌握学院的办学效益、支付能力、战略目标、人才结构、教职工离职率、教职工利益诉求及对薪酬制度的满意度等情况。

每年底向学院理事会提交书面报告。

第二十条 学院原则上每年进行一次薪酬调整，以使薪酬制度适应市场变化，保持一定的竞争优势。薪酬调整由党政办公室在征求各方意见的基础上，提出建议方案报学院理事会研究通过，经股东会批准后实施。

建议方案应包含以下内容：

（一）调整薪酬结构。应以学院战略与事业发展方向、岗位职务内容变动以及市场专业人才供求变动趋势为依据。

（二）调整总体薪酬水平。调整幅度应与通货膨胀水平和本地生活上涨水平基本等同。

（三）调整具体岗位薪酬水平。应以学院年度重点建设项目调整、岗位工作内容变动和市场专业人才供求变动趋势为依据。

（四）调整个别教职工薪酬。对获得年度考核优秀等次者或为学院建设做出突出、重大贡献者，给予薪酬调整。

第二十一条 教职工因转正、转岗、晋职、降职，岗位发生调整变化时，党政办公室应重新核定其薪酬级别，并在其就职新岗位的当月执行；学历、职称、职务发生变动时，党政办公室在接到通知、查验确认证书或相关原始批文后，从提交月开始调整该项工资。

第五章　福利

第二十二条 学院建立教职工福利保障制度。主要内容是：

（一）参照本地社保政策，为在编和签订正式劳动合同的教职工（下同）缴纳基本养老保险、失业保险、工伤保险、医疗生育保险、生育保险和住房公积金。试用期内的教职工，学院根据《中华人民共和国社会保险法》规定，为其缴纳各种保险。

（二）按照《中华人民共和国劳动法》规定，为特殊岗位提供相应的劳动保护和保健津贴。

（三）学院食堂为教职工提供专门饭口，每人每个工作日可免费享受一次工作午餐。

（四）不定期组织教职工进行常规身体检查。

（五）中秋节和春节，为教职工统一安排和发放专项福利；“三八”妇女节为女教职工发放特别福利。

（六）为教职工提供丰富多彩的文体联谊活动，所需费用均由学院支出，但此类活动原则上不应当影响正常教育教学工作。

（七）为教职工提供往返衡水市区与学院区间的班车，对不乘坐班车的教职工每人每月给予**元的交通津贴。

（八）建立教职工集体援助机制，通过多种途径筹集钱款，为遭遇特别困难的教职工提供人道主义援助。

第二十三条 试用期内及非正式员工不享有各种福利。

第六章 附则

第二十四条 学院将依据本制度出台《实施细则》。

第二十五条 本制度解释权在学院理事会。

第二十六条 本制度自经学院股东会批准之日起生效。

2021 年 9 月 1 日

衡水职业技术学院交通运输学院财务管理制度

第一章　总则

第一条 为加强和规范衡水职业技术学院（以下简称“衡职院”）交通运输学院（以下简称“学院”）财务管理工作，明晰经济关系，维护国家、投资者和学院的合法权益，促进学院事业健康发展，根据《中华人民共和国会计法》《中华人民共和国民办教育促进法实施条例》《高等学校财务管理制度》等有关法律法规、规章制度和《衡水职业技术学院交通运输学院章程》（以下简称“学院章程”），结合学院实际，制定本制度。

第二条 学院财务管理的基本原则是：坚持积极开源与规范管理相结合，明晰产权与风险防范相结合，办学效益与社会效益相结合，落实投资者、管理者权责利与维护国家利益、学院利益，保障师生员工合法权益相结合。

第三条 学院财务管理的主要任务是：建立健全财务管理制度，规范校内经济秩序，如实反映财务状况；依法依规多渠道筹集办学资金，防范并降低财务风险；合理编制学院预算，加强预算执行控制和管理；有效配置教育教学资源，加强核算，节约支出，切实提高资金使用效益；落实法人财产权，加强资产管理，防止资产流失。

第四条 学院财务管理和资产使用接受审批机关和其他相关部门的监督。

第二章　财务管理体制

第五条 学院财务工作实行“统一领导，集中管理”的财务管理体制。

（一）统一领导。在学院理事会的领导下，财务工作实行全院统一规章制度、统一分配政策、统一资源配置、统一收支预算、统一会计核算等。

（二）集中管理。将学院内部所有财务收支活动全部纳入集中核算与管理。

第六条 学院对外经济活动和内部财务管理事项，一般由理事会研究决定。重大项目投资、银行贷款等重大事项，须经股东会审批。

第七条 财务后勤部是学院的财务工作机构，对学院理事会负责，全面负责具体财务管理工作，制订财务规章制度，编制财务收支预决算方案，在院长的直接领导下集中管理各种资金和经济资源。

财务后勤部之外，学院不再设置其他同级财务机构。其他各部门（含二级教学单位，下同）均系报账单位。

第八条 财务后勤部负责人兼任会计主管，应取得会计从业资格证书，同时，还应当具备会计师以上专业技术职务资格或者从事会计工作3年以上经历。

财务后勤部配备专职财务会计和出纳，财务会计应取得会计从业资格证书。

第九条 财务后勤部负责人经学院理事会批准后，由理事长任命，并报上级主管部门备案。

第十条 财务后勤部负责人和会计人员实行职务回避制度。与股东、理事长、理事，监事会主席、监事，院长、副院长有亲属关系的人员，不应担任财务后勤部负责人；与财务后勤部负责人及副职有亲属关系的人员，不应从事会计工作。

第十一条 学院建立健全财务监督体系，维护学院正常的经济秩序；建立内部财务控制机制，加强内部财务监督，提高会计信息质量和管理水平；积极开展内控制度检查和绩效评价考核，推进财务公开，接受监事会和师生员工的监督。

第三章　预算管理

第十二条 财务预算是学院根据事业发展计划和任务编制的年度财务收支计划，包括收入预算和支出预算。预算按照会计年度进行编制。

第十三条 学院预算编制坚持“量入为出、收支平衡”的总原则。收入预算坚持依法合规、全面完整、真实准确、积极稳妥的原则；支出预算坚持统筹兼顾、保证重点、注重效益、勤俭节约的原则。

在具体安排上，优先保证教育经费、人员经费、重点项目建设经费和必要的运转经费，严格控制和压缩行政经费、差旅费、会议费、公务接待费等开支。

第十四条 预算由院长负责组织财务后勤部和有关职能部门拟订方案，经学院理事会审批。理事会批准后，在院长直接领导下，财务后勤部负责组织实施，各部门具体执行。

第十五条 学院实行经费收入与投入跟踪问效制度。年度预算一经确定，即视具体情况将收入指标和支出指标下达各部门，按管理层级将组织收入和控制支出的权利和责任落实到岗、落实到人，年末考核预算收入和预算支出指标的完成情况。

第十六条 学院年度预算计划确定后原则上不作调整。若因国家政策或学院事业发展出现重大变化确需调整时，按第十四条规定的程序提出调整方案，报理事会批准后方可调整变动。

第十七条 学院坚持民主理财和财务公开的原则。凡数额较大的开支项目，均需在一定范围征求意见、充分论证，然后经理事会研究决定。

第十八条 学院建立预算执行情况分析制度，加强预算执行的控制与分析。每年7月20日前，财务后勤部应向理事会提交上半年预算执行情况分析报告；每年元月31日前，提交上年度预算执行情况分析报告。

第四章　收入管理

第十九条 收入是指学院开展教学科研及其他活动依法取得的资金。

第二十条 学院收入包括以下内容：

（一）教育事业收入。学院开展教学科研及其辅助活动所取得的收入。具体指学院按照国家和地方政府部门核定的收费项目及标准，向单位或学生个人收取的学费，通过承接科技项目、开展科研协作、转让科技成果、进行科技咨询、建设实验室和生产性公共实训基地、创业孵化基地对外开放等活动取得的收入。

学院按学年收取的学费收入，按照收入与支出相配比的原则，三分之一作为当年的教育事业收入，其余三分之二作为下年度教育事业收入。

（二）住宿费收入。收费标准按照河北省教育厅和物价部门核定的标准收取。

（三）经营收入。学院在教学科研及其辅助活动之外，开展各种非独立核算经营活动取得的收入。

（四）财政补助收入。学院从各级财政、教育或其他政府部门获得的用于资助办学的收入。财政补助收入分为以下两类。

学生资助资金。包括国家奖助学金、困难学生补助、临时生活补助、服兵役补偿等。学生资助资金实行专账核算、专款专用，应全额、专项、直接用于学生资助。

教育项目财政专项补助经费。该项经费实行项目管理，按指定项目和用途单独核算。项目完成后，按要求报送专项资金支出决算和使用效果的书面报告，接受有关部门的检查、验收，并接受审计部门的监督。

（五）其他收入。上述规定范围以外的各项收入，包括投资收益、捐赠收入、利息收入等。

第二十一条 除第二十条规定的各项收入外，向学生收取的代办费不列入学院事业收入，列入“预收账款”核算，不得挪作他用。代办费按学年收取，按实列支，多退少补，且每学年向学生公布收支情况。

第二十二条 学院各项收入使用符合国家规定的合法票据，确保及时足额收取。各项收入均存放于学院依法开设的银行账户，按“收支两条线”管理的原则，全部纳入预算，由财务后勤部统一核算、统一管理。严禁学院其他部门或个人自行向学生收取任何费用，严禁私设“小金库”“账外账”等行为，若有违反，按有关规定追究当事人的责任。

第二十三条 未经学院理事会批准，各部门不得自行组织创收活动。如因工作需要，须按有关程序报批，所有收入上缴财务后勤部核算，按学院有关创收分配政策分配。

第五章　支出管理

第二十四条 学院经费支出以教学、科研为中心，坚持“确保必需，突出重点、效率优先”原则，强化各类支出管理，明确支出范围，净化支出内容，优化支出结构。

第二十五条 学院经费支出实行统一分类、统一核算、统一管理。全部支出包括：教育事业支出、经营支出和其他支出。

（一）教育事业支出。学院开展教学、科研及其辅助活动发生的各项支出。内容包括人员支出、日常公用支出、对个人和家庭的补助支出、固定资产折旧和大修理支出四大类（详见《教育事业目级科目明细表》）。

为确保学院事业持续、稳定、健康发展，严格控制“人员支出”和“对个人和家庭的补助支出”，两类支出原则上不超过经费支出总额的 50 %。确有特殊情况需要提高上述比例的，应由院长办公会会提出建议方案，经理事会研究通过后执行。

（二）经营支出。学院在教学、科研及其辅助活动之外开展非独立核算经营活动发生的支出。经营支出应与经营收入相匹配，并单独计算盈亏。

（三）其他支出。学院除（一）（二）款以外的各项支出，如财产损失、利息支付等。

第二十六条 在开展教学科研和经营活动中，根据收入与支出相匹配的原则，财务后勤部应正确归集实际发生的各项费用；不能直接归集的，按规定比例合理分摊。

第二十七条 经理事会授权，学院财务开支实行院长“一支笔”审批制度。各项开支在履行报批程序时，相关负责人应严格把关、认真审核，一经审签，经办人和签批者均应对项目经费支出的合法性、真实性承担责任，对理事会负责。

第六章 资产管理

第二十八条 资产是指学院占有或者使用的能以货币计量的经济资源，包括各种财产、债权和其他权利。学院在存续期间，全部资产由学院依法管理和使用，任何部门和个人不得截留、私分、挪用或侵占。

第二十九条 学院的资产包括流动资产、固定资产、无形资产、开办费和对外投资等。

（一）流动资产。流动资产是指可以在一年内变现或者耗用的资产，包括现金、各种存款、应收账款、其他应收款和存货等。

存货是指学院在开展教学、科研及其他活动过程中为耗用而储存的资产，包括各类材料、消耗物资、低值易耗品等。财务后勤部负责牵头，定期对存货进行清查盘点，年度终了前进行一次全面清查盘点，做到账表相符、账账相符、账实相符。对盘盈的存货，按同类或类似的存货市场价格作为实际成本计价入账；对盘亏的存货，在查明原因后按规定及时进行调整。

建立健全现金及各种存款的内部管理制度。学院开设的银行账户由财务后勤部统一管理和核算。对应收账款和其他应收款及时清理结算，不应长期挂账。对确实无法收回的应收账款和其他应收款项，在查明原因、分清责任的基础上，按规定程序批准后核销。

（二）固定资产。固定资产是指一般设备单位价值在 1000 元（含）以上、专用设备单位价值在 1500 元（含）以上，使用期限在一年以上，并在使用过程中基本保持原有物质形态的资产。单位价值虽未达到规定标准，但耐用时间在一年以上的大批同类物资，也应纳入固定资产管理。根据固定资产标准的有关规定，结合学院具体情况，财务后勤部负责制定各类固定资产明细目录。

固定资产的报废，由财务后勤部组织有关专家进行评估鉴定，并形成书面报告，先后报院长、理事长审批。固定资产的变价收入转入其他收入。

财务后勤部负责牵头，定期对固定资产进行清查盘点，年度终了前，进行一次全面清查盘点，做到账表相符、账账相符、账卡相符、账实相符。对盘盈的固定资产，按同类或类似资产的市场价格计价入账；对盘亏的固定资产，按规定程序在年终前及时处理。

学院定期进行固定资产折旧核算，固定资产折旧依据相关规定执行。

（三）无形资产。无形资产是指不具有实物形态而能为学院提供某种权利的资产，包括专利权、商标权、著作权、土地使用权、非专利技术以及其他财产权利。学院的无形资产，按照有关规定进行管理，转让取得的收入计入有关收入科目。取得无形资产发生的支出，列入有关支出科目。无形资产需要按年限摊销的，按有关规定办理。

（四）对外投资。对外投资是学院利用货币资金、实物、无形资产等向校办产业或其他与办学相关项目的投资。学院对外投资需进行充分调研和论证，在确保资金安全的前提下讲求投资效益，由理事会提出方案，经股东会批准。以实物、无形资产对外投资的，需按有关规定进行资产评估。对外投资取得的收益，计入其他收入，国家另有规定者除外。

（五）其他资产。其他资产是指不属于以上各类资产范围的其他资产。

第三十条 学院教学实验实训设施、设备、体育设备、图书资料、后勤服务设施等凡能公用共享的资产资源，由职能部门负责管理、学院统一调配使用，打破条块分割、部门所有、重复购置、各自为政的局面，提高资产使用效益，节约人力、物力和财力。

第三十一条 学院因校舍建设，以校产担保或抵押向银行申请贷款的，由理事会提出方案，经股东会批准，并报市教育主管部门备案。

第三十二条 学院建立健全财产、物资管理制度。严防因管理不善造成的浪费、破损、丢失，防止管理中出现重钱轻物情况。

第三十三条 学院出借与转让资产等，由理事会提出方案，经股东会批准，并报审批机关和其他有关部门备案，涉及金额一般不超过学院办学结余形成未分配的净资产总额的三分之一。

第七章　负债管理

第三十四条 负债是指学院所承担的能以货币计量、需要用资产或劳务偿还的债务。

第三十五条 学院的债务包括短期借款、长期借款、应付账款、其他应付款、预收账款、应缴款项等。

第三十六条 学院建立财务风险预警机制，合理控制负债规模，注重改善债务结构。举债应充分考虑债务风险承受能力，有效防范财务风险。

第三十七条 学院借款只用于自身建设和发展，不用于其他对外投资，不以任何方式转借给其他单位或个人。

第三十八条 学院不利用资产和教育经费为其他单位或个人提供经济担保或财产抵押。

第三十九条 学院对不同性质的负债实行分类管理，及时清理并按规定办理结算，保证各类负债在规定期限内归还。

第八章　净收益及其分配

第四十条 净收益是指学院年度收入与支出相抵后的余额。经营收支的收益应单独反映。经营收支的收益可弥补以前年度的经营亏损。专项结余结转下年度继续使用。

第四十一条 净收益用于学院事业的发展和对投资者投资成本的合理补偿。净收益的分配顺序为：

（一）计提 30%的事业基金。

（二）对投资者投资成本的合理补偿。

（三）剩余部分作为事业基金，用于事业发展和弥补以后年度的收支差额。

第四十二条 投资成本补偿额按实际投入资本的一定比例计算，具体比例根据计提事业基金后的净收益额确定，可略高于同期银行存款利率，但最高不得超过同期银行一年期贷款利率 2 个百分点。如当年遇银行调整贷款利率，则应按日计算加权平均贷款利率。对投资者投资成本的合理补偿用“应付投资收益”科目核算。

第四十三条 投资者不得在年终结余前获取回报或预提回报。

第四十四条 净收益额为零或负数时，不得计提应付投资收益。

第九章　财务会计报告和财务分析

第四十五条 财务会计报告是反映学院一定时期财务状况和事业发展成果的书面文件。

学院按照有关规定，定期、如实地向学院股东会、市教育主管部门和其他有关部门提供财务会计报告。

第四十六条 学院财务会计报告包括资产负债表、收入支出表、支出明细表、基本数字表、现金流量表以及有关报表附注和财务情况说明书。

第四十七条 财务情况说明书，应客观反映学院收入及其支出、净收益及其分配使用、资产负债变动、现金流量变动等情况，对本期或下期财务状况将会发生重大影响的事项以及其他需要说明的事项进行说明。

第四十八条 财务分析是财务工作的重要组成部分。学院按照教育主管部门或股东会的要求，根据学院财务管理需要，每半年编制财务分析报告。财务分析指标包括股东投入资金变动、办学积累增减、固定资产增减情况；预算收支完成率、人员支出与公用支出分别占事业支出的比例、资产负债率、生均费用（或成本）增减、现金流量变动情况；学院对股东出资回报情况；存在的主要问题及改进措施等。

第四十九条 学院年度财务会计报告和财务分析报告，经财务后勤部负责人、院长、理事长审核后，分别签名并盖章。

学院年度财务会计报告应当聘请会计师事务所的注册会计师审计并出具书面审计报告。

第十章 财务监督

第五十条 学院按照《中华人民共和国会计法》规定，健全财务会计制度，规范财务会计秩序。明确会计人员、财物保管人员、业务经办人员、审批人员的职责权限，建立相互分离、相互制约的管理机制。

第五十一条 学院所有财会人员应严格按《中华人民共和国会计法》及其有关规定履行财务监督职责，对违反国家财经法规和学院财务规章制度的行为，财会人员有权拒绝办理，必要时向理事长和监事会主席报告。

第五十二条 监事会对学院财务运行情况负有监督责任，应根据工作需要聘请审计部门，对学院年度财务收支情况及决算的真实性、合法性和效益性进行审计。认真开展干部离任审计、基本建设和大型修缮项目预决算审计。对审计中发现的问题，应按有关规定严肃查处。

第五十三条 学院依照有关法律、行政法规的规定，接受有关部门的监督检查，如实提供会计凭证、会计账簿、财务会计报告、其他会计资料以及有关情况。

第十一章 财务清算

第五十四条 根据办学实际情况，经审批机关批准，学院分立、合并或解散时，应当予以公告，及时办理相关手续，并依法进行财务清算。

第五十五条 学院分立或合并，需要在衡职院领导、审批机关监督下，组织财务清算，对财产、债权、债务等进行全面清理，编制财产目录和债权、债务清单，提出财产作价依据和债权、债务处理办法。财务清算后，由学院理事会先后报股东会、衡职院和审批机关审核、审批。

第五十六条 学院要求终止办学的，在审批机关监督和衡职院领导下组织清算；因故被审批机关撤销的，由审批机关组织清算；因资不抵债无法继续办学而被终止的，由衡职院申请、人民法院组织清算。

第五十七条 学院进行财务清算时，应首先清退学生学费、杂费和其他费用；其次支付所欠教职工的工资及社会保险缴费；最后偿还银行贷款及其他各种债务。清算后的剩余财产，返还或者折价返还投资人的投入，其余部分按照有关法律、行政法规规定处理，因资不抵债而进行的清算，清算顺序以相关法律为准。

第五十八条 学院解散时，应在审批机关监督下，配合衡职院做好资产的移交、接收、划转和管理工作，并妥善处理遗留问题。

第十二章　附则

第五十九条 本制度由学院财务后勤部负责解释。

第六十条 本制度自发布之日起施行。

2021 年 9 月 1 日

衡水职业技术学院交通运输学院资产管理办法

第一章　总则

第一条 为保障衡水职业技术学院（以下简称“衡职院”）交通运输学院（以下简称“学院”）的法人财产权，依法建立健全资产管理制度，加强资产监督管理，维护资产完整安全，确保资产合理配置和有效利用，提高使用效益，防止资产流失，保障教学、科研等各项工作的正常运行，促进事业健康发展，根据教育部《关于加强高等学校物资工作的若干意见》《高等学校财务制度》《高等学校固定资产管理办法》和《衡水职业技术学院交通运输学院章程》等有关规定，结合办学实际，制定本办法。

第二条 学院资产是指凡属学院拥有或者控制使用并在法律上被确认为学院所有，能以货币计量的各种经济资源的总和，包括各种财产、债权和其他权利。

第三条 学院资产的来源

（一）国家投入学院的资产。

（二）举办者投入的资产。

（三）收取的学费及办学积累。

（四）学院按照国家政策规定、运用校有资产组织收入形成的资产。

（五）接受捐赠及其他经法律确认为学院所有的资产。

第四条 学院资产管理的原则

（一）坚持优化配置与资源共享相结合。

（二）坚持资产管理与预算管理相结合。

（三）坚持资产管理与财务管理相结合。

（四）坚持实物管理与价值管理相结合。

推行实物费用定额制度，促进资产整合与共享共用，发挥资产的最大效益。

第五条 学院资产管理的主要任务

（一）贯彻党和国家经济政策和方针。

（二）建立健全资产管理规章制度。

（三）维护学院合法权益。

（四）保障资产的安全和完整。

（五）根据规定配置标准，合理配置资产，提高资产使用效益。

（六）对经营性资产实行有偿使用并监督其实现保值增值。

（七）建立资产管理与预算管理、资产管理与财务管理、实物管理与价值管理有效结合的工作机制。

（八）对资产实施分析统计、监督和管理。

第六条 学院资产管理的内容

（一）资产配置、登记、使用和处置。

（二）资产与产权界定、变动和纠纷处理。

（三）资产收益、评估、清查及统计与奖惩等。

第七条 根据财政部、教育部对资产管理体制的要求，学院资产管理工作实行“统一领导、归口管理、分级负责、责任到人”的管理体制。

第二章　资产的范围和分类

第八条 学院资产的范围包括：流动资产、固定资产、对外投资、无形资产和其他资产。

（一）流动资产。是指一年内（含一年）变现或耗用的资产，按其表现形态可分为货币形态和实物形态。货币形态的流动资产包括货币资金短期投资、银行存款、应收账款、预付账款、待摊费用等；实物形态的流动资产包括材料、低值易耗品、修理用器材、备件、燃料及存货等。

（二）固定资产。是指一般设备单位价值在 1000 元（含）以上、专用设备单位价值在 1500 元（含）以上，使用期限在一年以上，并在使用过程中基本保持原有物质形态的资产。单位价值虽未达到规定标准，但是耐用时间在一年以上的大批同类资产，如图书、办公家具、教室桌凳等，也纳入固定资产管理。

（三）无形资产。是指不具有实物形态而能为学院提供某种权利的资产，包括专利权、商标权、著作权、土地使用权、非专利技术以及其他财产权利。

（四）对外投资。是指学院利用货币资金、实物、无形资产等，向校办产业或其他与办学相关项目的投资。

（五）其他资产。是指不属于以上各类资产的其他各种资产。

第三章　资产管理机构及其职责

第九条 学院成立资产管理委员会，统一领导全院资产管理工作。负责对资产管理方面的重大问题进行论证、审查，并向学院理事会作出报告或提出决策性建议方案。

第十条 学院设立资产管理中心，挂靠财务后勤部。资产管理中心作为学院资产管理部门，在资产管理委员会的领导下，代表学院负责统一归口监督和管理全院资产，对学院和衡职院负责，对全院资产具有管理权、指导权和监督权，对一般实物资产的购置、使用、调剂、处置等，具有审核（查）权和调配权。其主要职责是：

（一）贯彻执行国家有关资产管理的法律、法规和方针、政策；制定学院资产管理规章制度，并组织实施和进行检查、监督管理。

（二）组织学院资产的产权登记、产权界定、清产核资、资产评估、资产统计等管理工作；编制学院资产清查汇总报告，及时准确地反映学院资产变动及效益情况。

（三）组织有关部门编制资产购置计划和年度资产购置预算，并对计划购置项目的必要性、合理性、适用性和经济性进行审查，提出建议，提交学院资产管理委员会审议。

（四）会同有关部门做好实验（训）室建设项目方案的设计与论证，组织批准后的实验（训）室建设项目的实施、监督、验收等工作。

（五）负责学院资产购置计划的审核与报批、市场考察、采购、验收、入库、建账、调配、清查、处置及招标等管理工作；协调教学科研仪器设备的安装、维修，办理费用支付手续，办理调拨、转让、报损、报废等报批手续。

（六）指导各部门仪器设备的管理使用、维修保障、安全检查，并提供必要的技术支持；负责学院会议室、报告厅等公共场所设备的保障工作。

（七）负责学院房产的使用分配、调整及管理。

（八）会同归口管理部门和使用部门合理配置固定资产，提高资产使用效益，为学院各项工作提供必要的物质保障。

（九）会同财务后勤部及各有关部门对土地、房屋建筑、仪器设备等资产的投入使用情况进行指导、监督和管理。

（十）会同有关部门办理非经营性资产转为经营性资产的申报手续；对投入经营的资产实施监督管理和保值增值考核，确保学院资产收益。

（十一）参与土地使用和基本建设项目的规划、论证、招标、监理、竣工验收等工作。

（十二）负责学院固定资产的账务管理，定期对固定资产的总量、结构、分布进行统计分析和动态管理；定期与财务后勤部核对资产账目，做到账账、账物相符。

（十三）定期向学院资产管理委员会报告学院资产相关情况。

第十一条 根据资产类别，学院资产分别由相关部门据其职责范围归口管理。

（一）党政办公室。负责校名、校徽、校牌、注册商标、商誉等无形资产管理；学院文物、陈列品、印刷品和档案的管理等。

（二）教学工作部。负责学院实验（实训）室教学仪器设备及耗材申请计划的审核；实验（实训）室建设立项与论证；实验（实训）室资源开发与利用，推动资源开放共享，提高实验（实训）室的利用率；网络及监控设备、软件的管理及维修；图书资料、电子出版物等文献资料的管理；各种体育器材、设备的管理；专利权、著作权、版权、科研成果、学报及其他知识产权等无形资产的管理等。

（三）学生工作部。负责学院大学生心理健康教育中心设备申请计划的审核；大学生创业孵化基地建设立项与论证及资源开发与利用；大学生活动中心、校园广播站实物资产的管理等。

（四）财务后勤部。负责学院流动资产货币形态（含债务、债权）资产的管理；实物资产资金总账的财务归口管理；水、电、暖、门窗的维修管理；行政和教学办公家具、实验（实训）室及教室桌椅等实物资产的维修；校园环境绿化、环境卫生所需设备、工具、植物等实物资产的管理；行政办公及后勤消耗用品、劳保用品、材料、卫生清洁用品（具）、被服装具等低值易耗品管理；土地的规划使用、房屋和建筑的维修及在建工程项目的管理；学院车辆的管理等。

（五）对外合作工作部。负责本部门所使用资产的管理。

第十二条 各部门对所使用资产负有直接管理责任。其职责是：

（一）贯彻执行学院资产管理制度与规定，确保使用安全、完整。

（二）根据需要配备专职或兼职的资产管理人员，将资产管理责任落实到具体岗位、具体人员。

（三）建立健全资产的领取、使用、保管、维护等制度；对使用管理的资产建立资产账、卡片、标签，做到账卡相符，账物相符；按要求向学院资产管理中心报送统计报表，每季度与资产管理中心核对一次资产。

第四章 资产配置

第十三条 资产配置是指学院根据教学、科研等各项事业发展的需要，按照国家有关法律、法规和规章制度规定的程序，通过融资、购置或者调剂等方式配备资产的行为。包括新购置（或接受捐赠）仪器设备、家具和新建的基本建设项目或原物的部分更新、技术升级、建筑物翻新装修等。

第十四条 各部门资产配置应当符合以下条件：

（一）现有资产无法满足教学、科研、办公等工作的需要。

（二）难以与学院内部其他部门共享共用的相关资产。

（三）经过论证确须购置的资产等。

第十五条 各部门的资产配置应当符合相关规定标准。对没有配置标准的应从严控制。各部门要优化资产配置，做到物尽其用，切实发挥资产的使用效益。对闲置或效益不高的资产，由资产管理中心在相关部门之间进行调剂配置，并按规定办理相应手续。

第十六条 各部门资产配置应按照下列程序和要求实施：

（一）各部门购置资产，须编制资产购置计划及预算，由资产管理中心统筹，据其现使用的资产状况及学院整体资产状况签署相关意见或组织专家论证，按规定的程序批准后方能购置。

（二）编制年度部门预算时，资产管理中心应会同财务后勤部全面审核资产存量，据此提出下一年度资产增量计划，包括拟购置资产的品目、数量、经费，将其纳入下一年度的部门预算，报学院院长办公会审议，经理事会审定。

（三）经批准的预算内增量资产购置计划，作为年度资产采购的依据。

第十七条 学院购置大型、精密、贵重的设备仪器、珍版图书，或者大宗仪器设备、材料、物资以及进行基本建设、大型修缮等，均应制定年度计划，组织考察论证，进行公开招标，并严格规范合同手续，实行购建项目负责人责任制。

第十八条 凡添置的资产，不论其资金来源是什么，均应办理验收、入库、入账手续，接受捐赠的，捐赠方提供发票的，以发票实际金额入账，不能提供发票的，大额资产应以第三方评估价值入账；资产管理中心验收后入相应的资产账；使用部门入台账，明确责任人；财务后勤部凭发票、验收单（或入库单）报销，并入资产账。

第十九条 各部门无偿调入或接受捐赠形成的资产属学院资产，由学院依法占有使用，并按财务会计制度的有关规定作价入账。

第二十条 对于长期闲置不用的资产，以及不合理占有、使用学院资产的现象，资产管理中心有权进行调剂处置，做到定额配置，超额部分有偿使用。

第五章　资产的使用与管理

第二十一条 学院资产的使用包括学院自用和对外投资、出租、出借、担保等方式。

第二十二条 学院资产管理是一项互相协调、互相配合、互相监管的系统工程。各资产归口管理和使用部门均应认真做好资产的日常使用与管理工作，建立健全资产登记、领取、保管、使用、维修等制度规范，将资产管理责任落实到具体岗位和具体人员。

第二十三条 对实物资产（包括固定资产、低值耐用品、低值易耗品、材料等，下同）的管理，实行岗位责任制，建立验收、入库、调拨、调剂、借用、领用、保管、检查、维修、损失赔偿、处置等管理制度；对房屋建筑、基础设施等建立修缮和养护制度。

第二十四条 对各项专利权、商标权、著作权、非专利技术、商誉及其他财产权利，应明晰产权关系，及时办理注册登记手续。

第二十五条 对使用学院名称（简称、字样）的社会组织、社会团体、个人及校内各部门、团体、个人，应严格审查资格、资信，逐一登记，并定期检查清理；对损害学院权益的，依法收回其使用权。

第二十六条 学院逐步构建完整的资产账簿管理体系，并运用计算机实施信息化、网络化管理。资产管理中心、财务后勤部、各资产归口管理与使用部门，均须根据各自的管理任务和职责建立账、卡。资产管理中心建立固定资产总账及卡片；财务后勤部建立固定资产资金总账和明细账；使用部门建立资产明细账。财务后勤部、资产管理中心和使用部门应定期对账，做到账账、账卡、账物“三相符”。全院所有固定资产均由资产管理中心负责统一入库、建立总账和实施管理。

第二十七条 对建立的资产账目，应及时、准确地记录资产的存量、变动、增减、分布等情况。实物形态的资产应分类、编号；大型、贵重、精密的仪器设备除登记以外，应按台（件）建立专门技术档案。

第二十八条 对于不纳入固定资产管理的办公用品、水电暖等维修材料，由财务后勤部负责验收、入库、建账和管理；资产管理中心负责检查监督。

第二十九条 各部门负责人和资产管理人员岗位变动或离校时，需按规定进行资产清理和办理移交手续；教职工离校或岗位变动时，须先办结所用资产移交手续后，方可办理离校或岗位变动手续。

第三十条 学院利用资产对外投资、出租、出借等，学院资产管理委员会应在进行必要的可行性论证的基础上提出建议方案，报学院理事会审批后，方可组织实施。法律、行政法规、国家政策、学院章程另有规定的，从其规定。

第三十一条 加强非经营性资产转经营性资产的管理，确保资产保值增值。

（一）学院非经营性资产转经营性资产，须由资产管理委员会协调有关部门提出可行性研究报告，报学院理事会批准。

（二）经批准的非经营性资产转为经营性资产，必须列出资产清单，由资产管理中心、财务后勤部等相关部门组织进行资产核实、产权界定，并依照法定程序进行资产评估。

（三）学院非经营性资产转经营性资产，其资产仍为学院所有，性质不变。

（四）对投入的经营性资产按照有关规定实行有偿使用和投资回报制度。

（五）经营性实体或企业的分离、合并、注销、破产，应按照规定办理申请、报批、登记和核销等手续，并清理资产，分清责任。

第三十二条 学院对投入经营的资产，包括对外投资、出租等，在签订的合同中必须加入校有资产保值增值的内容及相应的考核指标和监管措施；投入资产要实行专项管理，进行专项考核和风险控制，并在财务报告中对投出资产的数量、价值、形式和回报等有关信息进行充分披露。

第三十三条 学院的土地使用权及保证教学任务完成的房屋、设施、设备等各类资产一般不得用于对外投资，也不得出租、出借和提供担保。特殊情况须经学院理事会、股东会批准。

第三十四条 学院与其他单位之间或个人发生资产产权纠纷的，由双方协商解决；协商不能解决的，学院应当提出拟处理意见，向衡职院和上级主管部门报告，或依照司法程序处理。

第六章　资产处置与收益

第三十五条 学院资产处置，是指对占有、使用的资产进行产权转让或者注销产权的行为。处置方式包括无偿调拨、出售、出让、转让、投资、对外捐赠、报废、报损、报失、被盗、自然灾害毁损以及货币性资产损失核销等。

第三十六条 资产处置的程序

资产处置由归口管理部门负责提出申请，并需经过有关人员进行论证和评估技术鉴定，履行审批手续后，方可核销资产账。未经批准任何部门和个人不得自行处置学院资产。资产处置的批准文件是调整相关会计账目的凭证。

第三十七条 资产处置权限

（一）单价在 1000 元（含）以上固定资产的处置以及货币性资产损失的核销，由归口管理部门报学院理事会批准。国家另有规定的，按规定处置。

（二）单价未达到规定固定资产标准，但耐用时间在一年以上的设备及物资，由归口管理部门报资产管理委员会审批后处置。

第三十八条 学院资产处置的程序

使用部门填写专项申请报告，并附《固定资产处置审批单》；资产管理中心会同财务后勤部和归口管理部门进行审核鉴定；然后按第三十七条规定程序报批。对按规定应当由上级主管部门审批的，按规定程序报批。

第三十九条 学院资产出售、出让、转让和报废等处置，应当遵循公开、公正、公平的原则。出售、出让、转让、变卖资产数量较多或者价值较高的，应当通过拍卖等市场竞价方式公开处置。

第四十条 学院对本校占有使用的资产享有收益权。学院资产收益包括资产使用收益和资产处置收益。资产使用收益包括对外投资取得的投资收益、经营承包上缴收益、资产出租、出借取得的租金收入；资产处置收益包括资产出售、出让、转让收入、资产报废报损残值收入和变价收入等。

第四十一条 非经营性资产处置收益、收入必须全部上交财务后勤部，作为专项基金进行管理使用；经营性资产的处置收入必须按财务制度执行。需要提取相关费用时，需经学院理事长批准，并严格按“收支两条线”的原则处理。严禁任何部门和个人将资产的处置收入私存私分或挪作他用。

第七章　资产评估

第四十二条 学院各部门有下列情形之一的，应当对相关资产进行评估：

（一）非经营性资产转经营性资产。

（二）学院资产拍卖、转让、置换。

（三）校办企业兼并、出售、联营、股份经营、改制。

（四）校办企业清算。

（五）学院租赁资产。

（六）学院以非货币性资产对校办企业和其他单位投资。

（七）依照国家规定，必须进行资产评估的其他情形。

第四十三条 学院有下列情形之一的，可以不进行资产评估：

（一）学院各部门之间的合并、资产划转、置换和转让；

（二）发生其他不影响学院资产权益的特殊产权变动行为。

第四十四条 申报资产评估立项应提交下列材料：

（一）资产评估立项申请文件及申请表。

（二）与评估目的相对应经济行为的有效批准文件。

（三）资产使用单位的企业法人营业执照（复印件）。

（四）资产使用单位的近期资产负债表（加盖公章）。

（五）提交待评估资产的产权证明和技术鉴定证书。

（六）需要提交的其他材料。

第四十五条 学院资产评估工作须委托具有资产评估资质的评估机构进行。学院各部门应如实向资产评估机构提供有关情况和资料，并对所提供的情况和资料的客观性、真实性和合法性负责。学院各部门不得以任何形式干预资产评估机构独立执业。

第四十六条 学院资产评估前，申请单位应当按照第四十四条的要求，向学院资产管理中心提交资产评估资料，经资产管理中心初审、资产管理委员会审核，报理事会批准后，按照国家有关规定办理资产评估的立项审批、评估、确认等手续。

第四十七条 评估机构由学院资产管理中心代表学院聘请或委托，不得由申请单位直接聘请或委托。

第八章 资产清查

第四十八条 学院开展资产清查，是对所占用的资产加强基础管理的重要措施，各部门应按要求认真配合，做好清产核资工作。

第四十九条 学院开展清产核资工作的具体范围

（一）上级主管部门安排和要求进行的清产核资。

（二）学院根据实际工作需要安排的清产核资。

（三）学院发生特定行为和产权变动，根据法律法规规定必须进行的清产核资。

（四）学院财务和账务发生异常情况，由清产核资机构批准进行的清产核资。

（五）学院由于资产损失和资金挂账严重，需要核销资本进行的清产核资。

第五十条 学院清产核资工作的内容和要求

（一）资产清查。对各类资产、负债和所有者权益进行全面的清理、登记、核对和查实，对查出的问题，应如实上报；对清查出的资产盘盈、盘亏和报废等，在进行必要的技术鉴定后，提出处理意见，按规定权限申报审批。

（二）产权界定。遵循“谁投资、谁所有、谁受益”和“依法确认，尊重历史”的原则，界定维护双方的合法权益。凡在以往清产核资中，经各级清产核资机构确认的产权界定结果，一般不再重新进行产权界定。

（三）价值重估。价值重估是指在清产核资工作中，对账实背离较大的主要固定资产价值按国家统一规定的方法和标准进行重新估价。对盘盈和接受捐赠的固定资产也应当按国家统一规定的方法和标准进行重新估价。

（四）资金核实。清产核资机构对学院经过账务清理、资产清查等基础工作后上报的各项资产盘盈、资产损失、资金挂账等进行认定，重新核定学院资本和核实资产价值总量。

第五十一条 学院清产核资工作的程序和要求

（一）在学院资产管理委员会的领导下，资产管理中心制订清产核资工作实施方案。

（二）各部门依据方案确定的工作内容和要求，对本部门各类资产进行全面清查，重点清理债权债务，按规定做好产权界定、价值重估、资金核实等工作，并按要求将清查结果报资产管理中心。

（三）资产管理中心整理汇总有关材料，全面准确地填报有关资产清查报表、产权界定申报表、资金核实申报表等，经学院资产管理委员会审核后，报理事会审批。

（四）依据理事会批复意见，进行有关账务处理。

第九章　资产报告

第五十二条 各部门对所占用学院资产的状况，要定期做出专项报告（报表和分析说明）。

第五十三条 学院资产报告的报表格式、内容要求及报告时间，由资产管理中心按照资产管理工作的需要统一制定。

第五十四条 学院资产各使用部门，要严格按照规定要求填报资产报告，做到内容完整、数字准确，对使用学院资产的变动、结存和使用效益情况做出分析说明。

第五十五条 学院资产各归口管理部门，负责整理汇编本部门所管理资产的有关报表及分析说明，报送资产管理中心，作为编制学院资产汇总报告的依据。

第五十六条 资产管理中心要按照学院或上级有关部门规定的时间和要求编报学院资产汇总表及分析说明报告，为制定学院发展规划及编制学院财务预算提供决策依据。

第五十七条 学院资产各归口管理部门应当按照资产管理信息化的要求，及时将资产变动信息录入管理信息系统，对资产实行动态管理，并在此基础上做好资产统计和信息报告工作。

第十章　奖惩

第五十八条 为使各项资产管理工作落到实处，鼓励先进，鞭策后进，奖优罚劣，学院建立资产管理奖惩制度。对资产管理工作中成绩突出的部门和个人给予表彰；对兼职资产管理人员视具体情况给予一定的岗位补贴；对工作失职不负责任造成资产损失的，应按规定予以处理。

第五十九条 有下列情况之一的部门及有关人员，学院给予表彰和奖励：

（一）积极主动开展资产管理工作，认真完成各项管理任务，成绩显著的。

（二）在资产管理工作中有创新，运用和推广现代技术并取得显著效果的。

（三）坚持实事求是，依法办事，表现突出的。

第六十条 学院各部门及其工作人员违反本办法，有下列行为的，将追究部门负责人和直接责任人的责任：

（一）未按职责要求实施资产管理和监督，对资产流失或浪费不反映、不报告，造成资产严重损失的。

（二）不如实进行资产登记、清查、填报资产报表，隐瞒真实情况的。

（三）不履行报批手续，擅自转让、出租等处置资产和用于经营投资的。

（四）弄虚作假和以各种名目侵占学院资产和利用职权谋取私利的。

（五）对用于经营投资的资产，不认真进行监督管理，不按规定缴纳资产收益的。

（六）对长期闲置、低效运转或超标准配置的资产，不按规定进行调剂的。

（七）违反操作规程，造成大型仪器设备损坏的。

第六十一条 各部门工作人员违反本规定，情节严重的，学院给予通报或行政处分；情节特别严重，造成资产重大损失的，按规定移送司法机关处理。

第十一章　附则

第六十二条 各部门可根据本办法制定实施细则或制度规范，并报学院资产管理中心备案。

第六十三条 未尽事项，按照国家、省、市有关资产管理的政策规定执行。

第六十四条 本办法由学院资产管理中心负责解释。

第六十五条 本办法自发布之日起施行。

2021 年 9 月 1 日

衡水职业技术学院交通运输学院物业管理办法

第一章　总则

第一条 为加强和规范衡水职业技术学院交通运输学院（以下简称“学院”）物业管理工作，维护物业管理相关主体的合法权益，提高物业管理服务效率，营造清洁、优美、安全、有序的校园环境，更好地服务教学、科研和学生生活的需要，根据《中华人民共和国民法典》、国务院《物业管理条例》及《河北省物业管理条例》《衡水市物业管理条例》等法律、法规，结合学院实际，制定本办法。

第二条 本办法所称物业，是指学院实行物业管理的公共建筑物及其附属建筑物、公共设施和周边附属场地等。

第三条 本办法所称物业管理，是指学院通过公开、公平、公正的市场竞争机制选择物业管理企业，由学院和物业管理企业按照物业管理合同的相关约定，对学院公共建筑物及配套的设施设备和相关场地进行维修、养护、管理，维护相关区域内的环境卫生和秩序的活动。

第四条 学院物业管理服务坚持“区域化、专业化、规范化”原则，通过资源整合、流程梳理、规模效应以及信息化手段的运用，构建权责明确、边界清晰、运行有序、优质高效的物业管理服务机制。

第五条 学院教学、科研、办公和学生生活等公共建筑及其附属建筑和设施设备、园林绿化、道路均须按照本办法的规定统一实行物业管理。

第六条 学院凡实行物业管理的各项活动，必须遵守本办法的规定。

第二章　管理机构

第七条 学院是校内所有物业管理的唯一业主。财务后勤部代表学院对物业管理企业的管理活动行使监督管理职责，享有《物业管理条例》等法律法规赋予业主的相应权利，履行相应义务。

第八条 财务后勤部职责

（一）负责研究制定学院物业管理办法、制度规定等政策措施，审议物业管理服务整体预算和上年度预算执行情况及经费使用绩效情况报告等，提请学院理事会审议和决定。

（二）负责制定学院物业管理服务内容、标准和监督检查、考核办法等规章制度。

（三）负责学院物业管理招标投标的组织工作，代表学院与选聘的物业管理企业签订物业服务合同，并视其管理服务情况决定是否解除聘用关系。

（四）负责对物业管理企业的服务工作进行指导和日常监管，检查督促物业管理企业履行合同约定。

（五）制定《衡水职业技术学院交通运输学院物业管理服务质量考核办法》《衡水职业技术学院交通运输学院物业管理服务质量考核标准及评分细则》，并据此组织实施对物业管理企业的考核。

（六）负责物业管理服务费用的审核与支付。

（七）及时了解物业使用人对物业管理工作的意见和建议，受理物业管理活动中的各类投诉。

（八）协助物业管理企业处理物业管理区域内发生的违反学院规定和物业管理规定的相关事宜。

第九条 学生工作部职责

（一）代表学生履行对物业管理企业的监管职责，协助处理学生公寓卫生保洁、安全保卫等有关事宜，参与对物业管理企业的定期考核。

（二）履行指导、监督物业管理企业在学生公寓安全保卫和公共秩序维护管理方面的工作，会同相关部门、系部处置各类安全事故，协助公安部门为安全事故处理提供法律和事实依据。

第三章　招标与投标

第十条 学院的物业管理服务，通过公开招标投标的市场竞争机制，选聘专业物业管理企业承担。

第十一条 根据学院物业服务项目，财务后勤部负责制订物业招标文件，招标要求应细致、翔实、准确，并依据实际情况科学、合理划分标段，经学院理事会审议批准后实施。

第十二条 有意进入学院从事物业管理服务的企业，应严格按照《衡水市物业管理条例》和学院制定的招标投标管理办法参与招标投标活动。

第十三条 在招标投标活动中，财务后勤部应配合政府招标部门做好招标答疑，并参与市招标平台公开招标的监督。

第十四条 物业招标揭标后，财务后勤部代表学院与中标的物业管理企业签订物业服务合同，必要时签署补充协议，补充协议以财务后勤部名义签署。

第十五条 一次招标结果适用三年，当年物业考核合格且下一年度物业管理费用增长符合政府采购相关规定标准的，可以选择续签合同；下一年度物业管理费用增长不符合政府采购相关规定或者存在其他必要原因，则需要重新安排招标。

第十六条 对未纳入招标范围又确属必要的零星物业服务，以及因招标不及时造成的无法避免的延期物业服务，财务后勤部应提前掌握情况，报学院理事长批准；涉及物业费用数额较大的，应事前立项，报学院理事会审议决定。

第四章　物业管理企业

第十七条 进入学院从事物业管理服务的企业，必须具有独立法人资格，具备从事物业管理活动的相应资质，能够确保履行物业服务合同约定的职责，并认真承担和完成学院临时交办的任务。

第十八条 物业管理企业享有根据有关法律法规规定和合同约定的管理权利。

第十九条 物业管理企业应当依据学院物业需求，制定科学、合理、完善的管理制度和工作规范，提供标准化、精细化、规范化的物业服务。

第二十条 物业管理企业应当按照国家有关职业资格规定，组建配强稳定的管理和服务团队，所有物业管理和服务人员须接受相应培训方可上岗。管理和服务人员调整时，要及时报财务后勤部备案。按照规范要求，物业管理和服务人员应统一着装、配饰上岗。

第二十一条 物业管理企业对物业服务活动中所需要的工具、设备、器材、车辆、保洁和劳保用品等，应自行配备到位，并按时更换。

第二十二条 物业管理企业可以聘请专业公司承担清洁卫生、绿地管理、花木养护、安全保卫等专项服务，但不得将该物业管理区域内的全部物业管理一并转包给某一单位或个人。

第二十三条 物业管理企业必须遵守国家法律法规和学院规章制度，接受财务后勤部和学生工作部的工作指导、监管和组织实施的质量考核。对监管中提出或指正的问题，应按要求整改到位。

第二十四条 物业管理企业对物业服务区域内发生的盗窃、火灾、财物损毁等事故，按职责划分，应承担相应的民事责任。

第五章 物业使用

第二十五条 校园内所有物业属于学院公共资源，除学院统一分配或规定外，任何部门及个人不得擅自占用学院物业。

第二十六条 任何部门及个人均应遵守学院和物业管理企业为做好物业管理工作而制定的各项管理规定。未经学院允许，物业使用人不得将所用物业转租、转借。

第二十七条 物业使用人不得擅自改变物业用途。物业使用人因教学、科研或其他需要，确需对物业进行装修或安装可能改变物业外观和内部结构的设施设备，须事先书面报告财务后勤部，经财务后勤部审核同意后，方可按照规划方案实施。

第二十八条 维护物业整洁和公共秩序，是物业使用人应尽的职责和义务。在所有物业管理区域，禁止携带和饲养宠物、家禽，禁止未经批准随意设立各类永久性设施。布置宣传广告、宣传横幅等，必须经党政办公室批准，并到所在区域物业管理公司办理相关手续，方可张贴或悬挂。未经批准或未办理相关手续张贴悬挂的广告、横幅等，物业管理企业有权将其撤除、清理。

第二十九条 除学院统一规定的校内商业经营网点外，禁止一切临时性或永久性的商业经营摊点在物业管理区域内经营；宣传或公益性的临时摊点（不超过 24 小时），须经党政办公室批准，在财务后勤部备案，并向负责该物业管理区域的物业管理企业提出书面报告，办理相关手续。否则，物业管理企业有权对违规摊点进行清除、清理。

第三十条 经学院统一安排，各物业管理企业可以在所服务的物业管理区域内使用一定面积、专用于物业管理的房间或场地。但不得随意超面积占用，且管理用房必须严格用于物业管理服务活动，不得挪作他用。

第六章 管理与考核

第三十一条 学院物业由财务后勤部归口管理，负责全面实施对物业管理企业日常服务活动的管理与监督。

第三十二条 学院对物业管理企业实行合同管理。财务后勤部负责制定标准化合同文本，对校企双方的权利和义务、物业管理项目、服务质量、服务费用、管理用房、合同期限、违约责任及处理等作出规范而明确的规定，并代表学院与选聘的物业管理企业签订服务合同。

第三十三条 物业管理企业应当按照有关法律法规规定和合同约定，开展物业管理服务活动，保证物业服务质量。未经学院委托和同意，物业管理企业不得在物业管理区域内提供物业服务合同之外的任何有偿服务项目。

第三十四条 物业管理区域内发生盗窃、火灾等事故并造成经济损失，确属物业管理企业管理责任的，物业管理企业应当根据合同约定进行赔偿。

第三十五条 所有物业使用人对物业管理企业具有监督、管理和参与考核的权利，一旦发现物业管理服务中存在问题或隐患，应及时对物业管理企业提出改进意见和建议，并向财务后勤部反映。

第三十六条 建立健全物业服务企业考核退出机制。根据《衡水职业技术学院交通运输学院物业管理服务质量考核办法》和《衡水职业技术学院交通运输学院物业管理服务质量考核标准及评分细则》规定，财务后勤部牵头，于年中、年底分两次组织有关部门和物业使用人对物业管理企业集中进行全面考核。出现下列情况之一者，学院终止与物业管理企业的聘用关系：

（一）在管理服务项目运营中发生重大安全事故，学院立即解除该项目物业管理服务合同。

（二）与学院签订两个及以上物业管理项目合同的企业，若某一项目年中考核未达标，则应当按照学院要求进行整改，整改期满仍未达标，学院解除该项目的物业管理服务合同；若有两个项目年中考核未达标，则解除所有项目的物业管理服务合同；若任一项目年度考核未达标，学院不再与其续签物业管理服务合同。

对发生上述情况的物业管理企业，取消其参与下一次物业招标投标活动的资格。

第三十七条 被解除物业服务合同的企业，应在学院要求期限内退出物业管理区域。在退出之前，物业管理企业不得停止提供服务。退出时应当向学院办理交接手续，并如实告知物业的使用和管理状况。发现造成学院损失的，应当赔偿损失；故意破坏共用设施设备、毁坏账册或暴力阻止物业管理服务用房及相关资料交接等，构成违反《治安管理处罚条例》行为的，由公安机关依法处理，构成犯罪的，依法追究刑事责任。

第七章　服务费用

第三十八条 学院年度购买物业服务所产生的费用，包括物业管理企业的管理酬金、税费及其管理、服务人员的工资等，依据招标投标活动的中标价确定。

第三十九条 学院年度购买物业服务所产生的费用，纳入学院当年度预算。

第四十条 财务后勤部依据对物业管理企业服务质量的日常监管和考核结果，按照合同约定的时间和方式，向其支付物业管理费用。

第八章　附则

第四十一条 《衡水职业技术学院交通运输学院物业管理服务质量考核办法》和《衡水职业技术学院交通运输学院物业管理服务质量考核标准及评分细则》为本办法的有效组成部分。

第四十二条 本办法对物业管理相关事项未作规定的，按照国家和省市相关法律、法规的有关规定执行。

第四十三条 学院家属区的物业管理单另行文。

第四十四条 本办法由财务后勤部负责解释。

第四十五条 本办法自发布之日起施行。

2021 年 9 月 1 日

衡水职业技术学院交通运输学院引进社会企业监督管理办法

第一章　总则

第一条 为建立健全衡水职业技术学院（以下简称“衡职院”）交通运输学院（以下简称“学院”）引进社会企业的监管机制，推进后勤服务工作规范化、标准化、社会化建设，不断提高后勤管理水平、服务质量和工作效能，满足教学、科研及其他各项工作持续健康发展和师生学习、生活的需要，根据《中华人民共和国民法典》《中华人民共和国食品安全法》《中华人民共和国消费者权益保障法》《物业管理条例》等法律、法规、政策和衡职院相关规定，结合学院实际，制定本办法。

第二条 本办法适用于学院引进的餐饮、超市、物业、洗浴、工程等各类服务师生和学院建设的社会企业。

第三条 学院引进社会企业实行准入制度，加强监督管理各项工作。

第四条 现已进入学院经营的社会企业不符合本办法规定条件的，限期进行整改；仍不能达标的，按规定退出服务经营行列。

第二章　学院监督与管理

第五条 财务后勤部是学院负责后勤服务保障工作的职能部门，代表学院组织实施引进社会企业的资质审核、招标选择、合同签订、进驻安排和监督管理等工作。

第六条 财务后勤部要认真贯彻落实各级政府及主管部门、衡职院和学院的相关要求，制订引进社会企业的服务工作规范，对引进社会企业的服务项目、服务标准、服务质量、工作时间、收费价格及执行国家政策、法律法规和学院有关规章制度等情况，进行指导、监督、检查和实施处罚，督促其严格遵守法律法规和政策规定，严格执行学院的各项规章制度。

第七条 全体师生员工应积极参与引进社会企业的监督管理，有权就任何一项服务内容、服务质量、服务态度和工作效率，向引进社会企业提出质询、建议和意见，也可向财务后勤部投诉。财务后勤部聘请师生代表为后勤服务监督员，直接参与对引进社会企业的监督管理。

第八条 引进社会企业在服务经营期间，出现学院部门或师生个人投诉商品及服务态度、质量、价格、安全、环境等方面存在的问题，财务后勤部在接到投诉后，要立即组织进行调查核实，在事实认定的基础上，对相关企业提出整改意见和处罚决定，依法依规维护师生员工的合法权益和学院的利益，并在调查处理结束 3 个工作日内向投诉部门或师生反馈处理意见。

第九条 财务后勤部履行监督、检查和调查核实职责时，有权采取下列措施：

（一）要求被检查的企业和相关人员提供有关证件和资料。

（二）进入被检查企业的工作现场进行检查、指导。

（三）发现存在服务态度不端正、服务质量不达标、服务工作不到位等问题，有权出具整改通知，责令限期整改；对整改不力的，有权依照本办法进行处罚和处理。

第十条 财务后勤部每学期对引进社会企业进行一次综合评审，并在财务后勤部网站或以其他适当方式公布评审结果。后勤服务监督员评议、师生满意度问卷调研、院长信箱及财务后勤部不定期专项检查等情况，均纳入学期综合评审内容。

第十一条 财务后勤部对引进社会企业的综合评审结果分为四个等次：绿牌（诚信企业）、黄牌（警示企业）、橙牌（严管企业）和红牌（解除合同）。

第十二条 对评审结果为黄牌的企业要求限期开展专项整治，对评审结果为橙牌的企业要求限期停业整顿，对评审结果为红牌的企业要求退出经营。

第十三条 建立引进社会企业监督管理年审制度。每年 12 月中旬，财务后勤部会同其他有关部门对引进社会企业进行全面审验，审验合格者方可继续营业或期满续签合同。

第十四条 引进社会企业应按照合同约定，在进驻学院 5 个工作日内，向学院缴纳 1 万元（人民币）风险保证金。合同到期后，要求退出经营，且没有出现违规违约问题的，学院于 10 日内将风险保证金退还企业。

第三章　企业权利与义务

第十五条 凡有意进入学院从事后勤服务工作的社会企业，应首先向财务后勤部提交书面申请，经财务后勤部组织资质审核、招标选聘并发放准入证后，方可进入。未经学院同意，任何社会企业不得在校内从事经营活动。

第十六条 引进社会企业依据国家法律、法规和学院规章制度及准入服务范围自主经营、诚信经营；有权要求学院给予配合，提供必要的场地条件，支持其做好相关服务工作；有权对违反学院规章和企业规定的行为进行纠正或追责；有权按照合同约定收取相应的服务费用。

第十七条 引进社会企业应严格遵守国家、地方政府制定的法律法规和学院经营管理规定、服务标准、工作守则等规章制度。主动配合上级政府部门和学院做好各项监督检查工作。按照合同约定规范经营，积极营造文明、整洁、舒适、安全的服务环境。

第十八条 引进社会企业应建立健全内部规章制度，始终把为教学、科研和师生员工服务作为经营活动的根本宗旨，坚持经济效益与办学效益、社会效益的统一，保障师生权益，维护学院利益。要加强企业员工的政治思想教育、社会主义核心价值观教育和职业道德教育，落实服务育人，提高服务质量。

第十九条 引进工程服务类社会企业须严格按照《中华人民共和国安全生产法》《衡水职业技术学院交通运输学院建设工程项目管理办法》及国家工程建设领域有关施工及验收的规定、规范，加强运营管理，从安全、质量、资金、进度、服务等方面完善保障措施，确保工程项目顺利实施。

第二十条 引进社会企业应遵循质量、成本、交付与服务并重的原则，保障物资供应，保证供货品牌、型号、性能、规格、质量、数量等符合学院项目建设的标准、要求和相关协议约定。

第二十一条 在服务运营过程中，引进社会企业因内部管理不善，给学院或师生个人造成不应有损失损害时，应负赔偿责任；违反有关法律、法规和政策规定的，由政府职能部门依法进行处理，并承担全部经济纠纷、民事与法律责任。

第二十二条 引进社会企业应严格落实“四公开”制度，即公开服务项目内容、公开服务质量标准、公开项目收费价格、公开企业投诉电话。服务项目收费及标准应严格遵守合同约定，严格执行物价部门审定的收费标准，并于公开前报经学院财务后勤部审核。未经审核和同意，不得擅自提高服务收费标准，不得擅自扩大经营范围，不得随意公开相关内容。

第二十三条 政府职能部门或学院财务后勤部的监管人员进行现场监督、检查时，引进社会企业应给予配合和支持，任何企业不得拒绝或阻碍各级监督管理人员依法依规执行检查的公务活动。

第四章　企业违约处理规则

第二十四条 引进社会企业服务经营期间，若出现违反学院经营管理制度、服务内容与标准及服务工作守则等现象，学院依据合同约定对其风险保证金实施扣除。

第二十五条 引进社会企业有下列情形之一的，财务后勤部有权扣除其一定数额的风险保证金，同时下达警告函（连续警告三次的发一张黄牌）：

（一）引进社会企业违反合同约定内容，视情节及后果，每项、每次扣除风险保证金 1000 元（相同问题同一年度内反复多次出现的，扣除金额乘以违规次数，以示警诫，下同）。

（二）财务后勤部适时反馈关于后勤服务监督员、师生座谈会、院长信箱、满意度问卷调查、专项检查等情况，引进社会企业在要求期限内未能落实整改的，每次扣除 1000 元。

（三）引进超市、餐饮、物业服务类企业在学期满意率测评中，应分别达到 90%、85%、85%以上；投诉回复率为 100%。未达到要求的每次扣除 1000 元。

（四）财务后勤部每学期不定期对引进社会企业进行专项检查，发现突出问题，限期内未能整改到位的，每次扣除 2000 元。

（五）引进社会企业因过失导致学院财产损失的，须按原价赔偿，同时承担因过失造成的后果并扣除风险保证金 2000 元。

（六）引进社会企业违反法律法规或在政府相关职能部门的监督检查中被处罚或扣分的，视情节轻重，每次扣除风险保证金 3000 元（不含政府相关职能部门的处罚）。

第五章　企业退出机制

第二十六条 引进社会企业经营活动出现下列情况之一的，学院有权解除合同，要求其退出经营：

（一）违反法律、法规和政策及学院相关管理制度，造成不良后果的。

（二）未建立企业内部运营管理制度或执行制度不力，经营管理混乱，受到上级政府职能部门处罚的。

（三）违反校企双方合同约定，进行违约经营，拒不整改或限期整改无效的。

（四）转包或未经学院允许有分包经营行为的。

（五）经营商品质量差、价格不合理、服务态度差，师生满意率低（满意率测评低于 60%），问题反映集中、强烈的。

（六）引发群体性事件，造成恶劣影响的。

（七）联合其他引进的社会企业上访、信访，扰乱学院正常秩序的。

（八）阻碍、干扰政府部门和学院财务后勤部等检查工作的。

（九）发生人身财产损害或造成其他重大生产责任事故的。

（十）被媒体曝光与学院有关的事项，产生不利影响的。

（十一）未经学院同意，擅自利用学院资源（有形资源和无形资源）从事违约经营活动，造成不良影响的。

（十二）未经学院同意，无故停止生产或营业的。

（十三）风险保证金余额扣减为零的。

（十四）连续 12 个月（含跨年）累计受到 2 次黄牌或连续 24 个月（含跨年）累计受到 2 次橙牌的。

（十五）有其他严重违法、违规和违约行为的。

第二十七条 合同到期双方未续约，引进社会企业拒绝搬离或逾期不缴纳相关费用的，财务后勤部有权扣除其风险保证金，并依法保留诉讼权利。

第二十八条 因前款原因导致发生诉讼的，引进社会企业承担学院因诉讼发生的律师费、诉讼费、保全费等全部费用，并承担至交回房屋租用期间 2 倍的租金。

第二十九条 引进社会企业在经营期间因违规、违约被退出经营后，3 年内不得重新申请引进。

第三十条 引进社会企业法人、法定代表人或工作人员在经营期间触犯刑法及因其他性质恶劣的情形造成不良影响的，企业退出经营，并自行承担一切后果。

第六章　附则

第三十一条 本办法所指准入制度，是指校外任何社会企业进入学院从事后勤服务方面的经营活动或在合同范围之外开设新的服务经营项目，均须向财务后勤部履行申报审批手续，财务后勤部接到报告后，应会同学院相关部门进行审核，呈报学院理事会审批，经批准后，方可在校内从事经营和服务活动。

第三十二条 本办法所指引进社会企业是指学院认可的具有相关服务资质条件的单位或个人。

第三十三条 本办法由学院财务后勤部负责解释。

第三十四条 本办法自发布之日起施行。

2021 年 9 月 1 日

衡水职业技术学院交通运输学院安全管理规定

第一章　总则

第一条 为加强和规范衡水职业技术学院（以下简称“衡职院”）交通运输学院（以下简称“学院”）安全管理工作，维护正常的教育教学秩序，预防和处理安全事故，保障学院和师生员工的人身、财产安全，营造安全稳定、文明有序的校园环境，根据《中华人民共和国教育法》《河北省学校安全管理规定》等相关法律法规和规章，结合学院实际，制定本规定。

第二条 本规定适用于学院区域内所有职能部门、系部和需要安全防范的部位。凡在学院工作、学习、居住及临时出入人员，均应遵守本规定。

第三条 校内所有人员及驻校单位、个人均有维护学院安全的义务，应当依法维护学院安全，支持学院安全工作，遵守国家法律法规和学院安全规章制度，接受安全教育和管理，不得从事危及自身、他人和学院安全的活动。

第二章　安全管理机构

第四条 学院安全工作坚持“谁主管、谁负责”的原则，遵循“以人为本、安全第一、预防为主、依法管理、综合治理”的方针。

学院党总支书记、理事长是学院安全工作的第一责任人，党总支副书记、委员和副理事长、理事依据职责分工，分别协助党总支书记、理事长做好安全工作。院长对学院安全工作负直接领导责任，副院长对分管部门和联系系部的安全工作负直接管理责任。

第五条 学院安全工作领导小组负责全院安全工作的指挥、协调和督查落实，研究解决安全工作中存在的问题，保障学院安全，其主要职责是：

（一）贯彻执行有关法律法规的规定和上级党委、政府、衡职院有关安全工作的部署要求，明确学院安全工作目标任务，研究制定安全工作措施，建立健全并落实安全管理制度。

（二）建立健全突发安全事件应急处置工作机构和安全预警机制，制定突发安全事件应急预案。

（三）制定安全工作年度计划、考核标准及实施办法，督导、检查和考核各部门、系部的安全工作。

(四)建立安全工作责任制和事故责任追究制，指导、监督安全责任制的落实。

(五)指导开展全院安全教育工作。

(六)负责重大安全事故的应急指挥、救援和调查以及师生员工意外伤害事故的处理。

(七)协调、配合地方政府相关部门共同做好学院及周边治安综合治理。

(八)落实地方政府、公安机关和衡职院交办的其他安全工作事项。

第六条 学生工作部是学院安全工作的主管部门，负责具体落实安全工作制度和措施，并接受公安机关的业务指导。其主要任务是：

(一)贯彻执行上级部门有关安全工作的法律、法规，落实上级部门、衡职院和学院安全工作部署。

(二)对年度安全管理工作进行分析总结，提出下年度安全工作管理意见，为学院领导当好参谋助手。

(三)制定学院安全管理规章制度，落实安全防范措施，指导各部门、系部认真落实安全工作责任制。

(四)组织开展法制和安全教育，引导师生遵纪守法，增强安全防范意识，勇于同各种违法犯罪和违纪行为作斗争。

(五)加强安全监督、指导和检查，对排查发现的安全隐患提出整改意见，限期并督促整改，有效防止各类安全事故和案件的发生。

(六)组织开展应急疏散、逃生自救互救演练，实施安全事故救援和调查处理，协助公安机关侦查刑事和治安案件。

(七)配备安保人员和安全防护器材以及监控和报警设施，维护校园交通安全、消防安全和治安秩序，维护学院和师生员工的人身财产安全。

(八)完成学院交办的其他安全工作任务。

第七条 各部门、系部应当认真贯彻执行学院安全管理规定，党政一把手是本部门安全工作的第一责任人。其主要任务是：

(一)落实学院安全管理规定，结合本部门工作实际，制定并落实安全管理制度。

(二)制定安全应急预案，建立安全责任制度。

(三)组织师生员工开展经常性的安全教育活动。

(四)维护师生员工人身财产安全及使用和保管的学院财产和资料安全。

（五）协助、配合学院处理安全事故。

（六）落实学院交办的其他安全工作任务。

第三章　安全教育

第八条 学院把安全教育纳入教育教学管理的各个环节。各部门、系部通过开设安全教育课程或举办讲座，加强师生员工的人身安全、交通安全、消防安全、食品卫生安全、设施及设备等财产安全、公章使用安全、档案及材料安全、网络信息安全、疾病预防、心理健康、避灾避险、防毒、防传销、防诈骗等安全教育，提高师生员工的安全意识和防范能力。学生工作部、财务后勤部、教学工作部和各系部负责学生的安全教育工作，各部门、系部负责本单位教职工的安全教育工作。

第九条 党政办公室、学生工作部、教学工作部、财务后勤部和各系要利用校园网、校报、板报、宣传橱窗、讲座等形式，结合学院日常教育教学活动和各种重大活动，根据季节、气候和特殊时期等特点，有针对性地开展安全知识宣传教育。

第十条 各部门、系部要在开学初、放假前以及开展重大群体性活动时，集中对师生员工进行安全教育。

第十一条 各部门、系部要定期对相关岗位管理人员进行安全培训，使其掌握必备的安全管理知识和相关技能，提高安全管理水平。

第十二条 学生工作部和各系部要积极开展大学生心理健康教育和咨询服务，预防由于学生心理疾患导致的安全事故。

第十三条 学生家长要配合学院加强对学生的安全教育和管理。

第四章　安全管理

第十四条 学院安全工作领导小组和各部门、系部必须认真履行安全管理职责，落实学院安全工作部署及安全管理措施。

第十五条 学院将安全工作列入年度工作计划，定期对各部门、系部的安全工作进行检查、考核，并作为评优、评先、晋级的依据。对发生重大安全责任事故的部门、系部和个人实行“一票否决制”，当年该部门、系部不能评为先进集体，其主要负责人和相关责任人不能评为先进个人，不能提拔晋级。

第十六条 学院将安全工作经费列入年度经费预算，切实保障维护学院安全的经费投入。

第十七条 党政办公室及各有关部门、系部应加强公章、文件、档案、涉密资料、合同（协议）、试卷的管理，严格执行保密制度，防止失窃、火灾和损坏事故的发生。

第十八条 党政办公室及各有关部门、系部要加强编外聘用人员的安全管理。实行“谁用工，谁管理”原则。党政办公室负责制定学院用工管理规定，各部门、系部使用编外聘用人员必须执行学院用工管理规定，严格审批手续。受聘人员应当遵守学院各项规章和安全工作制度，服从学院统一管理。

第十九条 党政办公室要做好节假日期间的值班安排，遇有突发事件应及时报告并立即采取措施进行妥善处理。

第二十条 教学工作部和各系要加强计算机房、实验实训室、多媒体教室、图书馆等重点部位的安全管理，预防失窃、火灾等事故的发生。

第二十一条 教学工作部和各系要加强易燃、易爆、放射、有毒、有害和防暴器材等危险物品的管理，保证存放地点安全并作出显著标识，建立健全存储、使用和管理制度，指定专人保管。

第二十二条 教学工作部要会同相关系部，定期组织检查特种设施设备的安全运行状况。特种设施设备、特殊训练场地和器械必须符合国家规定，建立健全专项管理制度。实验实训室以及技能操作、文艺、体育用品和其他设施设备，在每次使用前应当进行安全检查。组织体育教学、竞赛活动等，要制定安全预案，采取必要的安全防护措施，并安排具有专业救护能力的人员到场监护。

第二十三条 教学工作部和各系要加强学生校外实习实训的安全管理，租用车辆接送师生员工的，要选择合法的车辆运输经营单位，并与其签订安全责任书。

第二十四条 学生工作部、财务后勤部和各系要协同加强对学生宿舍用电防火、防盗设施的安全检查。禁止学生私接乱拉电线和使用大功率电器；禁止带入和存放易燃、易爆、有毒、有害、管制刀具等危险物品；禁止闲杂人员进入、留宿异性；禁止饲养各种宠物。禁止在校园内私自摆摊设点和外卖送餐进入校园等。

第二十五条 学生工作部要加强安保人员有关法律、法规和治安保卫业务、专业技能以及相关知识的教育培训，安保人员应当依法、文明履行职责，不得侵犯他人的合法权益。

第二十六条 学生工作部要加强门警卫管理，配备必要的防范器材，对进出学院的外来人员和车辆严格进行询问、登记，未经允许，不得进入校园。经允许进入校园的车辆，应当按规定的线路和速度行驶，并在指定地点停放。

第二十七条 学生工作部对具有危险性的教育教学、设施设备和生活服务场地及校内施工区域，均应设置醒目的安全警示标志，并协调相关部门在重点部位、重点岗位安排安全督查员。

第二十八条 学生工作部要建立健全楼宇安全管理制度，配备专职人员负责楼宇管理工作，实行 24 小时值班、巡查，严禁值班人员脱岗、空岗、漏岗。

第二十九条 财务后勤部负责建立教职工体检制度，对患有精神疾病、传染性疾病等可能影响教育教学和师生安全的人员，应及时调整工作岗位或采取离岗治疗等措施。

第三十条 财务后勤部要加强师生员工的健康教育，认真做好学院卫生和疾病防控以及突发公共卫生事件的处置工作。

第三十一条 财务后勤部应按照规定配备医务人员、常用药品和急救器材，保证医疗器械和提供的药品符合国家标准，及时救治伤病人员。

第三十二条 财务后勤部要加强财务室及保险柜、现金、票据和账目的管理，严格执行财务安全管理制度。

第三十三条 财务后勤部负责校园建筑物的选址安全和建筑设施安全。建筑物及附属设施必须符合国家安全标准，并通过消防、建设、环保、质检等行政主管部门的竣工验收和备案。不符合安全标准和规范的建筑设施和未通过验收和备案的，不得用于教育教学等活动。

第三十四条 财务后勤部要加强校园工程建设施工的监督管理，发现安全事故隐患应立即组织排除，对违反工程建设强制性标准的，应当要求施工方立即纠正。在校园内施工的单位、人员必须执行学院有关规章制度，服从学院管理，保证施工场地安全。

第三十五条 学生工作部要按规定标准在建筑物和特殊场所内配备消防设施和器材，并定期进行检修，确保任何时候均可有效使用。

第三十六条 财务后勤部要在每学期的初、中、末定期或不定期对校舍及其他设施进行安全检查，对发现的安全隐患及时进行排除。

第三十七条 财务后勤部要加强对餐饮服务的监督管理，严格执行国家《学校食堂与学生集体用餐卫生管理规定》《餐饮业和集体用餐配送单位卫生规范》等规定，认真落实食堂从业人员食品安全法律法规的有关要求。严格控制和管理食品的采购、加工、储存、运输和销售等环节，提供给师生的食品和饮用品必须符合国家规定的标准，严禁采购“三无”（无生产厂名厂址、无生产日期、无质量合格证）产品。建立食堂物资定点采购和索证、登记制度及饭菜试尝、留验和记录制度，保障师生员工饮食卫生安全，防止发生食物中毒事故。食堂要安排专人负责师生员工就餐期间的安全监管。未经学院许可，禁止任何私人在校园内经营餐饮。

第三十八条 财务后勤部要加强采暖锅炉、开水房、浴池、水泵房、消防供水系统、食堂操作间的安全管理，保证设备完好，操作规范，运转正常。

第三十九条 财务后勤部在采购或者代为采购学生床上用品时，应当要求供货单位提供质量保证和产品质量安全性能证明。校内超市提供的商品必须符合国家规定标准，不得销售学院禁止的物品。

第四十条 党政办公室、财务后勤部要加强校内通勤车辆管理，车辆应当经有关部门检测合格，所用驾驶员要具有驾驶资格并有 3 年以上驾驶经验。

第四十一条 财务后勤部要每天定时组织清理校园内各垃圾点的堆积物，并经常检查依傍学院围墙私搭乱建的建筑物、构筑物和校内承租商超时间、超区域和销售非法假冒伪劣商品的经营行为，并及时进行清理。

第四十二条 对外合作部应当对来访外籍人员、外籍教师和留学生的详细信息登记备案，并加强对外籍人员、外籍教师和留学生的安全教育和管理，为其提供安全的工作和生活设施及环境，维护其人身和财物的安全。

第四十三条 党政办公室、教学工作部、学生工作部要加强对校园网、广播站、图书阅览室、计算机房、音像制品和图书资料的管理，保证信息安全。

第四十四条 各部门、系部组织开展大型群体性活动要履行审批手续，实行“谁举办，谁负责”原则。活动的举办者及其负责人要对活动全过程及人员安全负全面责任，确定专人负责安全工作，对活动场地、设施、设备、器材等进行安全检查，制订应急预案，并采取必要的防范措施。未经学院批准，任何部门、系部和个人不得组织学生参加商业性庆典，不得组织师生员工集体出游，不得举办影响学院正常教育教学秩序、工作秩序和生活秩序，危及学院和师生人身安全的活动，不得组织学生从事接触危险物品以及超越其行为能力或者自我保护能力的各类危险性活动。

校外单位或个人租（借）用学院场地举办活动的，要严格履行审批手续，由租（借）用单位或个人负责安全管理，发生安全事故的，责任完全自负。

第四十五条 相关部门和各系部要加强办公用房、教学楼、实验实训楼、学生公寓、食堂、图书馆、报告厅、体育馆等师生聚集场所的管理，保证楼梯、疏散通道和安全出口的畅通，防止发生拥挤踩踏等伤害事故。

第四十六条 各部门、系部不得将所使用房屋和场地租（借）给他人从事危险物品的生产、经营活动。

第四十七条 各部门、系部不得对有身体残疾、特定疾病或其他身体异常情况的学生安排其不适宜参加的教育教学或其他活动。教职工不准侮辱、殴打、体罚或变相体罚学生。根据女学生的生理特点，在体力活动和室外活动时，视具体情况应予以特别关照。

第四十八条 学生工作部和各系部应当做好身体和心理有异常状况学生的安全管理工作。学生有特定疾病或其他异常生理、心理情况的，学生或其家长应如实告知学生所在系部和学生工作部。学生所在系部和学生工作部应当记录备案并采取必要的防护措施，涉及个人隐私的应当保密，不宜在校学习的，应当劝其休学或者退学。

第四十九条 教学工作部、学生工作部和各系部要加强学生离校外出活动的管理。正常上课时间，学生因故需要离校外出的，应当向本系部和学生工作部履行请假手续，学生在校外的人身财物安全由其本人负责。党政办公室负责公告学院规定的各种节假日放假安排，学生应当在规定的时间内离校和返校，不能按时返校的应当请假。各系部要及时将学生擅自离学或未按时返校等涉及学生安全的信息告知家长和学生工作部，并跟踪落实学生的安全状况。

第五十条 教职工发现有危及学生人身和财物安全行为的，应当及时制止并报告学生工作部。发现学生携带易燃、易爆、放射、有毒、有害、管制刀具等危险物品，相关系部要协助学生工作部进行收缴，并由学生工作部统一上交公安机关。

第五章　安全事故处理

第五十一条 发生安全事故，学生工作部和有关部门应立即启动应急处置预案，及时采取有效措施救助受伤害师生，党政办公室负责及时向上级主管部门报告，党政办公室和学生工作部分别负责通知受伤害教职工家属或学生家长。发生安全事故不得隐瞒、谎报或者拖延不报。

第五十二条 发生安全事故，有关部门、系部应积极配合学生工作部进行处置，尽快恢复正常的教育教学和生活秩序。重大安全事故善后工作结束后，学生工作部和有关部门、系部应当对事故发生的原因、处理程序、处理结果、责任认定、整改情况等以书面形式上报主管领导和学院安全工作领导小组，经审核后由党政办公室负责上报上级主管部门。事故信息由党政办公室统一发布，任何部门、系部和个人不得传播不客观的信息，禁止渲染炒作。

第五十三条 发生安全事故的人身伤害赔偿，学院与当事人协商解决，或共同请求衡职院或上级主管部门进行调解，协商或调解达成一致意见的，当事双方应当签订调解协议书并履行有关义务；调解不成，按有关法律程序依法处理。学生人身伤害赔偿由学生工作部会同所在系办理，教职工人身伤害赔偿由党政办公室会同所在部门办理。根据相关部门、系部和具体责任人的过错程度，学院将追究相关部门、系部及具体责任人相应的经济责任与行政责任。

第五十四条 发生安全事故，受伤害学生（或其监护人）、教职工与当事人应配合学院进行事故处理，不得无理取闹、聚众滋事，不得干扰学院正常的教育教学和工作生活秩序。

第六章　法律责任

第五十五条 发生安全事故导致师生员工伤害的，按国家伤害事故处理办法的有关规定对事故责任人依法处理。

第五十六条 有关部门、系部和人员违反本规定，有下列行为之一的，学院将根据情节轻重予以处理，造成严重后果触犯法律的，依法移交司法机关追究其刑事责任：

（一）不履行学院安全管理职责，导致安全事故或造成师生员工伤害的。

（二）破坏学院教育教学和工作生活设施设备及消防安全设施的。

（三）扰乱校园秩序或者侵害师生员工人身、财产安全的。

（四）对重大安全隐患不采取有效措施排除的，发生安全事故不及时进行处置的。

（五）违反学院有关安全管理规定，导致自身和他人人身伤害以及个人和学院财产损失的。

（六）其他玩忽职守、滥用职权、徇私舞弊的。

第五十七条 教职工违反本规定第四十七条规定的，视情节轻重，给予相应处理。

第五十八条 学生（或其监护人）、教职工与当事人违反本规定第五十六条规定的，学院有权报请公安机关依法予以处理。

第七章　附则

第五十九条 本规定由学生工作部负责解释。

第六十条 本规定自发布之日起施行。

2021 年 9 月 1 日

衡水职业技术学院交通运输学院校企合作促进办法

第一章　总则

第一条 为促进衡水职业技术学院（以下简称“衡职院”）交通运输学院（以下简称“学院”）校企合作科学化、规范化开展，创新合作模式和体制机制，深化产教融合，提升人才培养质量和社会服务能力，根据国务院办公厅《关于深化产教融合的若干意见》（国办发〔2017〕95号）、教育部等六部门《关于印发〈职业学校校企合作促进办法〉的通知》（教职成〔2018〕1号）、《国家职业教育改革实施方案》（国发〔2019〕4号）和河北省教育厅等六部门《关于印发〈河北省职业教育校企合作促进办法（试行）〉的通知》（冀教职成〔2018〕9号）等文件精神和《衡水职业技术学院校企合作办学管理办法（试行）》有关规定，结合办学实际，制定本办法。

第二条 学院校企合作坚持“学院为主导、系部为主体、专业（群）为基础”的理念和“自愿协商、优势互补、利益共享、风险共担”的原则，以立德树人为根本任务，以提高人才培养质量为核心，以完善人才培养机制为重点，发挥双方优势，创新合作模式，促进高素质技术技能人才培养，实现校企互利双赢。

第三条 本办法适用于学院各系部、相关管理部门与国（境）内的行业、企业在合作模式创新、专业建设、师资建设、实践教学、科学研究、实习实训基地建设、招生就业、技术开发与服务、社会培训、文化建设等环节或领域开展的合作（以下简称“校企合作”）。

第二章　合作

第四条 合作企业的基本条件

校企合作的企业应为具有营业资格的法人单位，组织机构健全；所在行业与学院的特定专业有较高的关联度；其所在行业是朝阳行业，为国家政策所支持，管理体系和技术水平在行业内处于中高水平；具有可持续发展的能力和较好的业绩，有较高的合作诚信度，征信良好。

第五条 合作项目的基本要求

校企合作项目应当符合学院的办学定位和发展需求，符合专业建设、实习实训基地建设和创业就业基地建设要求，符合相关专业人才培养方案的基本设置条件；具有持续提供同类产业先进技术、先进工艺信息的能力，并能够提供工学结合的实习、实训平台和专业教学、科研平台；能够促进专业教学、科研水平全面提升，带动实习实训、招生就业良性循环，不断提升社会服务能力。

各系部应当根据不同专业特点，有目的、有计划、有步骤地选择相关行业企业开展合作，特别是积极开展与区域内大中型企业的合作，并建立长期稳定的合作关系。

第六条 不宜引进的校企合作项目范围

主要包括：拟引进的校企合作项目中含有国家或行业协会明令禁止的设备、材料、工艺、技术；单纯以营利为目的进行商业性生产经营；有关法律、法规禁止的其他情形。

第七条 合作模式

学院根据过去在校企合作方面进行的探索实践，并积极借鉴兄弟院校的先进经验和做法，在与企业充分协商的基础上，采取多种模式和形式，围绕“合作办学、合作育人、合作就业、合作发展”开展深度合作，积极构建人才共育、过程共管、成果共享、责任共担的校企双主体办学体制机制。

（一）订单培养。

根据企业用人需求，开展多种形式的订单培养。

一是“企业订单班”。校企双方签订联合办学协议，联合招生，录取时学院、企业、学生及学生家长签订委培用工协议。在培养过程中，校企双方共同制订人才培养方案、组建教学团队、组织实施教学、建设实训基地，学生毕业后可直接到合作企业就业。

二是“企业冠名班”。由企业和学生双向选择，组成订单式冠名班，校企双方共同协商制订培养计划，确定人才培养方案，签订培养协议。在培养过程中嵌入企业课程，进行相关课程置换，共同组织完成教学任务。学生毕业后可直接到合作企业就业，提高学院培养和企业需求的对接度。

（归口管理部门：对外合作部、教学工作部）

（二）现代学徒制。

各系结合专业人才培养目标和企业用工需求，开展现代学徒制人才培养。校企共同制订人才培养方案、开发课程和教材、组织教学和评价；教师与师傅之间互聘共用，双向挂职锻炼；将实践教学安排到车间，实施工学交替，与企业顶岗相统一。企业顶岗成为学院教育教学的有机延伸，学生在学习过程中实现学生、学徒、员工不同身份的切换，最终形成招生即招工、入校即入厂、上课即上岗、毕业即就业的“校企一体化”育人模式。

（归口管理部门：对外合作部、教学工作部）

（三）安排顶岗实习。

在学生完成校内学习任务的前提下，根据专业特点和用人单位的岗位需求，安排学生参加时间不少于半年的顶岗实习。实习单位采取院系联合考察的形式，通过对相关企业的实地考察、调研和评估，确定合作单位，并由学院牵头与企业签订“三方协议”。各系部自主安排实习活动，统一组织学生到企业参加顶岗实习锻炼。在顶岗实习期间，学院和企业对学生的实习活动共同实施管理，共同对学生的培养和发展负责。实习活动结束后，企业按“择优录用、双向选择”的原则安排学生在本单位就业。

（归口管理部门：对外合作部、教学工作部）

（四）共建校外实习实训基地。

学院根据专业设置和实习实训教学需求，与具有市场发展前景和合作意向的企业共建校外实习实训基地，签订实习实训基地共建协议。企业安排学生实习实训，校企共同实施教育和管理，共同完成实践性课程教学和真实环境中的技能培养工作。教师定期到企业进行生产实践挂职锻炼，帮助企业解决技术或生产问题，企业选派管理人员、工程技术人员担任学院专业课兼职教师，参与学院人才培养、课程建设、教材开发等。

（归口管理部门：对外合作部、教学工作部）

（五）共建校内实习实训基地。

校企双方签订共建校内实习实训基地协议，由企业提供部分生产设备、生产投入和技术指导等支持，学院提供场地和部分实训设备，协同建设实验实训室、大师（师傅）工作室、生产性教学工厂（校中厂）等。企业参与学院实习实训教学方案的制订及相关课程建设、教材开发，校企共同开展学生生产性实习实训和科技研发及技术服务等活动。学生可提前接触生产过程，更早更好地实现角色转变，完成修业后，企业优先录用毕业生，实现学院、企业和学生三方获益。

（归口管理部门：对外合作部、教学工作部）

（六）合作培养学生创新创业能力。

学院吸引合作企业及国内外优质教育资源，共建创新创业孵化基地，为大学生搭建创新创业平台，深化创新创业教育。加强创业师资队伍建设，聘请优秀企管人员、企业能工巧匠、创业成功者等担任专业课、创新创业课的授课或创业导师。推介学生的优秀创业项目与企业对接，同时积极吸引企业参与，与企业形成产、学、研紧密型合作关系。

（归口管理部门：对外合作部、学生工作部）

（七）共建技术培训基地。

根据企业用工特点及社会需要，与相关企业合作，利用双方资源优势，在企业或学院建立技术培训基地，面向学生、企业员工及社会人员开展专业知识、技能技术培训。

（归口管理部门：对外合作部、教学工作部）

（八）建立职业教育集团。

积极推进和构建“集团+联盟”“专业+产业”合作机制，与政府主管部门、行业企业、职业院校、科研院所等机构加强合作，共同建立职业教育集团或产教融合联盟，创新校企合作载体，促进集团（联盟）成员的深度合作和协同发展，形成多方参与、共同建设、多元评价、互利共赢的集约化、规范化发展生态，不断增强办学活力。

（归口管理部门：对外合作部）

（九）加强产学研合作。

学院利用人才智力优势和专业技术优势，与企业共建“协同创新中心”“工程技术中心”等产学研一体化研发中心，搭建研发创新平台，合作开展新工艺、新材料、新技术及产品研发，为合作企业提供技术支持与服务，帮助企业解决相关生产难题，同时不断提高学院的科研水平和社会服务能力。

（归口管理部门：对外合作部、教学工作部）

（十）捐资助教。

企业以任何名义对学院进行捐资助教或捐资助学（设冠名奖学金等），均视为校企合作的范围、内容和形式，但可以简化审批手续。对提出附加条件的捐助，应以协议的形式明确规定双方的责任和义务，履行完整的审批手续。

（归口管理部门：对外合作部）

第三章　管理

第八条 管理机构

（一）建立组织。

成立衡水职业技术学院交通运输学院校企合作领导小组（以下简称“领导小组”）。学院理事会理事长任组长，院长任副组长，成员包括主管理事、各副院长。领导小组下设校企合作办公室，挂靠对外合作部，办公室主任由对外合作部主任兼任，成员由各系及相关处室负责人组成。校企合作办公室在领导小组的领导下，负责健全管理制度体系，制订校企合作计划，组织实施管理运行，协调解决各种问题，保证校企合作工作的正常运转。

（二）健全制度。

学院实行校企合作项目责任制，与合作企业建立健全日常沟通协作共管机制。合作项目由校企合作办公室统筹协调，根据项目类型归口系部管理，各管理部门积极配合，各负其责。教学工作部负责教学运行、学籍管理及合作发展，学生工作部负责创业就业及安全管理，财务后勤部负责学费收缴及资产管理。校企合作办公室定期对项目执行情况进行检查评估，并及时作出评价。

第九条 项目审查

校企合作办公室负责牵头考察评估合作企业及项目总体情况。

企业考察：重点考察拟合作企业的资质、规模、行业地位、市场诚信、内部管理等。

项目评估：重点评估是否符合学院办学定位、整体发展规划、专业建设规划的需求；其生产工艺、技术装备的先进性，是否有利于提升学院教师科研的参与度；是否符合实习、实训教学需求，有利于提高实践教学效益等。在此基础上，提出项目立项的可行性意见，报学院领导小组审定。

负责承接合作项目的系部需填写《衡水职业技术学院交通运输学院校企合作项目立项申请表》，提交归口管理部门办理立项审批手续。

第十条 项目审批

（一）一般项目审批。

一般项目是指校企双方在人、财、物等方面不涉及投入的合作项目。由各系部负责按照本办法第七条规定，对企业的资质及实力进行全面调研，明确合作意向和方式，约定双方的权利与义务。在此基础上，自行拟定《校企合作协议书》，报学院分管领导审批同意，并在归口管理部门备案后即可运行实施。

（二）重大项目审批。

重大项目是指校企双方在人、财、物等方面涉及投入的合作项目。承接项目的系部应当与合作企业在深入了解、沟通协商、充分酝酿的基础上，提出合作方案，拟定合作协议书，由归口管理部门牵头，广泛征求相关行业、企业专家和学院法律顾问的意见，报学院分管领导审查，并视项目情况举行专家论证会。

归口管理部门汇总各方意见，提交校企合作领导小组研究同意，并报学院理事会审定后，由领导小组组长签署意见，相关部门组织实施。

第十一条 协议签署

凡批准立项的校企合作项目，由承担项目的系部拟定《校企合作协议书》，经领导小组研究审定后，以学院的名义与合作企业签署。校方由理事长委托院长签字确认，企业方由法人代表或法人代表委托其他负责人签字确认，并加盖双方单位公章（一式四份）后方可生效。

协议周期原则上为 1～3 年。期满后，校企双方可根据合作意愿和实际情况续签。

《校企合作协议书》的签订流程见《衡水职业技术学院交通运输学院校企合作协议签署流程图》。

第十二条 管理重点

（一）学生管理。

在企业顶岗实习期间，学生的安全教育和管理由企业负责，所发生的安全事故由企业负责积极、妥善处理；企业应当为建档立卡的贫困学生免除培训费，并给予适当的经济帮扶；企业应当积极宣传国家大学生征兵入伍的相关政策，支持符合条件的学生报名并依法服兵役；按国家和学院政策做好学生资助工作；做好学生实习实训资料的建档归档。

（二）顶岗实习。

严格执行《职业学校学生实习管理规定》（教职成〔2016〕3 号），学院有关系部应当与合作企业共同制定《学生顶岗实习突发事件应急预案》，保证学生实习安全，维护学生合法权益。企业应当安排专职实习管理员，负责学生的教育与管理，及时发现并妥善处理发生的问题。企业负责顶岗实习工作的高级管理人员，应当与合作系部负责顶岗实习工作的负责人保持经常性的联系沟通，学生一旦遇到安全风险、权益纠纷等突发紧急情况，应当在第一时间向合作系部进行通报，并报告学院对外合作部，必要时请求学院帮助解决。

（三）学生就业。

学生就业严格执行企业与学院签署的合作协议、学生与企业签署的培养就业合同等文件中相关条款的约定。企业在为学生推荐或安排就业时，应当为学生提供与其所学专业相匹配或相关联且不少于 3 次的就业机会（工作岗位），学生以书面方式提出自愿放弃就业安排的除外。在此前提下，企业在为学生推荐或安排就业时，不得收取约定之外的任何“介绍”“推荐”“面试”等附加费用。

（四）效益评价。

校企合作项目的效益评价以年度评价为主。评价内容主要包括招生计划落实、创业就业、资源使用、人才培养、实践教学、科研成果、师资建设、社会培训等情况。对达不到预期效果的项目，应当通过与归口管理部门深入研讨，向学院领导小组提出终止或者继续项目合作的建议。年度考核评价的标准与方式应当与企业共同制定，考核过程应当安排企业参与，考核结果与企业共享。

（五）资产管理。

校企合作项目实施期间，各系部应明确协议（合同）所涉及固定资产的权属，并列明仪器设备清单。属于合作企业承诺或书面约定赠予学院或系部的仪器设备，均应当报学院财务后勤部办理固定资产入账手续，同时报归口管理部门备案。合作项目自然终止或企业违约终止，学院固定资产（包括获赠的仪器设备）均应收回，不得以任何理由交由合作企业处置。事先约定属于合作企业的资产，应当由学院财务后勤部按明细清单清点后，由合作企业自行处置，承办项目的系部不得擅自处理。制定协议（合同）时，要明确资产日常维护责任方，并确定资产使用形式为免费使用或有偿使用。

（六）知识产权归属。

校企合作过程中的科研项目实施之后的最终成果，归口管理部门与合作企业应在协议（合同）文本中明确约定其权属。学院教师为非合作企业开展的科研项目，不受本办法约束。

（七）学生转专业。

校企合作专业班的学生提出转专业申请，须符合河北省教育厅相关文件规定的条件和《衡水职业技术学院交通运输学院学籍管理规定》，并按规定程序办理。

（八）经费管理。

经学院批准的校企合作重大项目可列入学院专项预算，于年初部门预算时一并提报；系部负责本部门校企合作项目的经费使用，所有支出均应按照学院有关财务管理制度执行；各部门接受合作方赠予的奖学金、助学金等，按学院财务有关规定执行，并报归口管理部门备案。

第十三条 计划与总结

各系部于每年春学期开学第二周向归口管理部门报送本系部校企合作年度工作计划，由校企合作办公室汇集并制订学院校企合作年度工作计划。校企合作办公室每年 12 月底前完成校企合作工作情况总结，并召开学院校企合作年度工作会议。

第四章　考核、奖励和责任追究

第十四条 考核

校企合作工作考核分阶段考核与年度考核两种形式，考核由校企合作办公室牵头组织，归口管理部门参与实施。根据需要定期对各系部的工作成果进行考核、汇总、分析与评价，其结果纳入系部工作绩效考核体系。

第十五条 奖励

学院每年对校企合作工作进行总结，对做出突出成绩的系部和个人进行表彰（设“校企合作先进单位”“校企合作先进个人”奖项）。对于转化为河北省教育厅评定的校企合作成果或获得其他主管部门评定的校企合作成果，学院给予项目团队或个人奖励（奖励办法另行制定）。对认真履行协议、信誉良好的合作企业，学院予以增加年度招生计划、延长合作期限、拓展合作领域等鼓励。

第十六条 责任追究

学院任何部门和个人不得擅自以学院或系部名义私自与企业进行合作，否则将追究相关人员的责任，由此产生的后果由相关部门和个人自行承担。对在校企合作工作中不负责任、以权谋私、给学院造成严重损失的，学院给予相应处分并进行经济处罚。

合作企业应当严格信守协议约定，在招生宣传、学生就业、实习实训等方面，不得有损毁学院声誉和利益、侵害学生利益、过度或不履行承诺等违法违规违约行为。一经发现，学院将进行诫勉谈话、减少招生计划、缩短合作期限，直至终止合作。

第五章　附则

第十七条 本办法由学院对外合作部负责解释。

第十八条 本办法自发布之日起施行。

2021 年 9 月 1 日

衡水职业技术学院交通运输学院中外合作办学项目管理办法

第一章　总则

第一条 为贯彻落实国家中外合作办学扩大开放、规范办学、依法管理、促进发展的方针，加强衡水职业技术学院（以下简称“衡职院”）交通运输学院（以下简称“学院”）中外合作办学项目管理，推进中外合作办学有序、健康、持续发展，根据国务院《中华人民共和国中外合作办学条例》、教育部《中华人民共和国中外合作办学条例实施办法》、河北省教育厅《河北省中外合作办学补充规定》和《衡水职业技术学院交通运输学院章程》（以下简称“学院章程”），结合学院实际，制定本办法。

第二条 学院开展中外合作办学项目，旨在借鉴国外先进办学经验，引进国外优质教育资源，培养具有国际化、竞争力的高素质技术技能人才，服务国家“一带一路”建设、京津冀协同发展和河北建设沿海经济强省战略，助推衡水对外开放实现高质量发展。

第三条 本办法所称中外合作办学项目，是指经河北省教育厅批准，学院与国外高校、科研院所、培训机构和企业等以不设立教育机构的方式，在学科、专业、课程等方面合作开展的以中国公民为主要招生对象的教育教学活动。

第四条 学院中外合作办学项目依据专业由承担项目的系部负责实施。鼓励有条件的系部围绕学院重点工作和中长期发展规划，遵循引进优质教育资源的原则，引进彰显特色、国内急需、在国际上具有先进性的课程、师资、教材，举办中外合作办学项目。特别是在国内新兴和急需的专业领域开展合作办学，促进专业建设和人才培养，提高学院办学适应性和国际影响力。

第二章　合作要求

第五条 开展中外合作办学，必须遵守国家相关法律法规和政策规章，符合学院章程规定要求和办学实际，坚守立德树人根本任务，保证教育教学质量。

第六条 举办中外合作办学项目，可以探索多种形式的合作模式，具体包括共同制定和实施教育教学计划，颁发中国学历、学位证书或者外国学历、学位证书，在国外实施部分教育教学活动等。

第七条 中外合作办学的基本条件

（一）合作项目所涉及的外国教育机构应当具备《中华人民共和国教育法》《中华人民共和国职业教育法》《中华人民共和国高等教育法》《中华人民共和国民办教育促进法实施条例》等法律法规规定的办学资格和较高的办学水平。

（二）合作项目中的外方合作院校应为相应层次和类别的国外教育机构，合作项目一般应在学院已有或相近专业、课程举办，特别是基于学院的优势专业和重点专业建设。合作举办新的专业或课程，学院和系部应当基本具备举办该专业或课程的师资、设备、设施等条件。

（三）中外合作办学项目有下列情形之一的，学院不予批准：

1. 违反国家相关法律法规和政策规章，损害国家和社会公共利益的；

2. 违背我国历史文化传统和教育公益性原则，不符合国家或者地方教育事业发展需要的；

3. 与外国宗教组织、宗教机构、宗教院校和宗教教职人员合作，从事宗教教育和开展宗教活动的；

4. 合作办学项目的一方不符合相关文件规定条件的；

5. 合作协议不符合法定要求，经指出仍不改正的；

6. 申请文件有虚假内容的；

7. 法律、行政法规规定的其他不予批准的情形。

第三章　项目审批与运作

第八条 建立中外合作办学项目审批制度。

（一）项目申请。

1. 申报时间。有中外合作办学意向的系部，可向学院对外合作部提出项目申请。项目立项申请每年安排一次，申报时间为10月。

2. 申报材料。

（1）填写《衡水职业技术学院交通运输学院中外合作办学项目立项申请书》（一式三份）；

（2）撰写中外合作办学项目立项申请报告，内容包括合作项目中外方的基本情况、与国外合作单位沟通洽谈情况、开展合作具备的基本条件、合作形式或模式、项目的办学效益和社会效益分析等；

（3）外国教育机构的法人资格证明及相关证明材料；

（4）制订合作办学实施方案，明确合作项目的名称、合作层次、合作模式、专业课程、招生人数、教学计划、师资配备等。

（二）项目审核。

学院对外合作部会同教学工作部、学生工作部等相关职能部门，对系部申请的合作项目进行审核，除审核各种申报材料外，同时还必须参照以下标准：

1. 是否能有效推动学院优势专业、重点专业或新开专业的师资培养、教材引进及教学法的系统化借鉴和应用，促进专业群的建设与发展；

2. 项目收益是否能与总成本（人员薪酬、资源配置、办公经费、需支付国外合作方的费用等）基本持平。

审核通过后，报院长办公会讨论审议，然后由理事会研究决定，并报衡职院批准。未经学院同意，任何系部不得举办中外合作办学项目。

（三）正式谈判。

立项得到批准后，由院长、主管副院长和对外合作部、教学工作部、学生工作部、项目申请系部负责人组成项目领导小组，与国外合作单进行正式谈判，并签署洽谈备忘录。备忘录应包括以下内容：合作项目名称、合作层次、合作专业（或课程）、合作形式、招生人数、教学计划、双方责任、经费管理、合作期限及争议解决办法等。

（四）项目报批。

对外合作工作部根据河北省教育厅中外合作办学项目申报要求，配合衡职院做好项目审批和备案工作，通过审批后方可组织施行。

第九条 中外合作办学项目应当在平等协商的基础上签订合作协议。

（一）协议文本。

合作协议应当包括：合作院校的名称、详细地址、法定代表人、办学宗旨和培养培训目标，合作内容和期限，各方投入资金、方式及支付形式，权利与义务，争议解决办法等。合作协议应当有中文文本和外文文本，外文文本应当与中文文本相一致，发生法律纠纷时，以中文文本为依据。

（二）协议管理。

合作协议（含纸质、电子版）由对外合作部管理并按期存档。

合作项目涉及的其他所有具备法律约束力的补充协议、劳务合同等，需由系部向对外合作部提出申请，经院长办公会研究审议、学院理事会批准后方可签订，否则学院不予认可。

第十条 中外合作办学项目的终止

中外合作办学项目自然终止或违约终止，相关系部应提前 3 个月上报对外合作部，办理重新续约或项目终止手续。未经学院允许，不得私自与外方签订项目续约合同、补充协议、劳务合同、终止协议等。

第十一条 对外合作部应不定期检查中外合作办学项目的协议执行情况，对不能按协议完成或造成不良后果的项目，经双方协商后予以解除，直至追究相关法律责任。

第四章 项目管理与实施

第十二条 根据中外合作办学项目管理需要，建立健全中外合作办学项目分级管理运行机制，即由中外双方共同组成的联合管理委员会为第一级管理组织，负责全面协调、推进合作项目的运作和落地；学院中外合作办学领导小组为第二级管理组织（办公室挂靠对外合作部），负责学院有关合作项目的政策制定、组织运作及管理；承担中外合作办学项目的相关系部组成的合作办学项目工作小组为第三级管理组织，具体负责项目的组织实施。

第十三条 对外合作部是学院中外合作办学项目的归口管理部门，负责中外合作办学项目的审核、报批、监管和协调工作。主要职责如下：

（一）全面负责学院中外合作办学项目工作，制定中外合作办学政策措施，并组织和协调实施。

（二）制定中外合作办学项目发展规划，确定中外合作办学的内容、模式和规模。

（三）组织中外合作办学项目的洽谈、论证、审核、报批和备案等工作。

（四）与上级教育主管部门、衡职院、校内相关部门以及外方就项目管理、教学实施等有关事宜沟通协调。

（五）安排并组织中外合作办学项目的考察、调研和评估工作。

（六）落实中外合作办学项目外籍专家、教师和管理人员的聘任与管理。

（七）安排中外合作办学项目的系部教学管理人员和教师出国培训或交流，并协助办理出国手续。

（八）会同学生工作部、相关系部安排参与中外合作办学项目的学生出国学习培训。

（九）负责中外合作办学项目工作的成果统计、经验总结及推广，并积极探索创新合作模式。

（十）负责向学院、衡职院和河北省教育厅提交中外合作办学项目的年度办学报告。

（十一）办理其他与合作项目有关的涉外事宜。

第十四条 教学工作部负责项目所需要的基础设施设备（软、硬件）配置、教学管理及质量监控、校方师资配备与培训、学生学籍管理及毕业证书发放等工作，主要职责如下：

（一）审核中外合作办学项目的专业设置、人才培养方案。

（二）落实中外合作办学项目的课程安排、学分认定工作。

（三）跟踪和掌握中外合作办学项目在国外的教学活动情况。

（四）根据中外合作办学项目实施需要，制订专业教师交流培训计划。

（五）实施中外合作办学项目的学籍管理。

（六）对符合相关条件的学生颁发毕业证书和职业资格证书。

（七）承办学院交办的其他与合作项目有关的事宜。

第十五条 学生工作部负责中外合作办学项目的招生、学生管理、就业指导等工作，主要职责如下：

（一）负责制订中外合作办学项目的招生计划，安排招生宣传，组织招生录取，与录取的项目学生签订协议。

（二）负责制订中外合作办学项目学生管理细则，并指导相关管理工作。

（三）负责合作办学项目未出国学生的就业指导工作。

（四）承办学院交办的其他与合作项目有关的事宜。

第十六条 财务后勤部负责合作办学项目专项账号的财务管理，以及物价审批、学费收缴等工作。

第十七条 有关系部负责中外合作办学项目的教学实施，主要职责如下：

（一）参与中外合作办学项目的调研、洽谈，协助对外合作部做好中外合作办学项目的申报工作。

（二）根据合作项目内容及要求，制定中外合作办学项目年度工作计划并组织实施。

（三）协助教学工作部与外方共同制定人才培养方案和课程教学大纲，并根据人才培养方案和教学大纲做好课程建设、教材选用、教学运行等工作，保证教学计划的顺利实施。

（四）负责中方教师的聘任与管理及外籍教师的教学安排与管理。

（五）组织教学考试考核、成绩登录备案和教学评估活动。

（六）组织学生实验实训、毕业实习、毕业设计等教学活动。

（七）选派参加中外合作办学项目的学生出国学习培训，并协助对外合作部为参与合作项目的学生办理出国手续、在国外注册学籍等相关工作。

（八）协助财务后勤部做好中外合作办学项目的学费收缴工作。

（九）负责中外合作办学项目的日常教学和学生管理工作。

（十）其他应由相关系部承担的涉外事项。

承担合作办学项目的系部应当于每年的 12 月向学院合作办学领导小组提交年度工作报告，同时提交下年度的项目建设计划。

第五章　经费与资产管理

第十八条 中外合作办学项目经费来源为项目注册学生的学费收入。

第十九条 根据《中华人民共和国中外合作办学条例实施办法》第四十二条规定，财务后勤部应设立专门的中外合作办学账号，按照合作办学专业设立分项。

第二十条 学生入学后，在相关系部的协助下，由财务后勤部按照物价部门批复的中外合作办学项目收费标准统一收缴学费，并在招生简章或者招生广告中载明。

第二十一条 经费支出结构

（一）国外合作方费用。

指双方签订的合作办学协议中明确规定需向外方院校或其他教育机构支付的费用和成本，或规定应由学院承担的外方教师的差旅和授课费等支出。学费收入扣除国外合作方费用之后形成项目净收入。

（二）合作办学项目的管理费用。

根据合作办学规模，学院每年每个项目安排一定数额的专项经费用于项目管理，主要包括国际往来、项目拓展、国内上级行政管理部门相关费用等。该项经费由对外合作部管理使用。

（三）合作办学项目的教学及管理经费。

为推动和鼓励中外合作办学项目有效持续健康发展，学院每年将所收学费按一定比例划拨到项目所在系部，作为合作办学项目的建设基金，主要用于项目管理、专业建设、师资培训、课时补贴、学生管理、学生语言培训及课外教学活动、教学环境与设备改善、图书资料购置、项目评估考核、项目拓展、国内外差旅、外方来访接待等。

中外合作办学项目的办学结余，应继续用于项目的教育教学活动和改善办学条件。

第二十二条 对使用中外合作办学项目专项经费配置的教学设施设备等资产，以中外合作办学项目的名义归口财务后勤部进行专项管理，相关系部应提供详细的设备清单，注明产权关系和使用关系，根据协议纳入学院资产管理系统。

第二十三条 中外合作办学项目的产、学、研成果（包括专利、技术、项目、产品、论著等），参照协议约定明确产权归属。涉及学院产权的必须纳入学院知识产权管理范围，归口教学工作部负责，系部负责提供成果的认证手续。

第二十四条 中外合作办学项目自然终止或违约终止，涉及学院的固定资产（包括捐赠仪器设备）均应收回，不得以任何理由交由外方合作院校处置；事先约定属于外方合作院校的资产，应由承办项目的系部和财务后勤部共同按清单清点后，由财务后勤部出具出门单予以放行，承办项目的系部不得擅自处理。

第六章　其他

第二十五条 中外合作办学项目所签署的协议、合同等相关法律性文件，经学院理事长授权，由法人代表（院长）签字。

第二十六条 未经学院授权，任何部门或个人均不得以学院名义与国外教育、科研机构和企业、国内外中介机构等签订中外合作办学项目协议并进行招生活动。

第二十七条 中外合作办学项目招收学生应纳入衡职院招生计划，报经河北省教育厅批准。学生修业期满合格，颁发衡水职业技术学院交通运输学院毕业证书及相关职业资格证书。

第二十八条 中外合作办学项目发布招生简章须经衡职院招生就业处审核，并在省教育厅审批备案。招生简章内容必须客观、真实、准确，不得有不负责任的许诺，不得进行带有欺骗性或诱惑性的失实宣传。

第二十九条 举办中外合作办学项目，要切实增强政治敏锐性和政治责任感，制定详尽的保持社会稳定防备预案，对万一出现无法兑现招生简章承诺条款情况（如学生无法按约定获取出国签证、在规定时限内未能完成学业等）应有具体解决措施，并及时进行妥善处理，防止学生群体性事件的发生。

第七章　附则

第三十条 本管理办法未涉及的方面，参照国务院《中华人民共和国中外合作办学条例》、教育部《中华人民共和国中外合作办学条例实施办法》和河北省教育厅《河北省中外合作办学补充规定》等相关文件执行。

第三十一条 与香港特别行政区、澳门特别行政区和台湾地区的相关单位开展中外合作办学的，参照本管理办法执行，国家另有规定的从其规定。

第三十二条 本办法由学院对外合作部负责解释。

第三十三条 本办法自发布之日起施行。

2021 年 9 月 1 日

衡水职业技术学院交通运输学院合同管理办法

第一章　总则

第一条 为实施依法治校，加强和规范衡水职业技术学院交通运输学院（以下简称“学院”）合同管理，防范合同风险，维护学院合法权益，根据《中华人民共和国民法典》以及相关法律法规和《衡水职业技术学院合同、协议管理暂行办法》（衡职政发〔2017〕26号），结合学院实际，制定本办法。

第二条 本办法所称合同，是指学院作为独立的民事主体，在民事活动中与自然人、法人或其他组织之间设立、变更、终止民事法律关系的协议。

第三条 本办法适用于学院及所属单位的合同管理。所属单位包括学院各职能部门、系部等。

第四条 合同的签订和履行，必须遵守国家法律法规，符合相关政策规定，遵循公平、有效、完整和诚信的原则，不得侵害国家利益，不得损害学院及他人合法权益。

第五条 学院实行统一领导、归口管理、分级负责、责任到人的合同管理体制，明确“谁主管、谁负责”。合同归口管理部门和承办单位应高度重视合同管理工作，完善管理制度，提高管理水平。

第六条 学院对合同的签订、履行、变更、解除、终止、争议解决和登记、备案、归档等实行全过程管理，并接受学院理事会的监督。

第二章　管理机构及职责

第七条 学院合同事务管理机构主要包括合同管理领导小组、综合管理部门、归口管理部门和承办单位等，各机构应依照各自权限和职责对合同实施管理。

第八条 学院合同管理领导小组统一指导、监督全院合同事务，协调处理合同管理中的各类重大问题，防控廉政风险，维护学院资产安全，保障学院合法权益。领导小组成员由学院理事会、院行政、监事会领导和党政办公室、财务后勤部、对外合作部等部门负责人组成。领导小组下设办公室，挂靠学院党政办公室。

第九条 党政办公室是学院合同事务的综合管理部门，承担以下主要职责：

（一）制定学院合同管理基本制度，解释或修订合同管理办法。

（二）对学院重大合同进行合法合规性审核。

（三）审核授权委托书的授权范围和授权期限。

（四）在学院法律顾问的配合下，为学院各单位办理合同事务提供法律咨询服务。

（五）根据工作需要，组织开展合同管理业务培训。

（六）负责学院合同印章管理。

（七）办理学院领导交办的合同事务。

第十条 学院授权相关职能部门作为特定类型合同的归口管理部门，承担以下主要职责：

（一）制定主管范围内的合同管理实施细则。

（二）拟定、审核主管范围内的各类合同。

（三）监督和指导合同承办单位做好合同履行、变更、解除、终止、争议解决以及信息安全、保密管理等各环节工作。

（四）定期对主管范围内的合同履行情况进行检查评估。

（五）对主管范围内的合同进行登记、编号、备案归档。

（六）学院授权范围内的其他工作。

涉及两个及以上管理部门的合同，依据合同所涉及的主要业务或经费管理部门确定归口管理部门。如有争议，可由学院合同管理领导小组确定归口管理部门。

第十一条 学院授权各合同归口管理部门的业务范围如下：

（一）授权党政办公室归口管理学院校名、校徽、校誉等无形资产使用、劳动人事、新闻广告、审计服务等相关合同。

（二）授权教学工作部归口管理教学业务、科研活动等相关合同。

（三）授权学生工作部归口管理学生军训、学生公寓、创新创业等相关合同。

（四）授权财务后勤部归口管理资金借贷、工程建设、维修改造、房屋（场地）租借、餐饮服务、物业服务、水电暖保障、药品采购等相关合同。

（五）授权对外合作部归口管理校地、校企、校校战略合作，以及国际、港澳台交流合作等相关合同。

其他未列入上述部门管理的合同，经合同综合管理部门协调、学院合同管理领导小组同意，可由院长临时授权具体管理部门。

如学院对职能部门等内设机构进行职责调整，按调整后的职责范围对合同进行归口管理。

第十二条 经费的使用部门或经济活动的行为主体作为相应的具体承办单位，对所签合同的可行性、真实性、合法性、合理性负责，其承担的主要职责为：

（一）负责合同的可行性论证与项目立项。

（二）提出指标参数和具体要求。

（三）指定本部门的合同承办人，负责具体事务的管理与落实。

（四）及时反馈合同履行中出现的问题，处理合同纠纷及遗留问题，妥善保存相关材料。

（五）合同管理的其他具体工作。

合同承办单位是合同管理的直接责任单位，应切实提高合同质量，加强合同管理，防范合同风险。

合同内容涉及两个或两个以上单位的，可根据工作分工和学院授权，确定具体承办部门。

合同归口管理部门同时负责合同业务承办工作时，也是合同承办单位。

第三章　合同审批

第十三条 依据合同性质、重要程度和标的额大小，学院合同分为重大合同和一般合同。重大合同主要包括：

（一）涉及学院形象、名誉等无形资产的办学合同或对外合作协议等。

（二）涉及“三重一大”事项的合同。

（三）履行期限在 3 年（含）以上的经济合同。

（四）学院或相关职能部门认为应该按重大合同管理的其他合同。

除重大合同以外的其他合同为一般合同。

第十四条 学院所有经济活动及其他对外活动，除采取即时清结方式或学院有特别规定外，一律订立书面合同，履行合同审批程序。

第十五条　一般合同由承办单位报送项目立项等完整材料到归口管理部门进行业务审核；合同内容涉及其他职能部门的，归口管理部门须组织相关部门会审。归口管理部门审核通过后，报主管副院长、院长审批。

第十六条 重大合同在通过业务审核后，必须履行以下审查程序：

（一）对需要由学院理事会研究决定的重大合同，合同归口管理部门应及时报送党政办公室进行合规合法性审查，通过后方可提请会议审议。

（二）对于其他类重大合同，在合同订立前，归口管理部门应及时报党政办公室进行程序性及合规合法性审查，通过后方可签署。

第十七条 国家法律法规、规章、政策或学院制度规定必须通过招投标等程序签订合同的，或对相关合同的审批权限、流程、订立有特别规定的，应从其规定办理。

第十八条 业务审核、程序性及合规合法性审查应坚持规范高效的原则，党政办公室应在规定时间做出通过、建议修改或不予通过等结论，并及时书面通知送审单位。

送审单位应根据审核或审查意见修改完善合同文本，并送党政办公室复审通过；对审核或审查意见持有异议的，应报学院合同管理领导小组研究决定。

第十九条 合同文本通过审核或审查后，在实际签订时需要对合同条款作实质性变更的，应重新履行审批手续。

第二十条 未经学院授权及审核，任何单位和个人不得以学院或本单位名义对外签订合同。各单位不得签订担保合同、抵押合同，未经批准不得签订投资合同和借贷合同。

第四章　合同的订立

第二十一条 合同订立前，合同承办单位和归口管理部门应从维护学院权益角度出发，对合同相对方的主体资格和履约能力进行调查核实，原则上应要求对方出具相应的法人登记证书或者机构代码证书、经营许可证书、资产负债表、法定代表人及主要股东银行资信证明、机构或者企业的章程、授权委托书、承办人员的个人身份证明等能够证明其身份、资信的文件及相关资料，必要时应要求对方提供相应的担保，并对合作事项的可行性和合法性进行必要论证。

第二十二条 合同文本应体现主要条款完备、权利义务明确、违约责任具体、文字表达准确。合同条款一般应包括相对方的名称或姓名、住所，标的，数量或范围，质量标准，价款或者报酬，履行期限、签约时间、地点和方式，违约责任，争议解决方式方法等。

第二十三条 合同文本的选择应按照如下顺序进行：

优先使用国家、行业规定或推荐使用的标准文本，并根据需要对合同内容予以补充和完善。

（一）没有可适用的标准文本的，归口管理部门应结合学院实际，按照有关规定制定相关合同范本，经党政办公室审核确认后使用。

（二）无标准文本或合同范本的，应积极争取由我方草拟合同文本，主导合同的谈判和订立。

（三）确有必要由对方起草合同文本的，我方有关部门应就合同条款积极进行谈判，严格审核合同内容。

第二十四条 合同双方对重要条款存在重大分歧或需要法律专业知识的，承办单位或归口管理部门可邀请学院法律顾问参与合同谈判和文本起草，并征询相关单位和政策法规部门的意见。

第二十五条 学院建立合同签署授权制度，学院理事长可授权院长或其他代理人代表学院签署合同，授权期限以受托人任职期限为准。

根据工作职责和学院授权，一般合同由院长或主管副院长签署，重大合同经理事长授权，由院长签署。

第二十六条 对外签订的合同原则上不少于一式四份。交合同相对方一份，合同承办单位留存一份，合同归口管理部门备案一份，学院档案室存档一份。

第五章　合同的履行、变更和终止

第二十七条 合同一经签订，即具有法律效力。法律、法规规定应当办理批准、登记等手续方能生效的，从其规定。

第二十八条 合同生效后，学院合同管理领导小组、综合管理部门、归口管理部门和承办单位应各司其职，加强对合同执行情况的动态监督，建立合同履行情况评估制度，定期对合同履行的总体情况，特别是重大合同的履行情况进行分析评估，对存在的问题及时加以纠正和改进。

第二十九条 合同履行过程中，合同承办单位如发现履约异常情况，包括情势变更、不可抗力、对方违约或有足够证据表明其可能违约、需要变更（解除）合同或发生履约争议等情形，应及时报告归口管理部门，共同协商，立即采取措施妥善处理。如需变更和解除合同，应采用书面形式，并按合同订立审批程序通过后，方可办理。

第三十条 合同履行过程中发生纠纷的，由合同双方协商解决。协商不成的，通过仲裁或法律诉讼程序解决。

第三十一条 合同履行完毕的标准，应以合同条款或法律规定为准。合同条款或法律没有明确规定的，一般应以货物交清、工程竣工并验收合格、价款结清、无遗留问题为准。

第三十二条 财务后勤部在办理价款结算等财务手续时，应视合同是否正常履行予以相应处理。

第三十三条 合同履行完毕后需要续签的，必须按前述流程报相关部门审批后再续签，必要时要对合同条款进行修改。除在合同中明确约定外，任何单位或个人不得擅自续签合同。

第六章 合同印章和档案管理

第三十四条 学院根据合同审批管理工作的实际需要，刻制“衡水职业技术学院交通运输学院合同专用章”1 枚，由党政办公室负责管理，使用时应严格按照《衡水职业技术学院交通运输学院印章管理办法》执行。

第三十五条 为加强和规范合同管理，签订经济合同原则上一律使用合同专用章。若合同方对合同用章有特别规定或要求的，经学院理事长同意，可作特别处理。

签订各类非经济合同，一般使用学院行政公章，根据实际情况，也可以使用合同专用章，但不得使用部门公章。

第三十六条 合同文本盖章时应当使用原件，不得在有空白未填写部分或空白的纸张上加盖学院行政公章或合同专用章，超过两页的合同文本必须加盖骑缝章。

第三十七条 合同文本的末页应当载有合同正文条款，否则应标明“此页无正文”字样。

第三十八条 在以订立、变更、解除的形式签订补充合同时，必须按规定用章，并确保补充合同与主合同用章一致。

第三十九条 归口管理部门是合同档案管理的责任主体，应对合同文本统一分类登记、编号、造册，健全合同分类管理台账和总台账；及时收集、整理合同履行过程中产生的各种文件资料；根据学院档案管理相关规定，按年度将合同文本（正本）及与合同有关的完整资料移交学院档案室保管。

第四十条 党政办公室应妥善保存合同的合规合法性审查等有关材料。

第七章 责任追究

第四十一条 学院各职能部门、系部和相关责任人在对外签订合同中，应严格遵守本办法，认真履行职责，维护学院利益。因渎职、失职给学院造成损失的，将依照有关规定追究其责任。

第四十二条 有下列行为之一的，学院将视其情节轻重，给予当事人纪律处分；

给学院造成损失的，追究其民事责任；构成犯罪的，移交司法机关处理：

（一）未经授权，擅自对外签订或擅自变更、解除合同的。

（二）超越代理权限或滥用代理权的。

（三）签订有重大缺陷或无效合同的。

（四）篡改合同内容或倒签、恶意拆分合同的。

（五）与合同相对方或第三人恶意串通、损害学院利益的。

（六）在合同签订和履行过程中未尽注意义务，或者未按照本办法规定处理，致使学院利益受损的。

（七）利用学院合同谋取私利或从事其他违法行为的。

（八）泄露合同订立与履行过程中涉及的国家秘密、工作秘密或商业秘密的。

（九）玩忽职守，不认真履行合同，引起纠纷的。

（十）未及时处理合同纠纷或擅自放弃权利，致使学院利益受损的。

（十一）不按规定收集、保管合同资料或提交备案、存档的。

（十二）丢失或者擅自销毁、隐匿合同文本、合同附件以及合同履行过程中形成的各种函件、单据等相关材料的。

（十三）合同用印违反学院规定的。

（十四）其他违反法律法规和学院合同管理规定的行为。

第八章　附则

第四十三条 合同归口管理部门应依据本办法制定与自身业务相适应的合同管理实施细则，报学院党政办公室备案。

第四十四条 本办法由党政办公室负责解释。

第四十五条 本办法自发布之日起施行。

2021 年 9 月 1 日

衡水职业技术学院交通运输学院部门职责范围

为加强衡水职业技术学院（以下简称“衡职院”）交通运输学院（以下简称“学院”）教育教学的科学化、制度化、规范化管理，理顺和细化部门职责，保证人才培养质量，根据有关文件精神和《衡水职业技术学院交通运输学院章程》（以下简称“学院章程”）规定，遵循“定位准确、职责明晰、提高效能”原则，制定各职能部门和二级教学单位工作范围及职责。

一、党政办公室

党政办公室是学院的综合办事机构，是学院党总支、理事会和行政班子的参谋助手，担负着辅助决策、统筹协调、督办落实、信息枢纽等重要职能。其基本职责是围绕学院中心工作协助落实全面从严治党主体责任、党的建设、思想政治工作、意识形态工作、组织人事工作、宣传工作、信息工作、校园文化建设、法制工作、统战工作、工会妇联工作、老干部工作、纪检监察审计工作、档案工作、保密工作、信访工作、综合文秘工作和机关管理等。各模块主要职责如下：

（一）全面从严治党。

1. 认真学习贯彻习近平总书记全面从严治党重要思想，协助学院党总支落实管党治党政治责任，把全面从严治党贯穿于党的建设各方面、全过程；

2. 协助学院党总支抓好党员干部的思想教育和理论武装，负责活动组织和载体创新，推动学习教育常态化、制度化；

3. 协助学院党总支落实全面从严治党主体责任、监督责任和领导干部“一岗双责”，负责建立健全责任传导机制并组织落实；

4. 负责开展政治纪律和政治规矩教育，引导广大党员和教职工增强“四个意识”、坚定“四个自信”、做到“两个维护”；

5. 负责从严治党长效机制建设，监督中央八项规定落实落地，推进作风建设持续深化和优化。

（二）思想政治工作。

1. 协助学院党总支把贯彻落实全国高校思想政治工作会议精神持续推向深入，不断提升思想政治工作质量；

2. 协助学院党总支一体化构建全校思想政治工作的领导体制和工作机制，形成“三全育人”的工作格局；

3. 负责起草学院思想政治工作总体规划、实施方案和实施细则，并协调组织实施；

4. 负责梳理归纳学院各个群体、各个部门、各个岗位的育人元素，并作为职责要求和考核内容融入整体制度设计，健全思想政治工作考核评价体系；

5. 牵头开展思想政治工作质量提升工程研究，不断创新学院思想政治工作的方式方法、活动载体和平台建设；

6. 定期分析研判学院师生的思想政治状况，并有针对性地做出工作安排，把党的建设、严格要求和灵活形式、解决师生的思想问题和实际问题紧密结合起来；

7. 负责组织开展学院思想政治工作的督查与考核。

（三）意识形态工作。

1. 认真贯彻落实中央、省市委和学院党总支关于意识形态工作的决策部署及指示精神，严把政治方向，严守政治纪律、组织纪律和宣传纪律；

2. 协助党总支构建学院意识形态工作的规范体系，并负责组织实施；

3. 负责拟定学院意识形态工作责任制实施细则，编制任务分工和责任分解方案，建立纵向到底、横向到边的责任分工体系；

4. 负责建立和落实学院意识形态工作常态化调研摸排制度，对重点工作领域、工作对象和重要工作事项做到底数清楚、情况明了；

5. 加强意识形态阵地建设，营造意识形态工作有效推进的舆论环境；

6. 负责拟定学院党支部意识形态工作考核办法，构建由体现工作刚性要求的必考项目、体现正面教育引导责任的落实项目和体现工作成果的创优项目等构成的指标体系。

（四）宣传思想文化工作。

1. 坚持以社会主义核心价值观为统领，拟定学院思想宣传文化建设规划，并组织实施；

2. 负责学院党总支理论学习中心组的秘书工作，起草学习计划，协助党总支组织开展学习活动；

3. 协助理事会拟定学院的发展理念和符合办学实际的发展战略、发展思路；

4. 学习吸纳现代大学的办学理念和思想精华，推进和培育优良校风，努力塑造富有时代内涵和学院特色的“衡交精神”；

5. 负责策划和组织开展系列主题活动，强化对师生员工的宣传、教育和培训，将党的教育方针政策和学院的发展理念融入办学实践；

6. 负责拟定学院精神文明建设规划，积极组织开展文明校园创建活动；

7. 负责统筹规划和推进校园人文环境和物质环境建设，营造内涵丰富、特色鲜明的育人氛围；

8. 负责校园网、讲座论坛、宣传橱窗等载体和阵地的建设与管理，发挥宣传思想阵地在校园文化建设中的重要作用；

9. 负责组织设计学院校徽、校训、校歌并统一印制相关印刷品，塑造反映学院精神风貌的校风、教风和学风，统筹安排其他重要文化活动；

10. 负责学院品牌形象识别系统的建设与管理，会同对外合作部做好对内对外宣传工作，不断增强办学凝聚力，塑造和提升学院的品牌价值。

（五）党风廉政建设。

1. 协助学院党总支学习贯彻落实中央和上级党委、纪委关于党风廉政建设工作会议精神和文件精神，推动工作开展和落实；

2. 协助学院党总支建立健全党风廉政建设领导体制和工作机制，负责起草主体责任清单，组织签订责任书，督促落实“一岗双责”制度；

3. 负责督查落实请示报告制度，及时向上级党委和学院党总支报告党风廉政建设工作决策部署执行情况和重要工作开展情况；

4. 负责制定和落实学院领导干部廉政谈话、提醒谈话、诫勉谈话等制度，加强对党员干部的日常监督；

5. 负责学院党纪党规常态化宣传部教育，强化党员干部的规矩意识和纪律观念，加强和规范党内政治生活；

6. 负责监督依法依规办学治校，推进内控体系建设，营造风清气正的政治生态。

（六）组织工作。

1. 认真学习贯彻党的路线、方针、政策，结合学院实际提出组织工作计划及具体措施，经学院党总支审议批准后组织实施；

2. 负责学院党的基层组织建设，组织落实基层党建工作责任制；

3. 协助上级主管部门和衡职院党委做好院级领导班子民主评议和考核工作；

4. 协助学院党总支做好中层干部的选拔、任免、管理及后备干部的选拔、培养、使用工作；

5. 协助学院党总支制定干部队伍建设的有关文件和规章制度；

6. 会同对外合作部做好学院领导干部出国（境）手续的审查、报批工作；

7. 按照党管人才的工作方针，会同有关部门做好高层次人才队伍建设工作；

8. 负责学院党员教育培训、民主评议、评优表彰等工作；

9. 负责拟定学院党员发展规划和年度计划，协助学院党总支做好党员发展工作；

10. 负责学院党费收缴、管理和上缴及党员组织关系转接和外调等日常组织事务；

11. 负责学院党校工作，利用党校开展对党员领导干部、后备干部、中青年学术和管理骨干以及入党积极分子的教育培训；

12. 负责学院中层以上干部和党内统计工作；

13. 负责落实干部政策和知识分子政策，处理好党员、干部的申诉和来信来访。

（七）人事工作。

1. 负责学院机构设置和编制管理；

2. 负责学院人事管理规章制度的制（修）订和监督执行；

3. 负责学院岗位设置及教职工的转岗流动与调配工作；

4. 负责学院人才队伍建设规划的拟订和专业人员补充、调整与结构优化的组织实施；

5. 负责学院各类人才的引进及兼职人员的聘任管理；

6. 负责学院各类专业技术职务评审和推荐及教师资格认定工作；

7. 负责拟订学院教师国内外研修计划及选派工作方案；

8. 负责学院劳动合同及编制外用工计划制定、人员招聘与管理；

9. 负责学院军转干部和退役军人的接收及岗位安排；

10. 负责学院分配制度改革方案的拟定及组织实施；

11. 负责学院教职工薪酬和津贴补贴管理、福利政策拟定与实施、社会保险落实等工作；

12. 负责组织实施学院教职工年度考核及评优、奖惩和请销假管理工作；

13. 负责学院有关奖励及荣誉称号人选的组织选拔和推荐工作；

14. 负责学院技术工人的考工定级和技师评聘人选的推荐工作；

15. 负责学院教职工劳动能力鉴定、工伤认定、伤残等级鉴定工作；

16. 负责学院教职工退休、退职、返聘，丧葬费、抚恤金的审核及遗属困难补助的落实工作；

17. 负责学院人事信息系统的管理及信息资料的收集、统计和上报工作。

（八）法制工作。

1. 负责学院依法治校工作的统筹规划和综合协调；

2. 负责学院章程的修订组织和监督实施，保证学院办学行为符合法律法规的规定；

3. 负责学院普法宣传工作，组织举办法律知识培训和法制专题讲座，提高干部教工的法治思维和依法治校治教能力；

4. 加强依法治校有关重大问题的研究，提出对策和建议；

5. 负责协调学院的法律事务，牵头抓好学院的综合治理工作；

6. 负责学院各类事务的合法性、合规性审查，为建章立制、合同管理、重大事项决策等提供法律保障，规避法律风险；

7. 负责学院规章制度的拟定、修订、审查和清理的组织工作，建立健全学院内控管理体系；

8. 负责指导和考评学院各部门依法治校工作的开展和落实情况。

（九）统战工作。

1. 全面贯彻执行党的统战工作方针、政策，根据上级要求和学院党总支意见，拟订统战工作计划，推动各项工作开展；

2. 负责学院统战理论和方针政策的学习和宣传；

3. 负责学院统战对象的统计、登记工作；

4. 密切与学院党外人士、民主党派人员的联系，及时听取和反映他们的意见、建议和要求；

5. 负责学院党外人大代表、政协委员及有关团体党外人士的选拔、考察和推荐工作。

（十）保密工作。

1. 在学院党总支的领导下，贯彻执行国家保密法律法规和上级主管部门关于保密工作的决定和部署；

2. 负责拟订学院保密工作计划并组织落实；

3. 负责拟定和完善学院保密工作规章制度，确定院级保密要害部门、要害部位，明确涉密岗位、人员及职责；

4. 负责督促、检查、指导学院各部门的保密工作，及时研究和协调解决保密工作中的问题；

5. 负责学院重点涉密人员的教育管理，指导、协调保密工作人员的培训工作；

6. 按要求向学院党总支报告保密工作开展落实情况，对保密工作中的重要问题提出意见和建议。

（十一）工会工作。

1. 根据工会章程，按期组织召开工会会员或会员代表大会，组织贯彻执行大会决议，认真履行维护、建设、参与、教育四项基本职能；

2. 负责拟订学院工会年度工作计划，指导部门工会小组开展活动，发挥工会联系党和群众的桥梁纽带作用；

3. 结合工会工作特点，加强教职工的思想政治工作，不断深化社会主义核心价值观教育；

4. 围绕学院中心工作，组织开展合理化建议活动，引导教职工增强爱校爱岗意识；

5. 承担学院工会会员或会员代表大会工作机构的任务，会同有关部门做好学院工会的日常工作和提案工作；

6. 负责学院“职工之家”的建设与管理工作，办好教工活动中心，积极倡导健康、文明、科学的生活方式；

7. 根据有关法律法规和财务制度，负责收取、管理、使用工会经费，管理、维护好工会财产；

8. 组织学院教职工开展互助互济活动，对生活困难、生病住院的同志及时进行走访、慰问，维护女职工的特殊利益；

9. 参与调解教职工之间的纠纷，协调劳动关系，调解劳动争议，协助学院理事会协商解决涉及教职工的利益问题；

10. 做好重大节日教职工福利品的采购、发放工作。

（十二）妇联工作。

1. 贯彻落实党和国家有关保护妇女的政策、法律和法规，依法开展学院妇女工作；

2. 代表女教工参与学院的民主决策、民主管理、民主监督，反映女教工的意见、建议和要求，维护女教工的合法权益；

3. 团结和引导学院女教工发扬自尊、自信、自立、自强的时代精神，积极投身学院的改革和建设；

4. 组织开展“巾帼建功”活动，选树表彰优秀女教工，引导和激励女教工为学院发展建功立业；

5. 关心女教工的学习、工作、生活和身心健康，拓宽服务渠道，建设并发挥好服务平台的作用；

6. 加强妇女组织建设，做好女教工人才信息库工作，适时向学院党总支和上级妇联推荐优秀女性干部，促进女性人才成长；

7. 加强女大学生的思想教育，帮助和引导她们解决所面临的思想、学习、婚恋情感和就业创业等各种实际问题；

8. 负责与社会各界的联系，协调和推动社会各界为学院妇女工作开展营造良好的环境。

（十三）老干部工作。

1. 贯彻落实上级党委和政府关于退休工作的有关政策和规定，结合学院实际制定具体实施办法，落实退休人员的政治、生活待遇；

2. 加强退休人员的思想政治工作，组织退休人员代表参加上级部门、衡职院和学院安排的有关会议；

3. 负责退休人员数据档案管理，做好有关数据信息的统计、审核与上报工作；

4. 主动关心退休人员的生活和健康，定期开展走访谈心活动，帮助退休人员解决实际困难；

5. 负责学院退休人员活动中心的建设与管理，根据退休人员特点，组织开展丰富多彩的文化娱乐活动；

6. 积极拓展退休人员的服务项目，做好老年节、春节等重大节日及老同志生病、住院期间的慰问、服务活动；

7. 负责动员和组织退休人员参与学院关工委、教学督导等工作，引导他们为学院建设和发展发挥积极作用。

（十四）信息工作。

1. 针对学院工作重点、难点和热点问题，深入开展调查研究，收集各类有关信息，及时提出解决方案，为学院领导决策提供有价值的建议；

2. 负责编发各种信息简报、专报；

3. 负责协调落实各类信息公开工作；

4. 负责牵头做好学院综合性信息的统计及审核、上报工作。

（十五）文秘工作。

1. 负责学院党总支、理事会内收文和外收文的管理，做好各种文件的登录、传阅、会签和归档；

2. 负责学院党总支、理事会内发文和外发文的起草、核稿和印发工作，提高公文质量；

3. 负责起草和审改学院的重要文件和领导讲话，全面准确地贯彻学院的战略意图和决策意见；

4. 按照上级部门和学院发展规划，拟定学院的年度工作计划与工作总结、请示、报告等；

5. 负责学院党史、校史、大事记的日记月编及校志编纂工作；

6. 负责学院《教育年鉴》的组稿、编写及报送。

（十六）信访工作。

1. 贯彻执行党和国家关于信访工作的方针、政策；

2. 负责受理上级机关、学院领导交办的信访事项和师生员工及社会群众反映涉及本校的信访问题；

3. 负责协调、督办学院有关部门的信访工作及信访事项的承办处理与反馈情况；

4. 负责全面掌握学院信访工作中带有倾向性、苗头性、重复性的问题，对重要信访事项进行调查研究，及时向学院领导提出完善制度和改进工作的建议；

5. 及时处理突发事件和集体上访，向学院领导及上级机关报告重大、紧急信访事项；

6. 负责收集、整理信访案件资料，做好归档立卷工作。

（十七）档案工作。

1. 负责拟定学院档案事业建设与发展规划及档案工作规章制度，并负责监督实施；

2. 负责对学院各职能部门的档案立卷工作进行指导，集中统一管理学院党群、行政、教学、科研、人事、基本建设、财会等各类档案；

3. 负责学院档案资料的征集、接收、立卷、统计及保管和借阅，做好档案安全防护；

4. 负责编制各类案卷、专题、全引目录等检索工具，开发档案信息资源，为学院教学、科研、管理工作和师生服务；

5. 负责学院档案信息化建设，推进档案数字化管理，不断拓宽安全网络服务渠道；

6. 负责学院档案工作人员的业务培训，学习和采用新技术；

7. 利用档案资料开展多种形式的宣传教育活动，充分发挥档案的文化教育和育人功能。

（十八）机关日常管理。

1. 负责学院领导的秘书工作，协调安排院领导的公务活动和联系基层工作，保障院领导的工作重点和工作效率；

2. 负责学院党总支会议、理事会会议、院长办公会等重要会议的会务工作，包括议题收集、汇总、会议通知与记录、纪要起草与编发、督办会议决定决议的贯彻实施；

3. 负责组织、协调学院重要会议和重大活动，协同有关部门做好对外公务联络和接待工作，保障学院重点工作高效有序开展；

4. 负责督促和协调各个部门围绕学院中心任务开展工作，确保实现年度工作目标；

5. 负责学院党总支印章、学院印章、学院合同印章和党总支书记、理事长、法人代表名章的保管和使用、各职能部门办公用章的审核与刻制，以及作废印章的管理；

6. 负责办理学院《法人证书》及存管使用，撰写年度报告；

7. 负责学院放假安排，编制作息时间表，以及节假日值班的协调安排和组织实施；

8. 负责学院会议室、办公电话的统一管理。

（十九）完成学院党总支、理事会和院长交办的其他工作任务。

二、教学工作部

教学工作部是负责学院教学、科研、信息化建设与管理的职能部门。其基本职责是围绕学院中心工作负责内部质量保证体系建设、教学管理、科研管理、图书文献管理、网络与信息管理等。各模块主要职责如下：

（一）教学管理。

1. 负责组织制定和实施学院专业设置及调整计划、教学体制及教学改革；组织制定和实施各类教学文件和教学计划；

2. 负责组织全院的排课和教学资源的使用与调配，维持教学运行秩序；

3. 负责编制年度教学经费预算，拟定分配方案，监督审核经费的管理和使用情况；

4. 负责编制院历，编写教学进度表、课程任务总表和教师课程表以及教室、多媒体教室的使用调度；

5. 负责组织各项教学检查评估工作，规划和制定各项教学目标，实施教学督导并协调相关部门共同实施教学过程管理；

6. 负责规划和管理全院实验教学、教学实践，并负责教学实验实训室及校外实习基地的建设与管理；

7. 负责制定学院教材建设规划并监督实施，组织校本教材的立项、编写与审定；

8. 负责学院现代教育技术的推广应用、研究开发和运行管理；

9. 负责制订教师学历进修与业务培训计划、教学工作量的计算与审核、教学津贴编制核算、教师的教学考核与评优评先工作；

10. 负责组织和管理全院教研项目立项、教学成果评审，制定相关管理办法及制度；

11. 负责学院学籍管理，包括注册、休学、复学、退学及转专业、专升本、转学、成绩管理、毕业生学历证书等；

12. 统筹安排和组织实施学院考务工作，负责各种教学事故的认定，并提出处理建议；

13. 负责设计和组织实施“1+X 证书制度”等适应新时代人才培养需求的教学模式，制定和组织实施大学生文化素质教育计划；

14. 负责组织全院性教学竞赛，推荐优秀教师、学生（团队）参加省内外有关竞赛；

15. 负责管理在校学生及已毕业学生的学业记录与成绩公证；

16. 负责学院的教学统计和教学管理信息系统的建设与监管，做好教学文献资料的立卷归档工作。

（二）科研管理。

1. 负责拟定学院中长期科研发展规划和年度工作计划；

2. 负责拟定学院科研管理办法、规章制度并监督实施；

3. 负责发布科研项目信息，组织申报、预审、上报及过程管理；

4. 负责学院科技合作项目的洽谈对接与组织管理；

5. 负责组织开展学术交流、业务培训，为承担科研课题的团队和教师个人提供专业指导和管理服务；

6. 负责学院科技成果（包括专利）的预审、上报认定、奖励以及推广应用、转化和知识产权保护；

7. 负责面向社会开展科学普及、科技下乡、技术开发和技术服务等活动；

8. 负责上级业务部门各类科技数据信息的统计与填报工作；

9. 负责科研文献资料的建档与管理；

10. 负责学院科学技术协会秘书处的日常工作。

（三）图书文献管理。

1. 负责拟订学院图书文献资源建设计划，建立健全图书文献管理制度，科学安排和合理使用图书经费；

2. 负责学院图书文献的采集工作，注重收藏与专业建设密切相关、并能反映国内外最新科学技术成果的书刊资料和电子文献；

3. 负责学院书刊资料和电子文献资源的整理和管理工作，充分发挥文献资源的作用；

4. 根据学院教学、科研和师生课外阅读的需要，组织开展流通阅读和读者辅导工作；

5. 负责书刊资料的清点、剔旧工作，不断提高藏书质量；

6. 利用图书、期刊、资料、报纸、图片、声像、电子文献等各种信息载体，配合学院开展思想政治教育工作和校园文化建设；

7. 负责实施现代技术在图书阅览中的推广应用，不断提高图书管理和服务手段的现代化水平。

（四）网络与信息管理。

1. 负责学院人才培养状态数据的采集以及相关信息系统的规划和建设工作；

2. 负责学院数字化校园网站、邮件、域名等应用系统的日常管理与运行维护。

3. 负责学院 IP 地址的分配、服务器资源管理和使用；

4. 负责智慧校园云平台、核心数据库、数据共享交换平台的建设与管理，实现关键数据与业务的灾备；

5. 负责为学院管理和职能部门提供个性化的数据服务、数据分析、辅助决策，对学院整体运行状况提供基于数据的评估与分析；

6. 负责校园网整体架构的设计、规划与优化；

7. 负责学院核心网络、主干线路以及各类网络设备的运行维护管理；

8. 负责学院网络安全的建设与管理，有效监测与防范各类网络攻击，并对各类网络安全事件作出及时响应；

9. 负责学院网络用户的故障处理；

10. 负责软件资产和文档的管理。

（五）完成学院党总支、理事会和院长交办的其他工作任务。

三、学生工作部

学生工作部是学院负责学生教育、管理和服务工作的职能部门。其基本职责是围绕学院中心工作做好学生教育与管理、团委、招生、创新创业、就业、安全保卫等工作。各模块主要职责如下：

（一）学生教育与管理。

1. 负责学生思想政治教育、学风建设和行为规范教育；

2. 负责拟定学生工作规章制度并监督执行落实；

3. 负责制定学生工作计划并组织实施；

4. 负责学生信息统计工作；

5. 负责学生档案管理及转出、学生证发放与管理；

6. 负责协调组织新生入学、毕业生离校等相关工作；

7. 负责违纪学生处理，协调各系做好违纪学生的思想教育工作；

8. 协调各系做好学生意外伤害事故等突发事件的妥善处置；

9. 负责拟定辅导员管理办法并组织实施；

10. 负责指导学生会、团委会开展工作，抓好学生干部队伍建设；

11. 负责学生奖励体系建设、管理和组织实施；

12. 负责助学体系建设与管理，组织实施国家助学贷款、国家奖学金和助学金评定及发放、服兵役学费补偿等；

13. 负责学生心理健康教育与咨询工作；

14. 负责学生国防教育、军事训练，做好征兵工作；

15. 负责学生宿舍管理工作；

16. 负责办理学生的各类保险；

17. 协调各系做好接待、处理学生或家长的来信来访。

（二）团委工作。

1. 负责制定学院团委工作计划，并组织实施；

2. 负责学院共青团工作制度建设；

3. 负责学生社团组织的登记、注册、指导与管理；

4. 负责学院师生团员的注册、团费收缴、团组织关系接转；

5. 负责组织开展科技、文化、学术、体育等校园文化活动；

6. 负责组织开展学生社会实践和青年志愿者服务等活动；

7. 负责共青团思想宣传阵地建设和管理；

8. 负责健全各系团组织，指导团支部开展工作。

（三）招生工作。

1. 根据国家政策法规和学院发展规划，拟订学院招生工作计划，部署全院招生工作；

2. 负责编制学院招生简章、专业目录，并向社会公布；

3. 负责策划招生工作方案，组织开展招生宣传和咨询工作；

4. 负责单招考试的考务、命题、评卷、复试和录取等工作；

5. 负责招生团队建设与管理，带领团队完成招生计划任务；

6. 负责提供新生录取数据和分班数据；

7. 完成学院招生工作领导小组安排的其他工作任务。

（四）创新创业工作。

1. 负责学院大学生创业孵化基地的建设与管理；

2. 负责学生创新创业技能大赛的组织实施；

3. 负责创业项目的开发与引进；

4. 负责创业孵化基地入驻项目的评审与管理；

5. 负责学生创新创业培训工作。

（五）就业工作。

1. 负责做好国家高校毕业生就业政策的宣传、教育工作，引导学生树立正确的择业就业观念；

2. 负责做好毕业生就业咨询、心理培训和指导帮助工作；

3. 负责做好毕业生就业基地建设、就业推荐工作，保证毕业生就业率，促进毕业生更高质量和更充分就业；

4. 负责毕业生就业管理与服务工作，包括就业市场建设、毕业生派遣方案制订、毕业生及用人单位跟踪调查等；

5. 负责组织撰写毕业生就业质量报告，并对学院专业设置和学科专业建设提出建设性意见。

（六）保卫工作。

1. 负责拟定并组织落实学院各项治安及安全管理规章制度；

2. 负责学院法制、安全稳定和治安保卫工作的宣传教育；

3. 负责做好安全维稳动态信息调研工作，严防境内外敌对势力、非法宗教势力、民族分裂势力的渗透、煽动和破坏活动；

4. 负责落实校园社会治安综合治理责任制，维护校园及周边环境的治安秩序；

5. 负责做好应急处突工作，及时向公安机关报告校内发生的刑事、治安案件等，保护发案现场并协助公安机关开展侦查和处置工作；

6. 负责学院大型群体性活动的安全保障和学生集体外出活动的报批及备案工作；

7. 配合地方公安机关做好学院重点人员管控及在校务工、经商、从业的暂住人口和流动人口的管理；

8. 负责落实消防安全、实验室安全、食品卫生安全、交通安全和基建施工安全等管理责任制，做好监督与指导工作；

9. 负责拟定校园技防建设规划，组织实施技防设施建设及资产管理。

（七）完成学院党总支、理事会和院长交办的其他工作任务。

四、财务后勤部

财务后勤部是学院财务后勤保障服务工作的管理部门。其基本职责是围绕学院中心工作做好财务管理、资产管理、后勤服务、招投标、基本建设与维修、房屋地产管理、饮食服务管理、交通和医疗服务管理、爱国卫生、校园绿化等工作，为教学、科研和师生员工提供优质的服务保障。各模块主要职责如下：

（一）财务管理。

1. 根据国家有关财经法律法规、财务会计制度，拟定学院财务管理规章制度，规范涉及经济方面的办学行为；

2. 编制学院综合财务预算，科学配置资金资源；跟踪分析预算执行情况，合理调整预算方案；负责大额度资金使用决策的具体执行；

3. 负责学院各类办学资金的管理和核算；根据预算积极组织收入，监督各项收入的实现；合理控制和调节资金流向与流量，确保资金使用安全；

4. 对学院二级单位和独立核算单位的经济业务和会计核算进行指导、监督和检查，发现问题及时纠正，确保会计核算质量；

5. 负责学院对内对外财务关系的组织和协调工作；

6. 参与编制学院各项经济计划和远景发展规划，及时提供国家有关经济政策和财经动态信息；

7. 负责学院教职员工的工资、津贴和福利的发放工作；

8. 负责学院财务系统的维护和管理，保障财务信息安全；

9. 按规定做好财会档案资料的归档和保密工作。

（二）资产管理。

1. 贯彻落实国家国有资产管理、土地资源开发等相关政策与法规，结合学院实际建立健全规章制度，并负责组织实施；

2. 建立健全学院资产管理组织体系，实施科学有效的管理，确保资产保值、增值，重点防止国有资产流失；

3. 负责制定学院资产管理规划，统筹和科学配置、调整、管理教学科研、行政办公及师生生活所需土地、房产等资源；

4. 负责学院土地、房屋产权登记、备案管理及相关数据的统计、建档；

5. 负责学院资产台账及管理平台维护，监督学院办公家具等资产归口管理，组织实施资产清查、专项稽查和评估工作；

6. 负责学院校誉、商标权、著作权、土地使用权等无形资产的监督管理工作；

7. 负责学院在籍机动车辆的车籍管理、采购审核、调剂使用、处置备案等管理工作；

8. 负责学院公用房屋出租出借的论证、审核和报批（报备）、委托管理等工作；

9. 调查、研究土地及房地产市场行情，进行开发项目可行性论证，并根据学院决定，开展商业洽谈，做好项目的实施与管理工作。

（三）后勤服务。

1. 负责制定学院后勤服务和保障工作规划及年度计划，核定后勤运行经费预算；

2. 负责学院后勤服务质量标准的制定，并对承担后勤服务的服务实体和社会专业公司的服务质量进行监督、考核和评估；

3. 负责学院房屋修缮及基础设施维修与改造的计划编制、工程立项、需求预算提报，并组织实施；

4. 负责制定和实施资源、能源管理相关规章制度以及资源、能源使用和回收的监督管理工作，组织实施节能新产品的推广应用以及节水、节电等宣传工作；

5. 统筹校园绿化、美化、净化工作；

6. 负责学院爱国卫生运动委员会的日常工作，组织协调各委员单位共同履行爱国卫生工作职责；

7. 负责与工作范围内的上级主管部门和地方政府相关部门之间的协调，保持联络渠道畅通；

8. 发挥后勤服务保障、节能宣传教育等工作的育人载体功能，把握师生成长发展需要，提供靶向服务，增强供给能力。

（四）基建工作。

1. 根据学院安排，负责编制、管理和执行校园建设总体规划和五年基本建设计划，按主管部门要求编制和报送年度基本建设计划；

2. 负责学院建设项目的可行性和必要性研究，编制可行性研究报告，为学院提供决策依据；

3. 负责学院土地资产和国土红线管理，协调处理与基建项目相关的周边关系；

4. 负责办理学院建设项目报建及环保评估手续；

5. 负责学院建设项目的咨询、勘察、设计和设备及主要材料的招标采购管理；

6. 负责学院建设项目的估算、概算、预算和结算一审的造价管理，严格控制工程造价；

7. 负责学院建设项目的施工管理，确保工程质量和进度目标的实现；

8. 负责学院建设项目保修期内的质量保修和回访工作；

9. 负责学院基建项目的信息化建设和档案管理。

（五）餐饮工作。

1. 认真贯彻落实国家高校后勤改革的方针政策，稳妥实施学院伙食管理体制和运行机制改革，为学院改革、发展和稳定提供有力的餐饮服务保障；

2. 负责学院食堂各承包实体的运营监管，稳定饭菜价格，提高餐饮服务质量；

3. 加强规范管理，建立健全规章制度和岗位职责，不断提升食堂管理工作的制度化、规范化和标准化水平；

4. 督促承包实体深入做好炊管、炊事人员的政治思想工作，牢固树立为师生服务的工作理念，不断提高全体员工的业务素质；

5. 协调各承包实体加大资金投入力度，积极改善办伙条件和就餐环境；

6. 引导各承包实体树立经营管理新理念，实施品牌战略，努力做大做强，增强抵御市场风险的实力；

7. 认真做好综合治理工作，落实安全生产责任制，确保安全生产，杜绝食物中毒等事故的发生；

8. 加强与学生的联系和沟通，定期召开伙食民主管理会议，认真听取师生的意见和建议，及时改进和完善伙食管理和服务工作。

（六）医务工作。

1. 负责一般常见病的接诊治疗，视病情持续症状，及时提醒患者到正规医院进一步检查治疗；

2. 负责意外伤害的临时应急救护，对严重伤害事故应立即拨打 120 急救，同时采取临时性紧急救护措施；

3. 负责传染病防控制度的制定和落实，认真做好季节性、流行性传染病和新冠病毒的监测、预防和接种工作；发现流行病、传染病或新冠病毒患者，及时安排和实施隔离、消毒，有效防止病毒的传播和危害；

4. 负责学生卫生健康的宣传教育，制作卫生健康宣传板和发放宣传材料，组织开展传染病防控的宣传教育活动；

5. 负责学生查体及健康档案管理，按照有关要求，做好学生健康体检和特异体质学生排查工作，建立完备的学生健康档案；

6. 负责学院卫生室药品及器械的采购和管理，严格质量验收，确保药品、医疗器械质量合格、价格合理；对过期药物及时进行处置；

7. 负责学院大型群体性活动的医疗保障，按照学院要求，做好各类考试、比赛等重大活动期间的医疗值班工作；

8. 负责落实市教育局、市卫生局、市疾控中心等上级主管部门的工作部署和要求。

（七）完成学院党总支、理事会和院长交办的其他工作任务。

五、对外合作部

对外合作部是学院专门从事涉外工作的职能机构。其基本职责是围绕学院中心工作做好合作办学、国际交流等工作。各模块主要职责如下：

（一）校企合作。

1. 负责拟定学院产教融合、校企合作发展规划及实施计划和方案，并组织推进落实；

2. 负责策划、统筹管理学院校企合作工作，协调与合作企业对接中的有关业务；

3. 负责协调校外实习实训基地的建立和管理工作，积极探索政校企合作共建校外实习实训基地的新途径、新模式；

4. 负责学院兼职教师队伍建设，建立兼职教师库，协助各系聘请企业兼职教师，加强培训和管理，参与对企业兼职教师的教学评估；

5. 协助各系加强校中厂、厂中校等企业课堂建设，会同教学工作部协助各系解决实践教学过程中遇到的相关问题；

6. 深入企业开展调查研究，了解企业对校企合作育人工作的建议和意见；

7. 协助各系落实专业教师和学生赴合作企业挂职锻炼和顶岗实习的相关事宜；

8. 负责学院校企合作相关文件起草、会议召开及其他重要活动的安排组织；

9. 负责学院校企合作信息平台的建设及更新；

10. 负责学院校企合作信息、情报、文献等的搜集、整理、分析，就加强和改进校企合作工作提出建设性建议；

11. 制定学院校企合作工作考核评价指标体系，并负责组织开展检查、监督和考核工作；

12. 根据学院校企合作发展要求，拟定并实施校企合作联盟发展规划、实施计划和方案，负责联盟秘书处的日常工作。

（二）校校合作。

1. 负责学院校校合作发展规划的拟定和实施方案的策划；

2. 负责推进中高职衔接，协调解决招生考试与学制衔接、课程设置衔接、教学过程衔接、保障机制建设等具体问题；

3. 负责策划和推进产教融合联盟建设和集团化办学；

4. 加强与高水平本科院校的联系，会同教学工作部积极推进和开展专业建设、师资培训、课程开发、学术交流等方面的合作；

5. 负责成人高等教育合作办学，以校校合作为基础，贯通中高职教育和成人高等教育。

（三）国际合作。

1. 贯彻执行国家开放办学的方针、政策，督促落实学院领导有关涉外工作的批示和决定；

2. 负责拟定学院外事工作计划和制度规范，检查工作实施和执行落实情况；

3. 负责协调学院涉外事务，会签各部门涉外工作的请示报告；

4. 负责拓展对外交流渠道，开展调查研究，为学院国际化发展提供决策服务；

5. 负责承办学院领导出访、教师访学、学习培训和邀请国外人员来访的报批事宜；

6. 负责安排和协调组织来访外宾的接待工作；

7. 负责外事宣传教育和安全工作，配合有关部门检查外事纪律及保密制度的执行情况；

8. 协同有关部门审核重要涉外文稿；

9. 做好学院重要外事活动相关资料的收集和归档。

（四）完成学院党总支、理事会和院长交办的其他工作任务。

六、系部工作职责

学院下设航空工程系、轨道交通工程系、人工智能工程系、现代服务管理系、基础教学部五个教学系部。教学系部是承担教学、科研和学生工作任务的二级单位，其基本职责是在学院党总支、理事会和院长的领导下，围绕学院中心工作全面做好本部门党政工作。各模块主要职责如下：

（一）党支部工作。

1. 负责宣传、执行党的路线方针政策及学院各项决定，在教育教学工作中发挥政治核心和监督保证作用；

2. 负责落实全面从严治党主体责任，把政治标准和政治要求贯穿始终，全面提升党的建设质量；

3. 负责搞好自身建设，做好党员发展、教育管理和监督服务工作；

4. 加强人才队伍规划和建设，在教职工聘用、管理、考核、晋职晋级、评奖评优等工作中把好政治关、师德关，优化人才成长环境；

5. 负责做好本系部的思想政治工作，坚持用习近平新时代中国特色社会主义思想武装师生头脑，培育和践行社会主义核心价值观；

6. 负责组织实施意识形态工作责任制，在教学、科研管理中，坚持正确的政治立场、政治方向、政治原则，在课程建设、教材选用、学术活动等重大问题上发挥政治把关作用，管好各类宣传思想文化阵地；

7. 负责本系部安全工作，维护和谐稳定；

8. 负责领导本系部工会、共青团、学生会等群团组织，做好统战工作；

9. 完成学院党总支安排部署的其他工作。

（二）教学科研及其他工作。

1. 负责拟定本系部事业发展规划和年度工作计划、教学科研改革措施、年度经费预算方案、教学资源配置方案等，按规定程序获得学院批准后组织实施；

2. 负责本系部专业建设和学科建设，组织开展教育教学、科学研究和对外合作交流等活动；

3. 组织实施综合改革，创新教学科研管理体制机制和人才培养模式，提高人才培养质量；

4. 负责本系部师资队伍建设，培养、引进并合理使用人才，做好教职工聘用、管理、晋职晋级、评奖评优等工作；

5. 负责制定本系部内设机构的工作规则和管理办法，完善管理制度规范，提高管理服务效能；

6. 负责本系部学生的教育管理服务，做好学生学籍管理、思想政治教育、学风建设、纪律管理、奖励处分等工作；

7. 配合学生工作部做好招生、创新创业、毕业生就业等工作；

8. 负责学生安全教育和日常管理。

（三）完成学院党总支、理事会和院长交办的其他工作任务。

各职能部门、系部要站在学院发展大局的高度，不断加强教育教学效能建设，充分发挥本单位的职能作用。同时，在学院日常工作特别是重大活动中，加强协调，主动配合，增强合力，共同推进学院教育教学管理水平和办学效益的持续提升。

2021 年 9 月 1 日

第三部分

政策文献

引　言

本部分收录了党中央、国务院和一些地方政府关于鼓励和支持职业教育混合所有制发展的政策文件，以期为地方政府、职业院校和企业探索多元、开放、融合的办学新模式提供指导、参考和借鉴。

一、党中央、国务院关于鼓励发展混合所有制职业院校、健全多元办学格局的基本政策

1. 2014 年 6 月，国务院印发《关于加快发展现代职业教育的决定》，提出“探索发展股份制、混合所有制职业院校，允许以资本、知识、技术、管理等要素参与办学并享有相应权利”。

2. 2019 年 1 月，国务院印发《国家职业教育改革实施方案》，提出“支持和规范社会力量兴办职业教育培训，鼓励发展股份制、混合所有制等职业院校和各类职业培训机构”。

3. 2021 年 10 月，中共中央办公厅、国务院办公厅印发《关于推动现代职业教育高质量发展的意见》，提出“健全多元办学格局。构建政府统筹管理、行业企业积极举办、社会力量深度参与的多元办学格局。健全国有资产评估、产权流转、权益分配、干部人事管理等制度。鼓励上市公司、行业龙头企业举办职业教育，鼓励各类企业依法参与举办职业教育。鼓励职业学校与社会资本合作共建职业教育基础设施、实训基地，共建共享公共实训基地”。

二、地方政府关于推进职业院校混合所有制办学的实施方案和指导意见

1. 2019 年 2 月，河北省人民政府在全国率先推出《职业院校开展股份制混合所有制办学试点方案》，以《河北省职业教育改革发展实施方案》附件的形式下发实施。

2. 2020 年 9 月，山东省教育厅等 14 部门联合印发《关于推进职业院校混合所有制办学的指导意见（试行）》。

3. 2021 年 8 月，江西省 15 部门联合印发《关于推进职业院校混合所有制办学的指导意见（试行）》。

国务院关于加快发展现代职业教育的决定

国发〔2014〕19号

各省、自治区、直辖市人民政府，国务院各部委、各直属机构：

近年来，我国职业教育事业快速发展，体系建设稳步推进，培养培训了大批中高级技能型人才，为提高劳动者素质、推动经济社会发展和促进就业作出了重要贡献。同时也要看到，当前职业教育还不能完全适应经济社会发展的需要，结构不尽合理，质量有待提高，办学条件薄弱，体制机制不畅。加快发展现代职业教育，是党中央、国务院作出的重大战略部署，对于深入实施创新驱动发展战略，创造更大人才红利，加快转方式、调结构、促升级具有十分重要的意义。现就加快发展现代职业教育作出以下决定。

一、总体要求

（一）指导思想。以邓小平理论、"三个代表"重要思想、科学发展观为指导，坚持以立德树人为根本，以服务发展为宗旨，以促进就业为导向，适应技术进步和生产方式变革以及社会公共服务的需要，深化体制机制改革，统筹发挥好政府和市场的作用，加快现代职业教育体系建设，深化产教融合、校企合作，培养数以亿计的高素质劳动者和技术技能人才。

（二）基本原则。

政府推动、市场引导。发挥好政府保基本、促公平作用，着力营造制度环境、制定发展规划、改善基本办学条件、加强规范管理和监督指导等。充分发挥市场机制作用，引导社会力量参与办学，扩大优质教育资源，激发学校发展活力，促进职业教育与社会需求紧密对接。

加强统筹、分类指导。牢固确立职业教育在国家人才培养体系中的重要位置，统筹发展各级各类职业教育，坚持学校教育和职业培训并举。强化省级人民政府统筹和部门协调配合，加强行业部门对本部门、本行业职业教育的指导。推动公办与民办职业教育共同发展。

服务需求、就业导向。服务经济社会发展和人的全面发展，推动专业设置与产业需求对接，课程内容与职业标准对接，教学过程与生产过程对接，毕业证书与职业资格证书对接，职业教育与终身学习对接。重点提高青年就业能力。

产教融合、特色办学。同步规划职业教育与经济社会发展，协调推进人力资源开发与技术进步，推动教育教学改革与产业转型升级衔接配套。突出职业院校办学特色，强化校企协同育人。

系统培养、多样成才。推进中等和高等职业教育紧密衔接，发挥中等职业教育在发展现代职业教育中的基础性作用，发挥高等职业教育在优化高等教育结构中的重要作用。加强职业教育与普通教育沟通，为学生多样化选择、多路径成才搭建“立交桥”。

（三）目标任务。到2020年，形成适应发展需求、产教深度融合、中职高职衔接、职业教育与普通教育相互沟通，体现终身教育理念，具有中国特色、世界水平的现代职业教育体系。

结构规模更加合理。总体保持中等职业学校和普通高中招生规模大体相当，高等职业教育规模占高等教育的一半以上，总体教育结构更加合理。到2020年，中等职业教育在校生达到2350万人，专科层次职业教育在校生达到1480万人，接受本科层次职业教育的学生达到一定规模。从业人员继续教育达到3.5亿人次。

院校布局和专业设置更加适应经济社会需求。调整完善职业院校区域布局，科学合理设置专业，健全专业随产业发展动态调整的机制，重点提升面向现代农业、先进制造业、现代服务业、战略性新兴产业和社会管理、生态文明建设等领域的人才培养能力。

职业院校办学水平普遍提高。各类专业的人才培养水平大幅提升，办学条件明显改善，实训设备配置水平与技术进步要求更加适应，现代信息技术广泛应用。专兼结合的“双师型”教师队伍建设进展显著。建成一批世界一流的职业院校和骨干专业，形成具有国际竞争力的人才培养高地。

发展环境更加优化。现代职业教育制度基本建立，政策法规更加健全，相关标准更加科学规范，监管机制更加完善。引导和鼓励社会力量参与的政策更加健全。全社会人才观念显著改善，支持和参与职业教育的氛围更加浓厚。

二、加快构建现代职业教育体系

（四）巩固提高中等职业教育发展水平。各地要统筹做好中等职业学校和普通高中招生工作，落实好职普招生大体相当的要求，加快普及高中阶段教育。鼓励优质学校通过兼并、托管、合作办学等形式，整合办学资源，优化中等职业教育布局结构。推进县级职教中心等中等职业学校与城市院校、科研机构对口合作，实施学历教育、技术推广、扶贫开发、劳动力转移培训和社会生活教育。在保障学生技术技能培养质量的基础上，加强文化基础教育，实现就业有能力、升学有基础。有条件的普通高中要适当增加职业技术教育内容。

（五）创新发展高等职业教育。专科高等职业院校要密切产学研合作，培养服务区域发展的技术技能人才，重点服务企业特别是中小微企业的技术研发和产品升级，加强社区教育和终身学习服务。探索发展本科层次职业教育。建立以职业需求为导向、以实践能力培养为重点、以产学结合为途径的专业学位研究生培养模式。研究建立符合职业教育特点的学位制度。原则上中等职业学校不升格为或并入高等职业院校，专科高等职业院校不升格为或并入本科高等学校，形成定位清晰、科学合理的职业教育层次结构。

（六）引导普通本科高等学校转型发展。采取试点推动、示范引领等方式，引导一批普通本科高等学校向应用技术类型高等学校转型，重点举办本科职业教育。独立学院转设为独立设置高等学校时，鼓励其定位为应用技术类型高等学校。建立高等学校分类体系，实行分类管理，加快建立分类设置、评价、指导、拨款制度。招生、投入等政策措施向应用技术类型高等学校倾斜。

（七）完善职业教育人才多样化成长渠道。健全“文化素质+职业技能”、单独招生、综合评价招生和技能拔尖人才免试等考试招生办法，为学生接受不同层次高等职业教育提供多种机会。在学前教育、护理、健康服务、社区服务等领域，健全对初中毕业生实行中高职贯通培养的考试招生办法。适度提高专科高等职业院校招收中等职业学校毕业生的比例、本科高等学校招收职业院校毕业生的比例。逐步扩大高等职业院校招收有实践经历人员的比例。建立学分积累与转换制度，推进学习成果互认衔接。

（八）积极发展多种形式的继续教育。建立有利于全体劳动者接受职业教育和培训的灵活学习制度，服务全民学习、终身学习，推进学习型社会建设。面向未升学初高中毕业生、残疾人、失业人员等群体广泛开展职业教育和培训。推进农民继续教育工程，加强涉农专业、课程和教材建设，创新农学结合模式。推动一批县（市、区）在农村职业教育和成人教育改革发展方面发挥示范作用。利用职业院校资源广泛开展职工教育培训。重视培养军地两用人才。退役士兵接受职业教育和培训，按照国家有关规定享受优待。

三、激发职业教育办学活力

（九）**引导支持社会力量兴办职业教育。**创新民办职业教育办学模式，积极支持各类办学主体通过独资、合资、合作等多种形式举办民办职业教育；探索发展股份制、混合所有制职业院校，允许以资本、知识、技术、管理等要素参与办学并享有相应权利。探索公办和社会力量举办的职业院校相互委托管理和购买服务的机制。引导社会力量参与教学过程，共同开发课程和教材等教育资源。社会力量举办的职业院校与公办职业院校具有同等法律地位，依法享受相关教育、财税、土地、金融等政策。健全政府补贴、购买服务、助学贷款、基金奖励、捐资激励等制度，鼓励社会力量参与职业教育办学、管理和评价。

（十）**健全企业参与制度。**研究制定促进校企合作办学有关法规和激励政策，深化产教融合，鼓励行业和企业举办或参与举办职业教育，发挥企业重要办学主体作用。规模以上企业要有机构或人员组织实施职工教育培训、对接职业院校，设立学生实习和教师实践岗位。企业因接受实习生所实际发生的与取得收入有关的、合理的支出，按现行税收法律规定在计算应纳税所得额时扣除。多种形式支持企业建设兼具生产与教学功能的公共实训基地。对举办职业院校的企业，其办学符合职业教育发展规划要求的，各地可通过政府购买服务等方式给予支持。对职业院校自办的、以服务学生实习实训为主要目的的企业或经营活动，按照国家有关规定享受税收等优惠。支持企业通过校企合作共同培养培训人才，不断提升企业价值。企业开展职业教育的情况纳入企业社会责任报告。

（十一）**加强行业指导、评价和服务。**加强行业指导能力建设，分类制定行业指导政策。通过授权委托、购买服务等方式，把适宜行业组织承担的职责交给行业组织，给予政策支持并强化服务监管。行业组织要履行好发布行业人才需求、推进校企合作、参与指导教育教学、开展质量评价等职责，建立行业人力资源需求预测和就业状况定期发布制度。

（十二）**完善现代职业学校制度。**扩大职业院校在专业设置和调整、人事管理、教师评聘、收入分配等方面的办学自主权。职业院校要依法制定体现职业教育特色的章程和制度，完善治理结构，提升治理能力。建立学校、行业、企业、社区等共同参与的学校理事会或董事会。制定校长任职资格标准，推进校长聘任制改革和公开选拔试点。坚持和完善中等职业学校校长负责制、公办高等职业院校党委领导下的校长负责制。建立企业经营管理和技术人员与学校领导、骨干教师相互兼职制度。完善体现职业院校办学和管理特点的绩效考核内部分配机制。

（十三）鼓励多元主体组建职业教育集团。研究制定院校、行业、企业、科研机构、社会组织等共同组建职业教育集团的支持政策，发挥职业教育集团在促进教育链和产业链有机融合中的重要作用。鼓励中央企业和行业龙头企业牵头组建职业教育集团。探索组建覆盖全产业链的职业教育集团。健全联席会、董事会、理事会等治理结构和决策机制。开展多元投资主体依法共建职业教育集团的改革试点。

（十四）强化职业教育的技术技能积累作用。制定多方参与的支持政策，推动政府、学校、行业、企业联动，促进技术技能的积累与创新。推动职业院校与行业企业共建技术工艺和产品开发中心、实验实训平台、技能大师工作室等，成为国家技术技能积累与创新的重要载体。职业院校教师和学生拥有知识产权的技术开发、产品设计等成果，可依法依规在企业作价入股。

四、提高人才培养质量

（十五）推进人才培养模式创新。坚持校企合作、工学结合，强化教学、学习、实训相融合的教育教学活动。推行项目教学、案例教学、工作过程导向教学等教学模式。加大实习实训在教学中的比重，创新顶岗实习形式，强化以育人为目标的实习实训考核评价。健全学生实习责任保险制度。积极推进学历证书和职业资格证书“双证书”制度。开展校企联合招生、联合培养的现代学徒制试点，完善支持政策，推进校企一体化育人。开展职业技能竞赛。

（十六）建立健全课程衔接体系。适应经济发展、产业升级和技术进步需要，建立专业教学标准和职业标准联动开发机制。推进专业设置、专业课程内容与职业标准相衔接，推进中等和高等职业教育培养目标、专业设置、教学过程等方面的衔接，形成对接紧密、特色鲜明、动态调整的职业教育课程体系。全面实施素质教育，科学合理设置课程，将职业道德、人文素养教育贯穿培养全过程。

（十七）建设“双师型”教师队伍。完善教师资格标准，实施教师专业标准。健全教师专业技术职务（职称）评聘办法，探索在职业学校设置正高级教师职务（职称）。加强校长培训，实行五年一周期的教师全员培训制度。落实教师企业实践制度。政府要支持学校按照有关规定自主聘请兼职教师。完善企业工程技术人员、高技能人才到职业院校担任专兼职教师的相关政策，兼职教师任教情况应作为其业绩考核评价的重要内容。加强职业技术师范院校建设。推进高水平学校和大中型企业共建“双师型”教师培养培训基地。地方政府要比照普通高中和高等学校，根据职业教育特点核定公办职业院校教职工编制。加强职业教育科研教研队伍建设，提高科研能力和教学研究水平。

（十八）**提高信息化水平。**构建利用信息化手段扩大优质教育资源覆盖面的有效机制，推进职业教育资源跨区域、跨行业共建共享，逐步实现所有专业的优质数字教育资源全覆盖。支持与专业课程配套的虚拟仿真实训系统开发与应用。推广教学过程与生产过程实时互动的远程教学。加快信息化管理平台建设，加强现代信息技术应用能力培训，将现代信息技术应用能力作为教师评聘考核的重要依据。

（十九）**加强国际交流与合作。**完善中外合作机制，支持职业院校引进国（境）外高水平专家和优质教育资源，鼓励中外职业院校教师互派、学生互换。实施中外职业院校合作办学项目，探索和规范职业院校到国（境）外办学。推动与中国企业和产品“走出去”相配套的职业教育发展模式，注重培养符合中国企业海外生产经营需求的本土化人才。积极参与制定职业教育国际标准，开发与国际先进标准对接的专业标准和课程体系。提升全国职业院校技能大赛国际影响。

五、提升发展保障水平

（二十）**完善经费稳定投入机制。**各级人民政府要建立与办学规模和培养要求相适应的财政投入制度，地方人民政府要依法制定并落实职业院校生均经费标准或公用经费标准，改善职业院校基本办学条件。地方教育附加费用于职业教育的比例不低于30%。加大地方人民政府经费统筹力度，发挥好企业职工教育培训经费以及就业经费、扶贫和移民安置资金等各类资金在职业培训中的作用，提高资金使用效益。县级以上人民政府要建立职业教育经费绩效评价制度、审计监督公告制度、预决算公开制度。

（二十一）**健全社会力量投入的激励政策。**鼓励社会力量捐资、出资兴办职业教育，拓宽办学筹资渠道。通过公益性社会团体或者县级以上人民政府及其部门向职业院校进行捐赠的，其捐赠按照现行税收法律规定在税前扣除。完善财政贴息贷款等政策，健全民办职业院校融资机制。企业要依法履行职工教育培训和足额提取教育培训经费的责任，一般企业按照职工工资总额的1.5%足额提取教育培训经费，从业人员技能要求高、实训耗材多、培训任务重、经济效益较好的企业可按2.5%提取，其中用于一线职工教育培训的比例不低于60%。除国务院财政、税务主管部门另有规定外，企业发生的职工教育经费支出，不超过工资薪金总额 2.5%的部分，准予扣除；超过部分，准予在以后纳税年度结转扣除。对不按规定提取和使用教育培训经费并拒不改正的企业，由县级以上地方人民政府依法收取企业应当承担的职业教育经费，统筹用于本地区的职业教育。探索利用国（境）外资金发展职业教育的途径和机制。

（二十二）**加强基础能力建设。**分类制定中等职业学校、高等职业院校办学标准，到 2020 年实现基本达标。在整合现有项目的基础上实施现代职业教育质量提升计划，推动各地建立完善以促进改革和提高绩效为导向的高等职业院校生均拨款制度，引导高等职业院校深化办学机制和教育教学改革；重点支持中等职业学校改善基本办学条件，开发优质教学资源，提高教师素质；推动建立发达地区和欠发达地区中等职业教育合作办学工作机制。继续实施中等职业教育基础能力建设项目。支持一批本科高等学校转型发展为应用技术类型高等学校。地方人民政府、相关行业部门和大型企业要切实加强所办职业院校基础能力建设，支持一批职业院校争创国际先进水平。

（二十三）**完善资助政策体系。**进一步健全公平公正、多元投入、规范高效的职业教育国家资助政策。逐步建立职业院校助学金覆盖面和补助标准动态调整机制，加大对农林水地矿油核等专业学生的助学力度。有计划地支持集中连片特殊困难地区内限制开发和禁止开发区初中毕业生到省（区、市）内外经济较发达地区接受职业教育。完善面向农民、农村转移劳动力、在职职工、失业人员、残疾人、退役士兵等接受职业教育和培训的资助补贴政策，积极推行以直补个人为主的支付办法。有关部门和职业院校要切实加强资金管理，严查“双重学籍”“虚假学籍”等问题，确保资助资金有效使用。

（二十四）**加大对农村和贫困地区职业教育支持力度。**服务国家粮食安全保障体系建设，积极发展现代农业职业教育，建立公益性农民培养培训制度，大力培养新型职业农民。在人口集中和产业发展需要的贫困地区建好一批中等职业学校。国家制定奖补政策，支持东部地区职业院校扩大面向中西部地区的招生规模，深化专业建设、课程开发、资源共享、学校管理等合作。加强民族地区职业教育，改善民族地区职业院校办学条件，继续办好内地西藏、新疆中职班，建设一批民族文化传承创新示范专业点。

（二十五）**健全就业和用人的保障政策。**认真执行就业准入制度，对从事涉及公共安全、人身健康、生命财产安全等特殊工种的劳动者，必须从取得相应学历证书或职业培训合格证书并获得相应职业资格证书的人员中录用。支持在符合条件的职业院校设立职业技能鉴定所（站），完善职业院校合格毕业生取得相应职业资格证书的办法。各级人民政府要创造平等就业环境，消除城乡、行业、身份、性别等一切影响平等就业的制度障碍和就业歧视；党政机关和企事业单位招用人员不得歧视职业院校毕业生。结合深化收入分配制度改革，促进企业提高技能人才收入水平。鼓励企业建立高技能人才技能职务津贴和特殊岗位津贴制度。

六、加强组织领导

（二十六）落实政府职责。完善分级管理、地方为主、政府统筹、社会参与的管理体制。国务院相关部门要有效运用总体规划、政策引导等手段以及税收金融、财政转移支付等杠杆，加强对职业教育发展的统筹协调和分类指导；地方政府要切实承担主要责任，结合本地实际推进职业教育改革发展，探索解决职业教育发展的难点问题。要加快政府职能转变，减少部门职责交叉和分散，减少对学校教育教学具体事务的干预。充分发挥职业教育工作部门联席会议制度的作用，形成工作合力。

（二十七）强化督导评估。教育督导部门要完善督导评估办法，加强对政府及有关部门履行发展职业教育职责的督导；要落实督导报告公布制度，将督导报告作为对被督导单位及其主要负责人考核奖惩的重要依据。完善职业教育质量评价制度，定期开展职业院校办学水平和专业教学情况评估，实施职业教育质量年度报告制度。注重发挥行业、用人单位作用，积极支持第三方机构开展评估。

（二十八）营造良好环境。推动加快修订职业教育法。按照国家有关规定，研究完善职业教育先进单位和先进个人表彰奖励制度。落实好职业教育科研和教学成果奖励制度，用优秀成果引领职业教育改革创新。研究设立职业教育活动周。大力宣传高素质劳动者和技术技能人才的先进事迹和重要贡献，引导全社会确立尊重劳动、尊重知识、尊重技术、尊重创新的观念，促进形成“崇尚一技之长、不唯学历凭能力”的社会氛围，提高职业教育社会影响力和吸引力。

国务院

2014 年 5 月 2 日

国务院关于印发国家职业教育改革实施方案的通知

国发〔2019〕4号

各省、自治区、直辖市人民政府，国务院各部委、各直属机构：

现将《国家职业教育改革实施方案》印发给你们，请认真贯彻执行。

国务院

2019年1月24日

国家职业教育改革实施方案

职业教育与普通教育是两种不同教育类型，具有同等重要地位。改革开放以来，职业教育为我国经济社会发展提供了有力的人才和智力支撑，现代职业教育体系框架全面建成，服务经济社会发展能力和社会吸引力不断增强，具备了基本实现现代化的诸多有利条件和良好工作基础。随着我国进入新的发展阶段，产业升级和经济结构调整不断加快，各行各业对技术技能人才的需求越来越紧迫，职业教育重要地位和作用越来越凸显。但是，与发达国家相比，与建设现代化经济体系、建设教育强国的要求相比，我国职业教育还存在着体系建设不够完善、职业技能实训基地建设有待加强、制度标准不够健全、企业参与办学的动力不足、有利于技术技能人才成长的配套政策尚待完善、办学和人才培养质量水平参差不齐等问题，到了必须下大力气抓好的时候。没有职业教育现代化就没有教育现代化。为贯彻全国教育大会精神，进一步办好新时代职业教育，落实《中华人民共和国职业教育法》，制定本实施方案。

总体要求与目标：坚持以习近平新时代中国特色社会主义思想为指导，把职业教育摆在教育改革创新和经济社会发展中更加突出的位置。牢固树立新发展理念，服务建设现代化经济体系和实现更高质量更充分就业需要，对接科技发展趋势和市场需求，完善职业教育和培训体系，优化学校、专业布局，深化办学体制改革和育人机制改革，以促进就业和适应产业发展需求为导向，鼓励和支持社会各界特别是企业积极支持职业教育，着力培养高素质劳动者和技术技能人才。经过5~10年左右时间，职业教育基本完成由政府举办为主向政府统筹管理、社会多元办学的格局转变，由追求规模扩张向提高质量转变，由参照普通教育办学模式向企业社会参与、专业特色鲜明的类型教育转变，大幅提升新时代职业教育现代化水平，为促进经济社会发展和提高国家竞争力提供优质人才资源支撑。

具体指标：到2022年，职业院校教学条件基本达标，一大批普通本科高等学校向应用型转变，建设50所高水平高等职业学校和150个骨干专业（群）。建成覆盖大部分行业领域、具有国际先进水平的中国职业教育标准体系。企业参与职业教育的积极性有较大提升，培育数以万计的产教融合型企业，打造一批优秀职业教育培训评价组织，推动建设300个具有辐射引领作用的高水平专业化产教融合实训基地。职业院校实践性教学课时原则上占总课时一半以上顶岗实习时间一般为6个月。“双师型”教师（同时具备理论教学和实践教学能力的教师）占专业课教师总数超过一半，分专业建设一批国家级职业教育教师教学创新团队。从2019年开始，在职业院校、应用型本科高校启动“学历证书+若干职业技能等级证书”制度试点（以下称1+X证书制度试点）工作。

一、完善国家职业教育制度体系

（一）健全国家职业教育制度框架。

把握好正确的改革方向，按照“管好两端、规范中间、书证融通、办学多元”的原则，严把教学标准和毕业学生质量标准两个关口。将标准化建设作为统领职业教育发展的突破口，完善职业教育体系，为服务现代制造业、现代服务业、现代农业发展和职业教育现代化提供制度保障与人才支持。建立健全学校设置、师资队伍、教学教材、信息化建设、安全设施等办学标准，引领职业教育服务发展、促进就业创业。落实好立德树人根本任务，健全德技并修、工学结合的育人机制，完善评价机制，规范人才培养全过程。深化产教融合、校企合作，育训结合，健全多元化办学格局，推动企业深度参与协同育人，扶持鼓励企业和社会力量参与举办各类职业教育。推进资历框架建设，探索实现学历证书和职业技能等级证书互通衔接。

（二）提高中等职业教育发展水平。

优化教育结构，把发展中等职业教育作为普及高中阶段教育和建设中国特色职业教育体系的重要基础，保持高中阶段教育职普比大体相当，使绝大多数城乡新增劳动力接受高中阶段教育。改善中等职业学校基本办学条件。加强省级统筹，建好办好一批县域职教中心，重点支持集中连片特困地区每个地（市、州、盟）原则上至少建设一所符合当地经济社会发展和技术技能人才培养需要的中等职业学校。指导各地优化中等职业学校布局结构，科学配置并做大做强职业教育资源。加大对民族地区、贫困地区和残疾人职业教育的政策、金融支持力度，落实职业教育东西协作行动计划，办好内地少数民族中职班。完善招生机制，建立中等职业学校和普通高中统一招生平台，精准服务区域发展需求。积极招收初高中毕业未升学学生、退役军人、退役运动员、下岗职工、返乡农民工等接受中等职业教育；服务乡村振兴战略，为广大农村培养以新型职业农民为主体的农村实用人才。发挥中等职业学校作用，帮助部分学业困难学生按规定在职业学校完成义务教育，并接受部分职业技能学习。

鼓励中等职业学校联合中小学开展劳动和职业启蒙教育，将动手实践内容纳入中小学相关课程和学生综合素质评价。

（三）推进高等职业教育高质量发展。

把发展高等职业教育作为优化高等教育结构和培养大国工匠、能工巧匠的重要方式，使城乡新增劳动力更多接受高等教育。高等职业学校要培养服务区域发展的高素质技术技能人才，重点服务企业特别是中小微企业的技术研发和产品升级，加强社区教育和终身学习服务。建立“职教高考”制度，完善“文化素质+职业技能”的考试招生办法，提高生源质量，为学生接受高等职业教育提供多种入学方式和学习方式。在学前教育、护理、养老服务、健康服务、现代服务业等领域，扩大对初中毕业生实行中高职贯通培养的招生规模。启动实施中国特色高水平高等职业学校和专业建设计划，建设一批引领改革、支撑发展、中国特色、世界水平的高等职业学校和骨干专业（群）。根据高等学校设置制度规定，将符合条件的技师学院纳入高等学校序列。

（四）完善高层次应用型人才培养体系。

完善学历教育与培训并重的现代职业教育体系，畅通技术技能人才成长渠道。发展以职业需求为导向、以实践能力培养为重点、以产学研用结合为途径的专业学位研究生培养模式，加强专业学位硕士研究生培养。推动具备条件的普通本科高校向应用型转变，鼓励有条件的普通高校开办应用技术类型专业或课程。开展本科层次职业教育试点。制定中国技能大赛、全国职业院校技能大赛、世界技能大赛获奖选手等免试入学政策，探索长学制培养高端技术技能人才。服务军民融合发展，把军队相关的职业教育纳入国家职业教育大体系，共同做好面向现役军人的教育培训，支持其在服役期间取得多类职业技能等级证书，提升技术技能水平。落实好定向培养直招士官政策，推动地方院校与军队院校有效对接，推动优质职业教育资源向军事人才培养开放，建立军地网络教育资源共享机制。制订具体政策办法，支持适合的退役军人进入职业院校和普通本科高校接受教育和培训，鼓励支持设立退役军人教育培训集团（联盟），推动退役、培训、就业有机衔接，为促进退役军人特别是退役士兵就业创业作出贡献。

二、构建职业教育国家标准

（五）完善教育教学相关标准。

发挥标准在职业教育质量提升中的基础性作用。按照专业设置与产业需求对接、课程内容与职业标准对接、教学过程与生产过程对接的要求，完善中等、高等职业学校设置标准，规范职业院校设置；实施教师和校长专业标准，提升职业院校教学管理和教学实践能力。持续更新并推进专业目录、专业教学标准、课程标准、顶岗实习标准、实训条件建设标准（仪器设备配备规范）建设和在职业院校落地实施。巩固和发展国务院教育行政部门联合行业制定国家教学标准、职业院校依据标准自主制订人才培养方案的工作格局。

（六）启动 1+X 证书制度试点工作。

深化复合型技术技能人才培养培训模式改革，借鉴国际职业教育培训普遍做法，制订工作方案和具体管理办法，启动 1+X 证书制度试点工作。试点工作要进一步发挥好学历证书作用，夯实学生可持续发展基础，鼓励职业院校学生在获得学历证书的同时，积极取得多类职业技能等级证书，拓展就业创业本领，缓解结构性就业矛盾。国务院人力资源社会保障行政部门、教育行政部门在职责范围内，分别负责管理监督考核院校外、院校内职业技能等级证书的实施（技工院校内由人力资源社会保障行政部门负责），国务院人力资源社会保障行政部门组织制定职业标准，国务院教育行政部门依照职业标准牵头组织开发教学等相关标准。院校内培训可面向社会人群，院校外培训也可面向在校学生。各类职业技能等级证书具有同等效力，持有证书人员享受同等待遇。院校内实施的职业技能等级证书分为初级、中级、高级，是职业技能水平的凭证，反映职业活动和个人职业生涯发展所需要的综合能力。

（七）开展高质量职业培训。

落实职业院校实施学历教育与培训并举的法定职责，按照育训结合、长短结合、内外结合的要求，面向在校学生和全体社会成员开展职业培训。自 2019 年开始，围绕现代农业、先进制造业、现代服务业、战略性新兴产业，推动职业院校在 10 个左右技术技能人才紧缺领域大力开展职业培训。引导行业企业深度参与技术技能人才培养培训，促进职业院校加强专业建设、深化课程改革、增强实训内容、提高师资水平，全面提升教育教学质量。各级政府要积极支持职业培训，行政部门要简政放权并履行好监管职责，相关下属机构要优化服务，对于违规收取费用的要严肃处理。畅通技术技能人才职业发展通道，鼓励其持续获得适应经济社会发展需要的职业培训证书，引导和支持企业等用人单位落实相关待遇。对取得职业技能等级证书的离校未就业高校毕业生，按规定落实职业培训补贴政策。

（八）实现学习成果的认定、积累和转换。

加快推进职业教育国家“学分银行”建设，从 2019 年开始，探索建立职业教育个人学习账号，实现学习成果可追溯、可查询、可转换。有序开展学历证书和职业技能等级证书所体现的学习成果的认定、积累和转换，为技术技能人才持续成长拓宽通道。职业院校对取得若干职业技能等级证书的社会成员，支持其根据证书等级和类别免修部分课程，在完成规定内容学习后依法依规取得学历证书。对接受职业院校学历教育并取得毕业证书的学生，在参加相应的职业技能等级证书考试时，可免试部分内容。从 2019 年起，在有条件的地区和高校探索实施试点工作，制定符合国情的国家资历框架。

三、促进产教融合校企“双元”育人

（九）坚持知行合一、工学结合。

借鉴“双元制”等模式，总结现代学徒制和企业新型学徒制试点经验，校企共同研究制定人才培养方案，及时将新技术、新工艺、新规范纳入教学标准和教学内容，强化学生实习实训。健全专业设置定期评估机制，强化地方引导本区域职业院校优化专业设置的职责，原则上每 5 年修订 1 次职业院校专业目录，学校依据目录灵活自主设置专业，每年调整 1 次专业。健全专业教学资源库，建立共建共享平台的资源认证标准和交易机制，进一步扩大优质资源覆盖面。遴选认定一大批职业教育在线精品课程，建设一大批校企“双元”合作开发的国家规划教材，倡导使用新型活页式、工作手册式教材并配套开发信息化资源。每 3 年修订 1 次教材，其中专业教材随信息技术发展和产业升级情况及时动态更新。适应“互联网+职业教育”发展需求，运用现代信息技术改进教学方式方法，推进虚拟工厂等网络学习空间建设和普遍应用。

（十）推动校企全面加强深度合作。

职业院校应当根据自身特点和人才培养需要，主动与具备条件的企业在人才培养、技术创新、就业创业、社会服务、文化传承等方面开展合作。学校积极为企业提供所需的课程、师资等资源，企业应当依法履行实施职业教育的义务，利用资本、技术、知识、设施、设备和管理等要素参与校企合作，促进人力资源开发。校企合作中，学校可从中获得智力、专利、教育、劳务等报酬，具体分配由学校按规定自行处理。在开展国家产教融合建设试点基础上，建立产教融合型企业认证制度，对进入目录的产教融合型企业给予“金融+财政+土地+信用”的组合式激励，并按规定落实相关税收政策。试点企业兴办职业教育的投资符合条件的，可按投资额一定比例抵免该企业当年应缴教育费附加和地方教育附加。厚植企业承担职业教育责任的社会环境，推动职业院校和行业企业形成命运共同体。

（十一）打造一批高水平实训基地。

加大政策引导力度，充分调动各方面深化职业教育改革创新的积极性，带动各级政府、企业和职业院校建设一批资源共享，集实践教学、社会培训、企业真实生产和社会技术服务于一体的高水平职业教育实训基地。面向先进制造业等技术技能人才紧缺领域，统筹多种资源，建设若干具有辐射引领作用的高水平专业化产教融合实训基地，推动开放共享，辐射区域内学校和企业；鼓励职业院校建设或校企共建一批校内实训基地，提升重点专业建设和校企合作育人水平。积极吸引企业和社会力量参与，指导各地各校借鉴德国、日本、瑞士等国家经验，探索创新实训基地运营模式。提高实训基地规划、管理水平，为社会公众、职业院校在校生取得职业技能等级证书和企业提升人力资源水平提供有力支撑。

（十二）多措并举打造“双师型”教师队伍。

从 2019 年起，职业院校、应用型本科高校相关专业教师原则上从具有 3 年以上企业工作经历并具有高职以上学历的人员中公开招聘，特殊高技能人才（含具有高级工以上职业资格人员）可适当放宽学历要求，2020 年起基本不再从应届毕业生中招聘。加强职业技术师范院校建设，优化结构布局，引导一批高水平工科学校举办职业技术师范教育。实施职业院校教师素质提高计划，建立100个“双师型”教师培养培训基地，职业院校、应用型本科高校教师每年至少1个月在企业或实训基地实训，落实教师5年一周期的全员轮训制度。探索组建高水平、结构化教师教学创新团队，教师分工协作进行模块化教学。定期组织选派职业院校专业骨干教师赴国外研修访学。在职业院校实行高层次、高技能人才以直接考察的方式公开招聘。建立健全职业院校自主聘任兼职教师的办法，推动企业工程技术人员、高技能人才和职业院校教师双向流动。职业院校通过校企合作、技术服务、社会培训、自办企业等所得收入，可按一定比例作为绩效工资来源。

四、建设多元办学格局

（十三）推动企业和社会力量举办高质量职业教育。

各级政府部门要深化“放管服”改革，加快推进职能转变，由注重“办”职业教育向“管理与服务”过渡。政府主要负责规划战略、制定政策、依法依规监管。发挥企业重要办学主体作用，鼓励有条件的企业特别是大企业举办高质量职业教育，各级人民政府可按规定给予适当支持。完善企业经营管理和技术人员与学校领导、骨干教师相互兼职兼薪制度。2020年初步建成300个示范性职业教育集团（联盟），带动中小企业参与。支持和规范社会力量兴办职业教育培训，鼓励发展股份制、混合所有制等职业院校和各类职业培训机构。建立公开透明规范的民办职业教育准入、审批制度，探索民办职业教育负面清单制度，建立健全退出机制。

（十四）做优职业教育培训评价组织。

职业教育包括职业学校教育和职业培训，职业院校和应用型本科高校按照国家教学标准和规定职责完成教学任务和职业技能人才培养。同时，也必须调动社会力量，补充校园不足，助力校园办学。能够依据国家有关法规和职业标准、教学标准完成的职业技能培训，要更多通过职业教育培训评价组织（以下简称培训评价组织）等参与实施。政府通过放宽准入，严格末端监督执法，严格控制数量，扶优、扶大、扶强，保证培训质量和学生能力水平。要按照在已成熟的品牌中遴选一批、在成长中的品牌中培育一批、在有需要但还没有建立项目的领域中规划一批的原则，以社会化机制公开招募并择优遴选培训评价组织，优先从制订过国家职业标准并完成标准教材编写，具有专家、师资团队、资金实力和5年以上优秀培训业绩的机构中选择。培训评价组织应对接职业标准，与国际先进标准接轨，按有关规定开发职业技能等级标准，负责实施职业技能考核、评价和证书发放。政府部门要加强监管，防止出现乱培训、滥发证现象。行业协会要积极配合政府，为培训评价组织提供好服务环境支持，不得以任何方式收取费用或干预企业办学行为。

五、完善技术技能人才保障政策

（十五）提高技术技能人才待遇水平。

支持技术技能人才凭技能提升待遇，鼓励企业职务职级晋升和工资分配向关键岗位、生产一线岗位和紧缺急需的高层次、高技能人才倾斜。建立国家技术技能大师库，鼓励技术技能大师建立大师工作室，并按规定给予政策和资金支持，支持技术技能大师到职业院校担任兼职教师，参与国家重大工程项目联合攻关。积极推动职业院校毕业生在落户、就业、参加机关事业单位招聘、职称评审、职级晋升等方面与普通高校毕业生享受同等待遇。逐步提高技术技能人才特别是技术工人收入水平和地位。机关和企事业单位招用人员不得歧视职业院校毕业生。国务院人力资源社会保障行政部门会同有关部门，适时组织清理调整对技术技能人才的歧视政策，推动形成人人皆可成才、人人尽展其才的良好环境。按照国家有关规定加大对职业院校参加有关技能大赛成绩突出毕业生的表彰奖励力度。办好职业教育活动周和世界青年技能日宣传活动，深入开展“大国工匠进校园”“劳模进校园”“优秀职校生校园分享”等活动，宣传展示大国工匠、能工巧匠和高素质劳动者的事迹和形象，培育和传承好工匠精神。

（十六）健全经费投入机制。

各级政府要建立与办学规模、培养成本、办学质量等相适应的财政投入制度，地方政府要按规定制定并落实职业院校生均经费标准或公用经费标准。在保障教育合理投入的同时，优化教育支出结构，新增教育经费要向职业教育倾斜。鼓励社会力量捐资、出资兴办职业教育，拓宽办学筹资渠道。进一步完善中等职业学校生均拨款制度，各地中等职业学校生均财政拨款水平可适当高于当地普通高中。各地在继续巩固落实好高等职业教育生均财政拨款水平达到 12000 元的基础上，根据发展需要和财力可能逐步提高拨款水平。组织实施好现代职业教育质量提升计划、产教融合工程等。经费投入要进一步突出改革导向，支持校企合作，注重向中西部、贫困地区和民族地区倾斜。进一步扩大职业院校助学金覆盖面，完善补助标准动态调整机制，落实对建档立卡等家庭经济困难学生的倾斜政策，健全职业教育奖学金制度。

六、加强职业教育办学质量督导评价

（十七）建立健全职业教育质量评价和督导评估制度。

以学习者的职业道德、技术技能水平和就业质量，以及产教融合、校企合作水平为核心，建立职业教育质量评价体系。定期对职业技能等级证书有关工作进行“双随机、一公开”的抽查和监督，从2019年起，对培训评价组织行为和职业院校培训质量进行监测和评估。实施职业教育质量年度报告制度，报告向社会公开。完善政府、行业、企业、职业院校等共同参与的质量评价机制，积极支持第三方机构开展评估，将考核结果作为政策支持、绩效考核、表彰奖励的重要依据。完善职业教育督导评估办法，建立职业教育定期督导评估和专项督导评估制度，落实督导报告、公报、约谈、限期整改、奖惩等制度。国务院教育督导委员会定期听取职业教育督导评估情况汇报。

（十八）支持组建国家职业教育指导咨询委员会。

为把握正确的国家职业教育改革发展方向，创新我国职业教育改革发展模式，提出重大政策研究建议，参与起草、制定国家职业教育法律法规，开展重大改革调研，提供各种咨询意见，进一步提高政府决策科学化水平，规划并审议职业教育标准等，在政府指导下组建国家职业教育指导咨询委员会。成员包括政府人员、职业教育专家、行业企业专家、管理专家、职业教育研究人员、中华职业教育社等团体和社会各方面热心职业教育的人士。通过政府购买服务等方式，听取咨询机构提出的意见建议并鼓励社会和民间智库参与。政府可以委托国家职业教育指导咨询委员会作为第三方，对全国职业院校、普通高校、校企合作企业、培训评价组织的教育管理、教学质量、办学方式模式、师资培养、学生职业技能提升等情况，进行指导、考核、评估等。

七、做好改革组织实施工作

（十九）加强党对职业教育工作的全面领导。

以习近平新时代中国特色社会主义思想特别是习近平总书记关于职业教育的

重要论述武装头脑、指导实践、推动工作。加强党对教育事业的全面领导，全面贯彻党的教育方针，落实中央教育工作领导小组各项要求，保证职业教育改革发展正确方向。要充分发挥党组织在职业院校的领导核心和政治核心作用，牢牢把握学校意识形态工作领导权，将党建工作与学校事业发展同部署、同落实、同考评。指导职业院校上好思想政治理论课，实施好中等职业学校“文明风采”活动，推进职业教育领域“三全育人”综合改革试点工作，使各类课程与思想政治理论课同向同行，努力实现职业技能和职业精神培养高度融合。加强基层党组织建设，有效发挥基层党组织的战斗堡垒作用和共产党员的先锋模范作用，带动学校工会、共青团等群团组织和学生会组织建设，汇聚每一位师生员工的积极性和主动性。

（二十）完善国务院职业教育工作部际联席会议制度。

国务院职业教育工作部际联席会议由教育、人力资源社会保障、发展改革、工业和信息化、财政、农业农村、国资、税务、扶贫等单位组成，国务院分管教育工作的副总理担任召集人。联席会议统筹协调全国职业教育工作，研究协调解决工作中重大问题，听取国家职业教育指导咨询委员会等方面的意见建议，部署实施职业教育改革创新重大事项，每年召开两次会议，各成员单位就有关工作情况向联席会议报告。国务院教育行政部门负责职业教育工作的统筹规划、综合协调、宏观管理，国务院教育行政部门、人力资源社会保障行政部门和其他有关部门在职责范围内，分别负责有关的职业教育工作。各成员单位要加强沟通协调，做好相关政策配套衔接，在国家和区域战略规划、重大项目安排、经费投入、企业办学、人力资源开发等方面形成政策合力。推动落实《中华人民共和国职业教育法》，为职业教育改革创新提供重要的制度保障。

中共中央办公厅 国务院办公厅印发《关于推动现代职业教育高质量发展的意见》

新华社北京 2021 年 10 月 12 日电

职业教育是国民教育体系和人力资源开发的重要组成部分，肩负着培养多样化人才、传承技术技能、促进就业创业的重要职责。在全面建设社会主义现代化国家新征程中，职业教育前途广阔、大有可为。为贯彻落实全国职业教育大会精神，推动现代职业教育高质量发展，现提出如下意见。

一、总体要求

（一）**指导思想。**以习近平新时代中国特色社会主义思想为指导，深入贯彻党的十九大和十九届二中、三中、四中、五中全会精神，坚持党的领导，坚持正确办学方向，坚持立德树人，优化类型定位，深入推进育人方式、办学模式、管理体制、保障机制改革，切实增强职业教育适应性，加快构建现代职业教育体系，建设技能型社会，弘扬工匠精神，培养更多高素质技术技能人才、能工巧匠、大国工匠，为全面建设社会主义现代化国家提供有力人才和技能支撑。

（二）**工作要求。**坚持立德树人、德技并修，推动思想政治教育与技术技能培养融合统一；坚持产教融合、校企合作，推动形成产教良性互动、校企优势互补的发展格局；坚持面向市场、促进就业，推动学校布局、专业设置、人才培养与市场需求相对接；坚持面向实践、强化能力，让更多青年凭借一技之长实现人生价值；坚持面向人人、因材施教，营造人人努力成才、人人皆可成才、人人尽展其才的良好环境。

（三）**主要目标。**到 2025 年，职业教育类型特色更加鲜明，现代职业教育体系基本建成，技能型社会建设全面推进。办学格局更加优化，办学条件大幅改善，职业本科教育招生规模不低于高等职业教育招生规模的 10%，职业教育吸引力和培养质量显著提高。

到 2035 年，职业教育整体水平进入世界前列，技能型社会基本建成。技术技能人才社会地位大幅提升，职业教育供给与经济社会发展需求高度匹配，在全面建设社会主义现代化国家中的作用显著增强。

二、强化职业教育类型特色

（四）巩固职业教育类型定位。因地制宜、统筹推进职业教育与普通教育协调发展。加快建立“职教高考”制度，完善“文化素质+职业技能”考试招生办法，加强省级统筹，确保公平公正。加强职业教育理论研究，及时总结中国特色职业教育办学规律和制度模式。

（五）推进不同层次职业教育纵向贯通。大力提升中等职业教育办学质量，优化布局结构，实施中等职业学校办学条件达标工程，采取合并、合作、托管、集团办学等措施，建设一批优秀中等职业学校和优质专业，注重为高等职业教育输送具有扎实技术技能基础和合格文化基础的生源。支持有条件的中等职业学校根据当地经济社会发展需要试办社区学院。推进高等职业教育提质培优，实施好“双高计划”，集中力量建设一批高水平高等职业学校和专业。稳步发展职业本科教育，高标准建设职业本科学校和专业，保持职业教育办学方向不变、培养模式不变、特色发展不变。一体化设计职业教育人才培养体系，推动各层次职业教育专业设置、培养目标、课程体系、培养方案衔接，支持在培养周期长、技能要求高的专业领域实施长学制培养。鼓励应用型本科学校开展职业本科教育。按照专业大致对口原则，指导应用型本科学校、职业本科学校吸引更多中高职毕业生报考。

（六）促进不同类型教育横向融通。加强各学段普通教育与职业教育渗透融通，在普通中小学实施职业启蒙教育，培养掌握技能的兴趣爱好和职业生涯规划的意识能力。探索发展以专项技能培养为主的特色综合高中。推动中等职业学校与普通高中、高等职业学校与应用型大学课程互选、学分互认。鼓励职业学校开展补贴性培训和市场化社会培训。制定国家资历框架，建设职业教育国家“学分银行”，实现各类学习成果的认证、积累和转换，加快构建服务全民终身学习的教育体系。

三、完善产教融合办学体制

（七）优化职业教育供给结构。围绕国家重大战略，紧密对接产业升级和技术变革趋势，优先发展先进制造、新能源、新材料、现代农业、现代信息技术、生物技术、人工智能等产业需要的一批新兴专业，加快建设学前、护理、康养、家政等一批人才紧缺的专业，改造升级钢铁冶金、化工医药、建筑工程、轻纺制造等一批传统专业，撤并淘汰供给过剩、就业率低、职业岗位消失的专业，鼓励学校开设更多紧缺的、符合市场需求的专业，形成紧密对接产业链、创新链的专业体系。优化区域资源配置，推进部省共建职业教育创新发展高地，持续深化职业教育东西部协作。启动实施技能型社会职业教育体系建设地方试点。支持办好面向农村的职业教育，强化校地合作、育训结合，加快培养乡村振兴人才，鼓励更多农民、返乡农民工接受职业教育。支持行业企业开展技术技能人才培养培训，推行终身职业技能培训制度和在岗继续教育制度。

（八）**健全多元办学格局。**构建政府统筹管理、行业企业积极举办、社会力量深度参与的多元办学格局。健全国有资产评估、产权流转、权益分配、干部人事管理等制度。鼓励上市公司、行业龙头企业举办职业教育，鼓励各类企业依法参与举办职业教育。鼓励职业学校与社会资本合作共建职业教育基础设施、实训基地，共建共享公共实训基地。

（九）**协同推进产教深度融合。**各级政府要统筹职业教育和人力资源开发的规模、结构和层次，将产教融合列入经济社会发展规划。以城市为节点、行业为支点、企业为重点，建设一批产教融合试点城市，打造一批引领产教融合的标杆行业，培育一批行业领先的产教融合型企业。积极培育市场导向、供需匹配、服务精准、运作规范的产教融合服务组织。分级分类编制发布产业结构动态调整报告、行业人才就业状况和需求预测报告。

四、创新校企合作办学机制

（十）**丰富职业学校办学形态。**职业学校要积极与优质企业开展双边多边技术协作，共建技术技能创新平台、专业化技术转移机构和大学科技园、科技企业孵化器、众创空间，服务地方中小微企业技术升级和产品研发。推动职业学校在企业设立实习实训基地、企业在职业学校建设培养培训基地。推动校企共建共管产业学院、企业学院，延伸职业学校办学空间。

（十一）**拓展校企合作形式内容。**职业学校要主动吸纳行业龙头企业深度参与职业教育专业规划、课程设置、教材开发、教学设计、教学实施，合作共建新专业、开发新课程、开展订单培养。鼓励行业龙头企业主导建立全国性、行业性职教集团，推进实体化运作。探索中国特色学徒制，大力培养技术技能人才。支持企业接收学生实习实训，引导企业按岗位总量的一定比例设立学徒岗位。严禁向学生违规收取实习实训费用。

（十二）**优化校企合作政策环境。**各地要把促进企业参与校企合作、培养技术技能人才作为产业发展规划、产业激励政策、乡村振兴规划制定的重要内容，对产教融合型企业给予“金融+财政+土地+信用”组合式激励，按规定落实相关税费政策。工业和信息化部门要把企业参与校企合作的情况，作为各类示范企业评选的重要参考。教育、人力资源社会保障部门要把校企合作成效作为评价职业学校办学质量的重要内容。国有资产监督管理机构要支持企业参与和举办职业教育。鼓励金融机构依法依规为校企合作提供相关信贷和融资支持。积极探索职业学校实习生参加工伤保险办法。加快发展职业学校学生实习实训责任保险和人身意外伤害保险，鼓励保险公司对现代学徒制、企业新型学徒制保险专门确定费率。职业学校通过校企合作、技术服务、社会培训、自办企业等所得收入，可按一定比例作为绩效工资来源。

五、深化教育教学改革

（十三）强化“双师型”教师队伍建设。加强师德师风建设，全面提升教师素养。完善职业教育教师资格认定制度，在国家教师资格考试中强化专业教学和实践要求。制定双师型教师标准，完善教师招聘、专业技术职务评聘和绩效考核标准。按照职业学校生师比例和结构要求配齐专业教师。加强职业技术师范学校建设。支持高水平学校和大中型企业共建双师型教师培养培训基地，落实教师定期到企业实践的规定，支持企业技术骨干到学校从教，推进固定岗与流动岗相结合、校企互聘兼职的教师队伍建设改革。继续实施职业院校教师素质提高计划。

（十四）创新教学模式与方法。提高思想政治理论课质量和实效，推进习近平新时代中国特色社会主义思想进教材、进课堂、进头脑。举办职业学校思想政治教育课程教师教学能力比赛。普遍开展项目教学、情境教学、模块化教学，推动现代信息技术与教育教学深度融合，提高课堂教学质量。全面实施弹性学习和学分制管理，支持学生积极参加社会实践、创新创业、竞赛活动。办好全国职业院校技能大赛。

（十五）改进教学内容与教材。完善“岗课赛证”综合育人机制，按照生产实际和岗位需求设计开发课程，开发模块化、系统化的实训课程体系，提升学生实践能力。深入实施职业技能等级证书制度，完善认证管理办法，加强事中事后监管。及时更新教学标准，将新技术、新工艺、新规范、典型生产案例及时纳入教学内容。把职业技能等级证书所体现的先进标准融入人才培养方案。强化教材建设国家事权，分层规划，完善职业教育教材的编写、审核、选用、使用、更新、评价监管机制。引导地方、行业和学校按规定建设地方特色教材、行业适用教材、校本专业教材。

（十六）完善质量保证体系。建立健全教师、课程、教材、教学、实习实训、信息化、安全等国家职业教育标准，鼓励地方结合实际出台更高要求的地方标准，支持行业组织、龙头企业参与制定标准。推进职业学校教学工作诊断与改进制度建设。完善职业教育督导评估办法，加强对地方政府履行职业教育职责督导，做好中等职业学校办学能力评估和高等职业学校适应社会需求能力评估。健全国家、省、学校质量年报制度，定期组织质量年报的审查抽查，提高编制水平，加大公开力度。强化评价结果运用，将其作为批复学校设置、核定招生计划、安排重大项目的重要参考。

六、打造中国特色职业教育品牌

（十七）提升中外合作办学水平。办好一批示范性中外合作办学机构和项目。加强与国际高水平职业教育机构和组织合作，开展学术研究、标准研制、人员交流。在“留学中国”项目、中国政府奖学金项目中设置职业教育类别。

（十八）拓展中外合作交流平台。全方位践行世界技能组织 2025 战略，加强与联合国教科文组织等国际和地区组织的合作。鼓励开放大学建设海外学习中心，推进职业教育涉外行业组织建设，实施职业学校教师教学创新团队、高技能领军人才和产业紧缺人才境外培训计划。积极承办国际职业教育大会，办好办实中国—东盟教育交流周，形成一批教育交流、技能交流和人文交流的品牌。

（十九）推动职业教育走出去。探索“中文+职业技能”的国际化发展模式。服务国际产能合作，推动职业学校跟随中国企业走出去。完善“鲁班工坊”建设标准，拓展办学内涵。提高职业教育在出国留学基金等项目中的占比。积极打造一批高水平国际化的职业学校，推出一批具有国际影响力的专业标准、课程标准、教学资源。各地要把职业教育纳入对外合作规划，作为友好城市（省州）建设的重要内容。

七、组织实施

（二十）加强组织领导。各级党委和政府要把推动现代职业教育高质量发展摆在更加突出的位置，更好支持和帮助职业教育发展。职业教育工作部门联席会议要充分发挥作用，教育行政部门要认真落实对职业教育工作统筹规划、综合协调、宏观管理职责。国家将职业教育工作纳入省级政府履行教育职责督导评价，各省将职业教育工作纳入地方经济社会发展考核。选优配强职业学校主要负责人，建设高素质专业化职业教育干部队伍。落实职业学校在内设机构、岗位设置、用人计划、教师招聘、职称评聘等方面的自主权。加强职业学校党建工作，落实意识形态工作责任制，开展新时代职业学校党组织示范创建和质量创优工作，把党的领导落实到办学治校、立德树人全过程。

（二十一）**强化制度保障。**加快修订职业教育法，地方结合实际制（修）订有关地方性法规。健全政府投入为主、多渠道筹集职业教育经费的体制。优化支出结构，新增教育经费向职业教育倾斜。严禁以学费、社会服务收入冲抵生均拨款，探索建立基于专业大类的职业教育差异化生均拨款制度。

（二十二）**优化发展环境。**加强正面宣传，挖掘宣传基层和一线技术技能人才成长成才的典型事迹，弘扬劳动光荣、技能宝贵、创造伟大的时代风尚。打通职业学校毕业生在就业、落户、参加招聘、职称评审、晋升等方面的通道，与普通学校毕业生享受同等待遇。对在职业教育工作中取得成绩的单位和个人、在职业教育领域作出突出贡献的技术技能人才，按照国家有关规定予以表彰奖励。各地将符合条件的高水平技术技能人才纳入高层次人才计划，探索从优秀产业工人和农业农村人才中培养选拔干部机制，加大技术技能人才薪酬激励力度，提高技术技能人才社会地位。

河北省人民政府关于印发《河北省职业教育改革发展实施方案》的通知

冀政字〔2019〕15号

各市（含定州、辛集市）人民政府，各县（市、区）人民政府，雄安新区管委会，省政府各部门：

现将《河北省职业教育改革发展实施方案》印发给你们，请认真组织实施。

河北省人民政府

2019年2月23日

河北省职业教育改革发展实施方案

党的十八大以来，我省职业教育事业蓬勃发展，为建设经济强省、美丽河北培养了大批高素质技术技能人才。但与新时代人民群众接受优质职业教育需求相比，与经济社会发展要求相比，与先进省份相比，我省职业教育在办学条件、布局结构、育人质量、服务水平、发展环境、要素保障等方面还存在不少差距，现代职业教育体系还不够完善，办学体制机制还不够灵活，产教融合程度还不够高，等等。加快发展现代职业教育，事关经济发展、民生改善和社会稳定。为贯彻落实全国教育大会精神，推进新时代职业教育高质量发展，根据《国家职业教育改革实施方案》，结合我省实际，制定本实施方案。

一、总体要求

（一）指导思想。

坚持以习近平新时代中国特色社会主义思想为指导，认真贯彻落实党的十九大精神，把职业教育摆在教育改革创新和经济社会发展中更加突出的位置，全面落实立德树人根本任务，牢固树立新发展理念，坚持面向市场、服务发展、促进就业，对接科技发展趋势和市场需求，完善职业教育和培训体系，优化资源配置，深化办学体制和育人机制改革，创新产教深度融合的办学模式，鼓励和支持社会各界特别是企业积极支持职业教育，着力培养高素质劳动者和技术技能人才，为新时代全面建设经济强省、美丽河北提供优质人才资源支撑。

（二）主要目标。

经过 5~10 年时间，政府统筹管理、社会多元办学格局基本形成，职业教育现代化水平大幅提升，人民群众对职业教育发展的获得感显著增强。到 2022 年，全省职业教育改革发展取得重要进展。

职业院校办学水平大幅提升。120 所中等职业学校率先做优做强，25 所省级以上优质高等职业院校综合实力显著增强，初步建成 4 所高水平高等职业院校和 30 个高水平专业（群），建成 2 所高水平技师学院。

校企协同育人水平显著提高。“学历证书+若干职业技能等级证书”制度试点（以下称 1+X 证书制度试点）工作稳步推进。“双师型”教师占专业课教师总数达到 60%。建成 50 个具有辐射引领作用的高水平职业教育实训基地，建成 100 个高水平职业教育教师教学创新团队。

多元办学格局基本形成。鼓励社会力量兴办职业教育的体制机制日趋完善，企业参与职业教育的积极性有较大提升，培育一批产教融合型企业。职业教育股份制、混合所有制办学等办学体制改革和职业技能培训市场化、社会化改革取得实质性突破。新建一批民办职业院校。

国际化办学迈出重要步伐。与发达国家高端职业教育与培训机构合作日益紧密，建成 20 个高水平职业教育中外合作办学项目，力争新增 3 个高水平中外合作办学机构、2 个职业院校学生海外实习培训基地。

服务发展能力显著增强。职业院校布局和专业结构紧密对接经济社会发展需求，产教深度融合、校企深度合作，教育结构、人才结构与产业结构实现协调发展。

二、主要任务

（一）完善现代职业教育体系。

1. 落实国家职业教育制度框架。按照“管好两端、规范中间、书证融通、办学多元”的原则，把握好职业教育改革方向。以标准化建设引领职业教育发展，严格执行学校设置、师资队伍、教学教材、信息化建设、安全设施等国家办学标准、教学标准和质量标准。完善德技并修、工学结合的育人机制和评价机制，规范人才培养全过程。深化产教融合、校企合作，育训结合，构建多元化办学格局，推动企业深度参与协同育人。探索推进学历证书和职业技能等级证书互通衔接。

2. 优化职业教育资源配置。强化各级政府对职业教育的统筹管理，科学配置职业教育资源，调整优化院校、专业布局。各市要结合产业结构调整、职教园区建设、中等职业学校标准化建设，统筹推进区域内职业院校布局调整，重点办好3~4 所发挥示范引领作用的高水平中等职业学校。支持各地推进职教园区建设，原则上各市均要建设现代化、高水平的职教园区，大力度整合城市区职业教育资源进驻园区，实现集约化、规模化、园区化发展。各县（市、区）要加大对本地各类职业教育资源的统筹整合力度，至少办好 1 所高水平中等职业学校，并将符合城镇布局调整规划的职业教育逐步向县城或产业园区集中。

健全专业动态调整机制。以产业发展需求为导向，加大专业调整力度，严格专业设置论证，推进专业集群式发展。适应新技术、新产业、新模式、新业态和市场新需求，重点建设高端装备制造、电子信息、生物医药、新能源、新材料、现代农业、健康服务等领域若干个专业群，建成紧密对接区域产业结构的专业布局。落实专业设置定期评估机制，学校依据职业院校目录灵活自主设置专业，每年调整 1 次专业。各市要依据城市职能定位和产业发展需求，统筹区域内职业院校发展定位和办学分工，引导区域内各县（市、区）中等职业学校分工协作，分别重点打造 2~3 个品牌专业，推进区域内中等职业学校错位发展、特色发展、协同发展。

3. 拓宽普通教育和职业教育融通渠道。鼓励中等职业学校联合中小学开展劳动和职业启蒙教育，将动手实践内容纳入中小学相关课程和学生综合素质评价。落实“职教高考”制度，完善“文化素质+职业技能”考试招生办法，提高生源质量，为学生接受高等职业教育提供多种入学方式和学习方式。探索长学制培养高端技术技能人才。在学前教育、护理、养老服务、健康服务、现代服务业等领域，扩大对初中毕业生实行中高职贯通培养的招生规模。适度提高高等职业院校招收中等职业学校毕业生的比例、本科高等学校招收中高等职业院校毕业生的比例。制定全国职业院校技能大赛、中国技能大赛、世界技能大赛等获奖选手免试入学政策。

4. 大力提高中等职业教育发展水平。实施中等职业学校标准化建设工程，到2022 年全部达到国家相应标准，整体提升学校基本办学条件。推进中等职业教育质量提升工程，持续支持发展水平相对较高的 120 所学校率先发展，发挥示范引领作用。保持高中阶段教育职普比大体相当，统筹普通高中和中等职业教育协调发展，使绝大多数城乡新增劳动力接受高中阶段教育。鼓励各地在国家级、省级重点开发区周边试点建设普职融通的综合高中。加大对民族地区、贫困地区、残疾人职业教育政策、金融支持力度，落实国家职业教育东西协作行动计划任务，办好内地少数民族中职班。完善招生机制，建立中等职业学校和普通高中统一招生平台，精准服务区域发展需求。积极招收初高中毕业未升学学生、退役军人、退役运动员、下岗职工、返乡农民工等接受中等职业教育。发挥中等职业学校作用，帮助部分学业困难学生按规定在职业学校完成义务教育，并接受部分职业技能学习。

5. 创新发展高等职业教育。把发展高等职业教育作为优化高等教育结构和培养大国工匠、能工巧匠的重要方式，使城乡新增劳动力更多接受高等教育。持续实施高等职业教育创新发展行动计划，重点建设 25 所省级以上优质高等职业院校，120 个骨干专业（群），40 个校企共建的生产性实训基地、20 个“双师型”教师培养培训基地、20 个省级应用技术协同创新中心等，整体提升高等职业教育发展水平。实施高水平高等职业院校和专业（群）建设计划，重点培育建设 4 所引领改革、带动发展、中国特色、世界水平的高水平高等职业院校和 30 个紧贴产业发展、校企深度合作、社会认可度高的高水平专业（群），打造高等职业教育发展高地。

6. 完善高层次应用型人才培养培训体系。完善学历教育与培训并重的现代职业教育体系，畅通技术技能人才成长渠道。继续开展工程教育本科实验班探索。开展本科层次职业教育试点。推动具备条件的普通本科高校向应用型转变，鼓励有条件的普通高校开办应用技术类型专业或课程。完善全科医生培养制度，深化院校全科医学教育改革，加大全科医生培养培训力度。发展以职业需求为导向、以实践能力培养为重点、以产学研用结合为途径的专业学位研究生培养模式，加强专业学位硕士研究生培养。服务军民融合发展，把军队相关的职业教育纳入国家职业教育大体系，共同做好面向现役军人的教育培训，支持其在服役期间取得多类职业技能等级证书，提升技术技能水平。落实好定向培养直招士官政策，推动地方院校与军队院校有效对接，推动优质职业教育资源向军事人才培养开放，建立军地网络教育资源共享机制。支持适合的退役军人进入职业院校和普通本科高校接受教育和培训。根据高等学校设置制度规定，将符合条件的技师学院纳入高等学校序列。面向经济社会发展急需紧缺职业（工种），大力开展高技能人才培训，增加高技能人才供给。紧密结合战略性新兴产业、先进制造业、现代服务业等发展需求，开展技师、高级技师培训。对重点关键岗位的高技能人才，通过开展新知识、新技术、新工艺等方面培训以及技术研修攻关等方式，进一步提高其专业知识水平、解决实际问题能力和创新创造能力。

（二）提高技术技能人才培养质量。

7. 健全立德树人落实机制。深入推动习近平新时代中国特色社会主义思想进教材、进课堂、进头脑，大力开展理想信念教育和社会主义核心价值观教育。指导职业院校上好思想政治理论课，开展好中等职业学校“文明风采”活动，推进职业教育领域“三全育人”综合改革试点工作，使各类课程与思想政治理论课同向同行，努力实现职业技能和职业精神培养高度融合。全面推进德技并修、工学结合，增强学生的认知能力、合作能力、创新能力、职业能力等关键能力，培养学生的工匠精神、职业道德、职业技能和就业创业能力。推进产业文化、企业文化、职业文化、工匠文化、优秀传统文化和创新创业文化全方位融入学校文化建设。

8. 深化教育教学改革。按照专业设置与产业需求对接、课程内容与职业标准对接、教学过程与生产过程对接的要求，推进专业目录、专业教学标准、课程标准、顶岗实习标准、实训条件建设标准（仪器设备配备规范）相统一并落地实施。职业院校依据国家教学标准自主制订人才培养方案，优化教学内容，推动课堂革命，提升教育质量。探索组建高水平、结构化教师教学创新团队，教师分工协作进行模块化教学。加强基础知识、职业知识和专业技能教育，注重拓展学生知识面，培养多种能力，掌握多种技能，更好适应经济社会发展。根据国家统一部署，启动 1+X 证书制度试点工作，进一步发挥好学历证书作用，夯实学生可持续发展基础，鼓励职业院校学生在获得学历证书的同时，积极取得多类职业技能等级证书，拓展就业创业本领。

9. 开展高质量职业培训。以政府补贴培训、企业自主培训、市场化培训为主要供给，以公共实训机构、职业院校、职业培训机构和行业企业为主要载体，以就业技能培训、岗位技能提升培训和创业创新培训为主要形式，构建资源充足、布局合理、结构优化、载体多元、方式科学的培训组织实施体系。落实职业院校实施学历教育与培训并举的法定职责，按照育训结合、长短结合、内外结合的要求，面向在校学生和全体社会成员广泛开展职业培训。鼓励支持设立退役军人教育培训集团（联盟），推动退役、培训、就业有机衔接，为促进退役军人特别是退役士兵就业创业作出贡献。统筹整合各类培训项目，依托职业院校大力开展企业在职职工、退役军人、退役运动员、进城务工人员和新型职业农民培训，深入开展社区教育与培训，广泛开展农村劳动力转移和贫困家庭就业创业技能培训等各类培训，培养培训一大批诸如“燕赵家政”“河北月嫂”等社会紧缺的技术技能人才。依托职业院校建设一批产业人才培养培训基地。主动适应雄安新区规划建设需求，支持建筑企业、职业院校、行业社团以及具备资质的社会培训组织实施培训，各市至少建立 1 家工种齐全、收费低廉、服务优质、开放共享的建筑工人实训和技能鉴定基地，大规模培养符合雄安标准、雄安质量要求的建筑类一流职业人才。健全覆盖城乡的老年教育、社区教育办学网络，建设全省老年教育、社区教育数字化学习资源中心，推动各级各类学校开放资源，积极创建一批省级老年教育、社区教育实验区、示范区，推动全民终身学习，加快建设学习型社会。完善激励政策，支持企业大规模开展职业技能培训，鼓励规模以上企业建立职业培训机构开展职工培训，并积极面向中小企业和社会承担培训任务，降低企业兴办职业培训机构成本，提高企业积极性。各级政府要积极支持职业培训，行政部门要简政放权并履行好监管职责，相关下属机构要优化服务，对于违规收取费用的要严肃处理。畅通技术技能人才职业发展通道，鼓励其持续获得适应经济社会发展需要的职业培训证书，引导和支持企业等用人单位落实相关待遇。对取得职业技能等级证书的离校未就业高校毕业生，按规定落实职业培训补贴政策。

10. 推动学习成果的认定、积累和转换。依托职业教育国家“学分银行”，在有条件的职业院校探索建立职业教育个人学习账号，实现学习成果可追溯、可查询、可转换，推动学历证书和职业技能等级证书所体现的学习成果的认定、积累和转换。职业院校对取得若干职业技能等级证书的社会成员，支持其根据证书等级和类别免修部分课程，在完成规定内容学习后依法依规取得学历证书。对接受职业院校学历教育并取得毕业证书的学生，可免试部分内容，取得相应的职业技能等级证书。

（三）深化产教融合校企协同育人。

11. 推进产教深度融合。建立发展改革、教育、人力资源社会保障、财政、工业和信息化等部门密切配合，有关行业主管部门、国有资产监督管理部门及行业协会积极参与的工作协调机制，构建教育结构、人才结构与产业结构协调发展的新体系。2019 年起，编制并动态调整河北省急需紧缺职业（工种）目录，明确各职业工种紧缺程度并定期发布。围绕现代农业、支柱产业、战略性新兴产业、现代服务业等重点领域，组建 10 个左右特色鲜明的产教融合集团（联盟）。支持有较强代表性、影响力和改革意愿的城市、行业、企业纳入国家产教融合建设试点。

12. 推动校企深度合作。鼓励职业院校依据自身特点和人才培养需要，主动与具备条件的企业在人才培养、技术创新、就业创业、社会服务、文化传承等方面开展合作，学校可从校企合作中获得智力、专利、教育、劳务等报酬，具体分配由学校按规定自行处理。企业应当依法履行实施职业教育的义务，利用资本、技术、知识、设施、设备和管理等要素参与校企合作，对与职业院校共建生产性实训基地、技术研发中心、产业人才培养培训基地、“双师型”教师培养培训基地、技能大师工作室、劳模和工匠人才创新工作室的企业，按规定享受减免税收等优惠政策。规模以上企业按职工总数的2%安排实习岗位接纳职业院校学生实习。实施产教融合型企业认证制度，对通过认证的企业给予“金融+财政+土地+信用”的组合式激励，并按规定落实相关税收政策。试点企业兴办职业教育的投资符合条件的，可按投资额一定比例抵免该企业当年应缴教育费附加和地方教育附加。建立规模以上企业把职业教育情况纳入企业履行社会责任报告制度。厚植企业承担职业教育责任的社会环境，推动职业院校和行业企业形成命运共同体。

13. 深化校企协同育人。建立国家、省两级现代学徒制试点体系，全面推行企业新型学徒制。支持企业参与职业院校人才培养全过程，联合开展招生、专业建设、实习实训、质量评价、协同科研攻关等工作。校企共同研究制定人才培养方案，及时将新技术、新工艺、新规范纳入教学标准和教学内容，强化学生实习实训。适应“互联网+职业教育”需求，运用现代信息技术改进教学方式方法，推进虚拟工厂等网络学习空间建设和普遍应用。完善职业院校教学工作诊断与改进制度，构建内部质量保证体系。加强教育科研能力建设，打造高水平教科研队伍。重点建设30个省级专业教学资源库，开发30门省级职业教育在线精品课程，建设一批校企“双元”合作开发的国家规划教材，倡导使用新型活页式、工作手册式教材并配套开发信息化资源。推进职业教育集团化办学，重点支持30个左右省级职业教育集团发展，推进京津冀同类型职业教育集团联盟式发展。

14. 打造一批高水平实训基地。加大政策引导力度，推动各级政府、企业和职业院校建设一批资源共享，集实践教学、社会培训、企业真实生产和社会技术服务为一体的高水平职业教育实训基地。支持政府主导，建设面向城乡各类劳动者以及职业院校、职业培训机构、企业的公共性、公益性、综合性的职业技能实训场所，提供技能训练、技能竞赛、技能鉴定、创业孵化、师资培训、课程研发等服务。支持企业主导，联合职业院校，面向产业转型升级急需的重大技术技能需求，建设服务自身员工培训和职业院校学生生产性实习的高水平、专业化实训基地；鼓励制造业企业为新增先进产能和新上技术改造项目，配套建设产教融合实训基地。支持职业院校主导，以 PPP（政府与社会资本合作）或校企合作模式建设生产性实训基地或兼具生产、教学功能的专业化实训基地。积极吸引企业和社会力量参与，借鉴国际先进经验，探索创新实训基地运营模式。提高实训基地规划、管理水平，为社会公众、职业院校在校生取得职业技能等级证书和企业提升人力资源水平提供有力支撑。对接全国职业院校职业技能大赛和世界技能大赛标准，建设 20 个省级职业技能大赛基地，组织开展省级职业技能大赛、教师教学能力大赛、“互联网+”大学生创新创业大赛，鼓励职业院校参与国家和世界技能大赛。

15. 建好“双师型”教师队伍。强化“双师型”教师队伍建设，完善符合职业教育特点的教师招聘和职称评聘办法，将企业工作经历、技术等级列入职业院校、应用型本科高校专业教师招聘、评职和聘任条件。自 2019 年起，职业院校、应用型本科高校相关专业教师原则上从具有 3 年以上企业工作经历并具有高职以上学历的人员中公开招聘，特殊高技能人才（含具有高级工以上职业资格人员）可适当放宽学历要求，2020 年起基本不再从应届毕业生中招聘。职业院校引进和招聘行业企业一流紧缺人才可适当降低学历要求，允许先入职、后取得教师职业资格。实施职业院校教师素质提高计划，职业院校、应用型本科高校教师每年至少 1 个月在企业或实训基地实训，落实教师 5 年一周期的全员轮训制度。完善企业经营管理和技术人员与学校领导、骨干教师相互兼职兼薪制度。实行“固定岗”和“流动岗”相结合的设岗用人办法，推动企业工程技术人员、高技能人才和职业院校教师双向流动。切实落实职业院校将 15%的编制员额按有关规定用于聘请兼职教师、财政按编制内人员经费拨款标准拨付经费的政策。

培育专业化管理和教学队伍。实施职业院校管理干部专业化培养工程，每年开展高等职业院校领导干部和中等职业学校校长能力提升培训。实施职业院校“精英人才培养计划”，每年遴选 200 名骨干教师到职业教育发达国家访学或培训。实施职业院校青年教师“青蓝工程”，培养高水平专业教学创新团队、中青年专业带头人和省级教学名师，培育国家级职业教育教师教学创新团队和“万人计划”教学名师。实施职业院校“燕赵大师、燕赵名匠”建设计划，遴选认定一批“燕赵大师、燕赵名匠”，按规定探索实行年薪制、协议工资和项目工资等灵活多样的分配形式和分配办法，所需资金不纳入绩效工资总量管理。加强职业技术师范院校建设，引导高水平工科学校举办职业技术师范教育。

（四）增强服务发展能力。

16. 对接发展需求。紧密对接京津冀协同发展、雄安新区规划建设等国家重大决策部署和我省经济转型、产业升级需要，优先发展先进装备制造、新能源新材料、大数据和电子信息等一批新兴专业，改造升级钢铁冶金、化工医药、建筑工程等一批传统优势专业，撤并一批面向低端产业、就业率低的专业。紧密对接基本公共服务、社会建设需求，重点建设学前、护理、健康养老、家政服务等一批紧缺人才专业。提高学前教育人才培养能力，创新学前教育专业培养机制，形成以幼儿师范院校为主体、综合类高等学校积极参与、优质幼儿园为实践基地的学前教育人才培养体系。扩大护理专业人才培养规模，优化培养结构，改革培养模式，加大老年护理、社区护理、母婴护理等急需专业和高层次护理人才分类培养力度。适应健康服务产业发展和人口老龄化趋势，支持职业院校设立健康养老、家政服务等专业，培养大批一流职业人才。对接雄安新区建设发展需求，调整优化雄安新区周边职业院校布局和专业结构，加大相关专业人才培养培训力度，为雄安新区建设发展提供高素质技术技能人才支撑。加快冬奥会服务人才培养，支持河北体育学院、河北师范大学、张家口市职教中心及其他省内有条件的学校培养培训冰雪运动、咨询服务、专职救护、专职医务、雪场建造维护、外语翻译、餐饮服务等各类专业人才。

17. 服务实体经济。鼓励职业院校和企业合作打造“双创双服”升级版，开放创新资源，努力形成线上线下结合、产学研用协同、大中小企业融合的创新创业格局，提升职业教育服务发展、服务民生的能力和水平。建立符合职业教育特点的应用技术研发平台，完善科研成果转化机制，提高应用技术研发与科技创新能力，注重技术技能积累，面向企业特别是中小微企业形成一批高水平科研成果。职业院校开展技术服务、技术开发、技术转让、技术咨询、科学研究、技术培训等收益用于人员奖励部分，不纳入绩效工资总量管理。

18. 助推民生改善。扎实推进职业教育精准扶贫，落实贫困家庭学生资助政策，完善学校资助补充体系，确保不让一名学生“因贫失学”。遴选一批城市优质中等职业学校，精准面向全省农村建档立卡贫困家庭学生招生。面向符合条件的建档立卡贫困家庭、农村“低保”家庭、困难职工家庭和残疾人，开展技能脱贫攻坚行动。加快发展面向农村的职业教育，加大优质职业院校对贫困地区薄弱学校的对口帮扶力度，建立覆盖全省扶贫开发重点县的职业教育对口帮扶机制。服务乡村振兴战略，支持城市涉农职业院校和县级职教中心面向“菜篮子”产品生产大县、特色农产品优势区、现代农业园区、农业规模经营主体提供技术服务和智力支持，大力开展新型职业农民等在乡从业人员技术技能培训。到 2022 年，涉农职业院校与农业产业对接率达到 100%，培养新型职业农民 25000 名。

（五）加快国际化步伐。

19. 推动高水平国际合作办学。推进职业教育在人员互访、校际交流、人才培养、技术培训、资源建设、科学研究等领域广泛开展国际交流合作。积极与发达国家高端职业教育与培训机构共建高水平国际合作办学机构和项目。引进国际一流的教育教学理念和课程标准、专业课程等优质教育资源，合作开发具有国际水准的专业教学标准和优质课程。支持职业院校引进经济社会发展急需的紧缺专业、特色专业的境外高层次人才和团队，按有关规定给予奖励补贴。

20. 培养国际化技术技能人才。加强外国留学生教育品牌专业和品牌课程建设，鼓励知名企业设立留学生奖学基金，吸引“一带一路”沿线国家和地区学生来冀留学。支持有条件的职业院校对接装备制造、光伏、电力、钢铁、水泥、玻璃、纺织服装、农业、基础设施及高新技术等我省国际产能合作十大领域，主动服务企业“走出去”，与企业共建培养培训基地，面向当地员工开展技术技能培训和学历职业教育，积极承接境外特色园区员工培训，形成与河北企业和产品“走出去”相配套的发展模式。

（六）构建多元办学格局。

21. 推进职业院校办学体制改革。发挥企业重要办学主体作用，鼓励有条件的企业特别是大企业举办高质量职业教育，政府按规定给予适当支持。按照试点先行、积累经验、稳步推进的原则，引入市场机制，探索多元主体办学，开展职业院校股份制、混合所有制改革试点，激发职业院校办学活力。鼓励社会力量以资金、土地、装备、技术、人才等多种要素兴办职业教育。鼓励社会力量与公办职业院校合作依法举办股份制、混合所有制职业院校，各方按一定比例持股，按约定享受相应收益。支持社会力量和公办职业院校合作举办股份制、混合所有制二级学院，实行相对独立的人员聘任与经费核算，同级政府可给予适当支持，确保人才培养质量持续提升和国有资产保值增值。支持社会力量以多种方式参与职业院校专业建设，共同开发适应经济社会发展需要的急需专业、新兴专业，改造提升传统优势专业。利用政府和社会资本合作模式，吸引社会资本参与产教融合实训基地等职业教育重大基础设施建设。推动社会力量举办高质量职业教育，新建一批民办职业院校。建立公开透明规范的民办职业教育准入、审批制度，探索民办职业教育负面清单制度，建立健全退出机制。

22. 培育建设职业教育培训评价组织。推进职业技能培训市场化、社会化改革，充分发挥企业主体作用，鼓励支持社会力量参与，建立培训资源优化配置、培训载体多元发展、劳动者按需选择、政府加强监管服务的体制机制。加大政府、企业、社会等各类培训资源优化整合力度，提高培训供给能力。按照国家制定的遴选标准，面向社会公开招募并择优遴选职业教育培训评价组织，扶优、扶大、扶强。鼓励企业建设培训中心、职业院校、企业大学，开展职业训练院试点工作，为社会培育更多高技能人才。发挥职业院校开展职业技能培训的主渠道作用，支持和规范社会力量兴办职业教育培训，鼓励发展股份制、混合所有制等各类职业培训机构，依据国家有关法规和职业标准、教学标准广泛开展职业技能培训，满足经济社会发展阶段性紧缺职业技能人才需要。各级有关部门要加强监管，防止出现乱培训、滥发证现象。

（七）健全改革发展保障机制。

23. 深化“放管服”改革。推动各级政府由“办”职业教育向“管理与服务”转变。政府主要负责编制规划、制定政策、依法依规监管，职业院校依法自主办学。扩大和落实职业院校在招生计划、专业设置与调整、人事管理、机构设置、收入分配等方面的办学自主权。完善有利于调动校企人员开展校企合作积极性的绩效分配和校企合作成果使用、处置、收益管理制度。在职业院校实行高层次、高技能人才以直接考察的方式公开招聘。职业院校按照有关规定自主制定招聘条件和标准，自主确定招聘数量、时间和方式，自主公开招聘人才。

24. 优化改革发展环境。各市要统筹规划区域内职教园区建设和职业院校发展，切实保障职业院校建设用地和其他办学需要，加快推进职业教育改革发展。省有关部门和市、县政府要为职业院校重大基础设施建设、专业实训设备等重要设施设备采购以及高层次紧缺人才引进等设置绿色通道，减少审批、简化程序、提质增效。建立重要改革创新试点省级审核确认制度和改革创新容错纠错机制，激发各地和全省职业院校创新动力与发展活力。

25. 提高技术技能人才待遇。逐步提高技术技能人才特别是技术工人收入水平和社会地位。党政机关和企事业单位招用人员不得歧视职业院校毕业生。省人力资源社会保障厅会同有关部门，适时组织清理调整对技术技能人才的歧视政策。积极推动职业院校毕业生在落户、就业、参加机关事业单位招聘、职称评审、职级晋升等方面与普通高校毕业生享受同等待遇。按照国家有关规定加大对职业院校参加有关技能大赛成绩突出的毕业生表彰奖励力度。支持劳动者凭技能提升待遇，建立健全技能人才培养、评价、使用、待遇相统一的激励机制。支持用人单位对聘用的高级工、技师、高级技师，比照相应层级工程技术人员确定其待遇。指导企业不唯学历和资历，建立基于岗位价值、能力素质、业绩贡献的工资分配机制，强化技能价值激励导向。鼓励企业职务职级晋升和工资分配向关键岗位、生产一线岗位和紧缺急需的高层次、高技能人才倾斜。建立省级技术技能大师库，鼓励技术技能大师建立大师工作室，并按规定给予政策和资金支持，支持技术技能大师到职业院校担任兼职教师，参与重大工程项目联合攻关。

26. 健全经费投入机制。各级政府要建立与办学规模、培养成本、办学质量等相适应的财政经费稳定增长机制，在保障教育合理投入的同时，优化教育支出结构，新增教育经费要向职业教育倾斜。切实落实足额征收教育费附加并且用于职业教育的比例不低于 30%的政策。逐步提高中等职业学校生均公用经费拨款标准，各地中等职业学校生均财政拨款水平可适当高于当地普通高中，建立中等职业学校综合定额标准和生均拨款标准动态调整机制。严格落实高等职业院校年生均财政拨款水平不低于 12000 元的规定，并逐步提高生均拨款水平。统筹职业教育经费，保证中等职业教育质量提升工程、高等职业教育创新发展行动计划、高水平高等职业院校和专业（群）建设计划、精英人才培养计划等重大项目有序推进，重点向申报国家中国特色高水平高等职业学校和专业建设计划项目倾斜支持。进一步扩大职业院校助学金覆盖面，完善补助标准动态调整机制，落实对建档立卡等家庭经济困难学生的倾斜政策。健全职业教育奖学金制度。

积极拓宽投融资渠道，加大对职业教育实训基地建设的支持力度。鼓励各地与国家开发银行加强机制合作，在确保合规、风险可控的前提下，通过构建校企股份制或混合所有制主体，创新结构化融资模式，统筹资源“以丰补歉”等方式，支持培育一批产教融合实训基地示范建设项目。支持符合条件的发行人申请发行教育培训产业专项债券，重点用于实训基地建设项目。鼓励市、县政府在职业教育支出中，向符合条件的实训基地购买技能培训服务，根据实训成本支出适度给予补助。对实训基地组织开展的职业技能培训，符合条件的，落实职业培训补贴政策。

鼓励社会力量捐资、出资兴办职业教育，拓宽办学筹资渠道。通过发行政府债券为职业院校筹措经费，鼓励职业院校通过重要基础设施冠名等方式吸引企业捐赠。制定校企合作办学专业、学分制改革试点专业收费政策。加强资金使用监管，建立专项经费监督检查机制，对专项资金使用进行绩效评价，加强财务风险管理。

三、组织实施

27. 加强党对职业教育工作的全面领导。以习近平新时代中国特色社会主义思想特别是习近平总书记关于职业教育的重要论述武装头脑、指导实践、推动工作。加强党对教育事业的全面领导，全面贯彻党的教育方针，落实省委教育工作领导小组各项要求，保证职业教育改革发展正确方向。要充分发挥党组织在职业院校的领导核心和政治核心作用，牢牢把握学校意识形态工作领导权，将党建工作与学校事业发展同部署、同落实、同考评。加强基层党组织建设，有效发挥基层党组织的战斗堡垒作用和共产党员的先锋模范作用，带动学校工会、共青团等群团组织和学生会组织建设，汇聚每一位师生员工参与改革发展的积极性和主动性。

28. 完善省政府职业教育工作厅际联席会议制度。省政府建立职业教育工作厅际联席会议，由省教育厅、省人力资源社会保障厅、省发展改革委、省工业和信息化厅、省财政厅、省农业农村厅、省国资委、省税务局、省扶贫办等部门组成，省政府分管教育工作的副省长担任召集人。联席会议负责统筹协调全省职业教育工作，研究协调解决工作中重大问题，部署职业教育改革创新重大事项，每年至少召开两次会议，各成员单位就有关工作情况向联席会议报告。省教育厅负责职业教育工作的统筹规划、综合协调、宏观管理，省教育厅、省人力资源社会保障厅和其他有关部门在职责范围内，分别负责有关的职业教育工作。各成员单位要加强沟通协调，做好相关政策配套衔接，在重大发展规划、重大项目安排、经费投入、企业办学、人力资源开发等方面形成政策合力。组建河北省职业教育指导咨询委员会。推动落实《中华人民共和国职业教育法》，为职业教育改革创新提供重要制度保障。

29. 建立健全质量评价和督导评估制度。建立以学习者的职业道德、技术技能水平和就业质量，以及产教融合、校企合作水平为核心的职业教育质量评价体系。定期对职业技能等级证书有关工作进行“双随机、一公开”的抽查和监督。

健全政府、行业、企业、职业院校等共同参与的职业教育质量评价机制，积极支持第三方机构开展评估，将考核结果作为政策支持、绩效考核、表彰奖励的重要依据。完善职业教育督导评估办法，建立职业教育定期督导评估和专项督导评估制度，落实督导报告、公报、约谈、限期整改、奖惩等制度。实施职业教育质量年度报告制度。将推进职业教育改革发展作为对市、县政府履行教育职责评价的重要内容，加强对各地各有关部门履行职责的督导考核。

30. 加强宣传舆论引导。各级政府要办好职业教育活动周和全民终身学习活动周，深入开展“大国工匠进校园”“劳模进校园”“优秀职校生校园分享”等活动，宣传展示大国工匠、劳动模范、能工巧匠和高素质劳动者的事迹和形象，培育和传承好工匠精神，弘扬劳动光荣、技能宝贵、创造伟大的时代风尚，积极营造社会各界充分理解、积极支持、主动参与职业教育改革发展的良好舆论氛围。

附件 4-5

职业院校开展股份制混合所有制办学试点方案

为鼓励社会力量和公办职业院校探索开展股份制混合所有制办学，推动职业院校深化办学体制改革，激发办学活力，现就公办职业院校开展股份制混合所有制办学试点，提出如下方案。

一、试点任务

在全省遴选一批有改革意愿、具备条件的公办职业院校，与社会力量共同以资金、土地、设施、装备、人才、知识、技术、管理等有形资产和无形资产为办学投资要素，构建和形成产权清晰的运营管理体制，合作开展股份制、混合所有制职业院校或二级学院试点（以下简称“办学试点”）。

二、工作要求

1. 办学权益。公办职业院校与社会力量共同开展的股份制混合所有制职业院校（二级学院）办学试点，享受民办教育促进法赋予民办学校的办学自主权，同时政府可以给予适当支持。（牵头单位：省教育厅、省人力资源社会保障厅。责任单位：省发展改革委、省财政厅、省民政厅、省国资委。）

2. 清产核资。各投资方的股权比例由参与办学试点的各方按投资比例确定，投入的资产（包括货币、土地、房产、设备等有形资产及无形资产，但法律法规明确规定不允许作价出资的财产除外），共同委托具有评估资格的中介机构依法进行评估，根据评估结果合理确定出资额。其中公办职业院校以国有资产投资的，要按照规定履行审批程序，资产评估应符合国有资产监督管理的有关规定，资产评估结果报主管部门备案，作为出资及办学收益分配的依据。（牵头单位：省国资委、省教育厅。责任单位：有关市政府，省财政厅、省人力资源社会保障厅、省市场监管局。）

3. 治理模式。办学试点要制定学院章程，将党的全面领导纳入学院章程，在学院党委领导下，实行董事会管理模式。办学试点区分营利性、非营利性，可以按照国家有关规定登记为民办非企业单位法人或企业法人。（牵头单位：省民政厅、省市场监管局。责任单位：省国资委、省自然资源厅、省财政厅、省教育厅、省人力资源社会保障厅。）

4. 收益分配。非营利性办学试点不得取得办学收益，办学结余全部用于办学。营利性办学试点可以取得办学收益，办学结余依照公司法等有关法律、行政法规的规定处理。（牵头单位：省教育厅、省人力资源社会保障厅。责任单位：有关市政府，省财政厅、省税务局。）

5. 人事管理。公办职业院校主要领导可在股份制混合所有制办学试点的董事会或公司任职。办学试点的院长、副院长等主要管理人员由董事会依照章程提名、任命；中层干部由院长提名报董事会批准。公办院校派往办学试点担任领导职务的其他人员，可明确组织干部级别（最高可享受正处待遇）。公办职业院校全职参与办学试点的原有教职工参照《河北省支持和鼓励事业单位专业技术人员创新创业实施办法》（冀人社规〔2017〕22 号）的有关规定管理。其他人员，按民办学校有关规定管理。（牵头单位：省人力资源社会保障厅。责任单位：有关市政府，省委组织部、省教育厅。）

三、支持政策

1. 扩大办学自主权。办学试点在专业设置、师资选聘、工资发放、招生计划、学生招录等方面拥有更大的自主权。营利性办学试点专业收费标准实行市场调节，具体收费标准由办学试点依据办学成本、办学水平、当地经济发展水平和群众承受能力等因素自主确定。非营利性办学试点收费暂实行审批制，待条件成熟后，实行市场调节价。办学试点本级政府编办根据办学试点在校生规模，按照教育部生师比标准为办学试点核定事业编制，师资及管理人员不足部分办学试点自行招聘。公办院校全职参与办学试点教职工的基础性工资、“五险一金”和奖励性绩效工资由办学试点统筹生均拨款、学费收入等经费合理安排。（牵头单位：省教育厅、省财政厅、省人力资源社会保障厅。责任单位：有关市政府，省委编办、省发展改革委、省税务局。）

2. 给予财税扶持。对于新建或投资较大的股份制混合所有制办学试点项目通过增资扩股方式给予建设资金支持，本级财政可视财力情况给予资金支持。办学试点按股权比例享受公办职业院校生均拨款政策，并享受相应的税收优惠政策。（牵头单位：省教育厅、省财政厅。责任单位：有关市政府，省人力资源社会保障厅、省税务局。）

3. 加强政策协同。成立由发展改革、教育、民政、财政、人社、自然资源、国有资产、税务、市场监管等有关部门共同参与的开展股份制、混合所有制办学试点工作领导小组，负责遴选审核办学试点、协调解决试点推进工作中的重大问题。领导小组各相关部门建立健全工作协调机制，统筹衔接好清产核资、人事分配、办学用地等的相关政策，形成工作合力，为推进办学试点健康发展提供政策保障。将鼓励支持探索推进办学试点作为各有关部门改进公共服务方式的重要内容。（牵头单位：省教育厅。责任单位：省发展改革委、省民政厅、省财政厅、省人力资源社会保障厅、省自然资源厅、省国资委、省税务局、省市场监管局。）

4. 鼓励改革创新。建立健全容错纠错机制，宽容办学试点干部在改革创新中的无意过失或因缺乏经验、先行先试出现的失误错误。纪检监察、组织、审计等有关部门要妥善把握事业为上、实事求是、依纪依法、容纠并举等原则，对开展办学试点过程中出现的失误错误进行综合分析，对不该容的坚决不容，对该容的大胆容错，为推进办学试点健康发展创造良好氛围。（牵头单位：省教育厅。责任单位：省委组织部、省审计厅。）

山东省教育厅等14部门《关于推进职业院校混合所有制办学的指导意见（试行）》

鲁教职字〔2020〕10号

各市党委组织部、编办，各市教育（教体）局、发展改革委、工业和信息化局、民政局、司法局、财政局、人力资源社会保障局、自然资源局、国资委、市场监管局、地方金融监管局、税务局，各高等职业院校：

为贯彻落实《国家职业教育改革实施方案》（国发〔2019〕4号）和《教育部 山东省人民政府关于整省推进提质培优建设职业教育创新发展高地的意见》（鲁政发〔2020〕3号）等政策文件要求，深入推进职业院校混合所有制改革，现提出如下指导意见。

一、总体要求

（一）指导思想。

以习近平新时代中国特色社会主义思想为指导，遵循职业教育规律和市场规律，充分调动企业等社会力量参与职业教育的积极性、主动性，支持政府、学校与企业等社会力量实施多种形式的混合所有制办学，创新治理体制机制，深化产教融合、校企合作，优化职业教育供给，推动形成多元办学格局，为全省新旧动能转换提供技术技能人才支撑。

（二）基本原则。

坚持育人为本。坚持党的领导，坚持社会主义办学方向，把立德树人作为根本任务，坚守教育的公益属性，始终把社会效益放在首位，举办高质量职业教育。

激发办学活力。充分发挥企业重要办学主体作用，以“混”促“改”，建立各方深度参与的多元治理体系和现代学校制度，构建市场化的激励机制，全面推进面向市场开放办学。

包容审慎监管。针对混合所有制改革缺乏经验的实际，按照中央“三个区分开来”精神建立容错纠错机制，支持新生事物健康成长。尊重基层首创，鼓励支持各地、各校大胆探索、先行先试，因地制宜探索多种形式混合所有制办学，壮大高质量发展新动能。

二、办学形式

（一）**举办方式。**政府、职业院校可与区域、行业内技术先进、具有较强品牌影响力的实体企业，以及具备支持举办高质量职业教育实力和条件的其他各种社会力量，合作举办职业院校、二级学院、生产性实训基地、技能培训基地等办学机构，也可合作举办专业、培训等办学项目。二级学院不登记为法人机构；生产性实训基地、技能培训基地等办学机构可登记为法人机构，也可不登记为法人机构。

（二）**分类登记。**职业院校混合所有制改革设立法人机构的，举办者自主选择依法登记为营利性或非营利性法人。登记为营利性的，举办者可取得办学收益，办学结余依照公司法等有关法律法规进行分配。登记为非营利性的，举办者不取得办学收益，办学结余全部用于办学。设立合作办学项目和二级学院，无须进行法人登记。

三、设立要求

（一）**合作协议。**各举办方在平等协商基础上签订合作协议，明确办学机构、项目名称、办学宗旨、合作内容和期限，各方资源投入，权利、义务及争议解决办法等。

（二）**资源投入。**本着互补共赢原则，发挥不同主体的办学优势。支持和鼓励各地政府以国有资源参与，吸引社会资本投入，联合举办混合所有制职业院校，也可对现有职业院校整体进行混合所有制改革。支持和鼓励公办职业院校通过提供校舍场地等办学空间，利用实训设施、非财政资金、师资、校名校誉、知识产权等资源开展各种形式的合作办学，合作设立具有法人资格办学机构投入的国有资产按规定评估审批。鼓励支持国有企业特别是产教融合型企业投资举办或参与职业教育。鼓励支持企业等社会力量以资金，先进的生产服务设施及场所、技术体系、经营体系，能工巧匠以及其他产业资源参与合作办学。

（三）**设立程序。**新设立混合所有制职业院校，按照设学程序审批。现有职业院校整体进行混合所有制改革，实行“一校一案”，按隶属关系报同级人民政府研究批复。设立混合所有制二级学院、生产性实训基地、技能培训基地等办学机构和专业、培训等办学项目，由学校党委会研究决定。混合所有制二级学院、专业在教育主管部门备案。

（四）退出机制。举办者终止办学或转让办学权益，应依法依规、依据《章程》和协议进行清算，按程序报原批准机关批准、备案。

四、办学管理

非公资产参与举办混合所有制院校的，按《中华人民共和国民办教育促进法》及有关规定管理，以产权为基础建立健全法人治理结构。国有企业参与公办职业院校整体混合办学的，仍按公办院校管理，以产权为基础完善法人治理结构。混合所有制二级学院等办学机构按以下要求进行管理。

（一）治理结构。制定办学章程，各举办方根据办学章程履行办学职责，参与办学活动。在学校党委领导下，建立基层党组织，全面加强党的建设，保证正确办学方向。对办学机构赋予充分的办学自主权，建立健全理（董）事会决策、行政负责人组织执行、监事会监督、专家治学的管理运行机制。对具有法人资格的，以产权为基础确立和落实办学机构运营主体地位。

（二）用人管理。建立“能进能出、能上能下”的灵活用人机制。可从学校选聘教师和管理人员，可面向社会自主招聘。学校担任领导职务的干部按照有关政策规定在办学机构任职或兼职。学校选派的教师，在学校同等享有参加职称评审、项目申报、岗位竞聘、培训、考核、奖励等方面权利。

（三）薪酬管理。自主确定薪酬发放管理办法，面向市场建立灵活的薪酬分配机制，优化薪酬结构，充分调动教职工和管理队伍积极性。办学机构中的领导班子成员，可采用协议工资、项目工资、年薪制等方式发放薪酬，其中学校派出干部的薪酬发放按有关政策规定办理。学校选派的教师在办学机构中的兼职薪酬不纳入学校绩效工资总量。

（四）专业设置及招生。对接新旧动能转换“十强”产业和区域重点产业，充分发挥“双主体”办学优势，建立专业与产业对接机制，根据市场需求自主设置专业。二级学院招生计划由学校统筹本校年度招生计划合理安排。

（五）收费标准。混合所有制二级学院执行校企合作办学等差别化收费政策。生产性实训基地、技能培训基地等办学机构实行市场调节价。

（六）财务管理。具有法人资格的办学机构，应依法建立财务、会计制度和资产管理制度，并按照国家有关规定设置会计账簿。不具有法人资格的办学机构，在学校财务设立专门账户，统一办理收支业务。

办学项目参照不具有法人资格的办学机构管理。

五、支持政策

（一）**财政拨款**。混改后仍为公办性质的学校和混合所有制二级学院享受公办院校生均拨款。整体混改后登记为非营利法人的，可给予财政支持，与公办院校享有同等权利申报财政专项，收到的财政拨款应进行专项核算。

（二）**融资政策**。鼓励金融机构在依法合规、风险可控前提下，支持混合所有制办学机构融资。鼓励银行业机构创新金融产品和服务，探索知识产权、未来经营收入质押贷款等方式融资。

（三）**税收政策**。混合所有制办学机构按照国家有关规定享受相关税收优惠政策，非营利性混合所有制办学机构与公办学校享有同等待遇，具备非营利性组织免税优惠资格的混合所有制办学机构，符合规定条件的收入可享受企业所得税免税收入优惠；混合所有制办学机构适用国家鼓励发展相关产业政策的，可按规定享受相应的税收优惠政策。参与混合所有制办学的企业，可按规定享受相关税收优惠政策。

（四）**土地政策**。非营利性办学机构与公办学校享受同等政策，经批准可以划拨等方式供应土地，营利性机构以有偿使用方式供给土地。

（五）**产教融合政策**。支持和鼓励参与混合所有制办学的企业等社会力量建设“厂中校”“校中厂”，依托办学机构、办学项目建立企业技术研发中心、孵化平台、中试及工程化基地、职工培训中心，围绕生产服务一线需求开展校企协同创新。在产教融合型企业等项目遴选中，对参与混合所有制办学的企业予以倾斜。

各地、各职业院校在执行过程中，如有问题和建议，请与省教育厅职业教育处联系。

技工院校混合所有制改革在人力资源社会保障部门指导下，参照本意见执行。

2020 年 9 月 8 日

江西省15部门《关于推进职业院校混合所有制办学的指导意见（试行）》

为贯彻落实《国家职业教育改革实施方案》（国发〔2019〕4号）和《教育部 江西省人民政府关于整省推进职业教育综合改革提质创优的意见》（赣府发〔2020〕16号）等政策文件要求，深入推进职业院校混合所有制改革，制定本意见。

一、总体要求

（一）指导思想。

以习近平新时代中国特色社会主义思想为指导，遵循职业教育规律和市场规律，充分调动企业等社会力量参与举办职业教育的积极性、主动性，支持政府、学校与企业等社会力量实施多种形式的混合所有制办学，创新治理体制机制，深化产教融合、校企合作，优化职业教育供给，推动形成多元办学格局，为建设江西内陆开放型经济试验区，实现高质量跨越式发展提供技术技能人才支撑。

（二）基本原则。

坚持党的领导。全面贯彻党的教育方针，坚持中国特色社会主义教育发展道路，坚持社会主义办学方向。

坚持育人为本。把立德树人作为根本任务，坚持教育的公益属性，始终把社会效益放在首位，举办高质量职业教育。

激发办学活力。充分发挥企业重要办学主体作用，以“混”促“改”，建立各方深度参与的多元治理体系和现代学校制度，构建市场化的激励机制，全面推进面向市场开放办学。

包容审慎监管。针对混合所有制改革缺乏经验的实际，按照中央“三个区分开来”精神建立容错纠错机制，支持新生事物健康成长。登记监管部门和许可部门应当尊重基层首创，鼓励支持各地、各校大胆探索、先行先试，因地制宜探索多种形式混合所有制办学，壮大高质量发展新动能。

二、办学形式

（一）**办学模式**。本文件所指职业院校混合所有制办学是指，公办职业院校与行业企业等社会力量开展深度合作，引入企业先进技术优势和产业资源优势，通过多种形式共同参与举办职业教育。

（二）**举办方式**。地方政府可与区域、行业内技术先进、具有较强品牌影响力的实体企业以及具备支持举办高质量职业教育实力和条件的其他各种社会力量合作举办混合所有制职业院校。公办职业院校可与区域、行业内技术先进、具有较强品牌影响力的实体企业以及具备支持举办高质量职业教育实力和条件的其他各种社会力量合作举办混合所有制二级学院（产业学院）、生产性实训基地、技能培训基地、技术服务中心等办学机构，也可合作举办专业、技能培训等办学项目。

（三）**分类登记**。职业院校混合所有制改革设立法人机构的，举办者依法自主选择登记为营利性或非营利性法人。登记为营利性法人的，举办者可取得办学收益，办学结余依照公司法等有关法律法规进行分配。登记为非营利性法人的，举办者不取得办学收益，办学结余全部用于办学。

混合所有制二级学院（产业学院）一般不登记为法人机构；生产性实训基地、技能培训基地、技术服务中心等机构可自主选择是否设立为法人机构。非营利性法人机构设立合作办学项目，无须进行法人登记。

三、设立要求

（一）**合作协议**。各举办方在平等协商基础上签订合作协议，明确办学机构、项目名称、办学宗旨、合作内容和期限，各方资源投入，权利、义务及争议解决办法等。

（二）**资源投入**。本着互补共赢原则，发挥不同主体的办学优势。支持和鼓励各地政府以国有资源参与，吸引社会资本投入，联合举办混合所有制职业院校，也可对现有办学活力不足的职业院校整体进行混合所有制改革。支持和鼓励公办职业院校通过提供校舍场地等办学空间，利用实训设施、非财政性资金、师资、校名校誉、知识产权等资源开展各种形式的合作办学，不得仅以品牌输出方式参与办学，属于对外投资和出租出借等国有资产管理事项应按相关规定报批。合作设立具有法人资格办学机构投入的国有资产按规定评估审批。鼓励和支持国有企业、产教融合型企业等社会力量以资金，先进的生产服务设施及场所、技术体系、经营体系，能工巧匠以及其他产业资源参与合作办学。

（三）设立程序。新设立混合所有制职业院校和现有职业院校整体进行混合所有制改革均需按照院校设置程序审批。设立混合所有制二级学院（产业学院）、生产性实训基地、技能培训基地、技术服务中心等办学机构和专业、培训等办学项目，由学校党委会研究决定，报行政主管部门批准。混合所有制二级学院（产业学院）、专业设置完成后，报业务主管部门备案。

（四）退出机制。举办者终止营利性办学，应依据《中华人民共和国公司法》《中华人民共和国企业法人登记管理条例》、企业《章程》和协议进行清算，按程序报原批准机关批准、备案后由原企业登记主管机关办理注销登记。举办者终止非营利性办学，应依据《章程》和协议进行清算，按程序报原批准机关批准、备案。

四、办学管理

非公资产参与举办混合所有制职业院校的，按《中华人民共和国民办教育促进法》及有关规定管理，以产权为基础建立健全法人治理结构。国有企业参与公办职业院校整体混合办学的，仍按公办院校管理，以产权为基础完善法人治理结构。

混合所有制二级学院（产业学院）等办学机构按以下要求进行管理：

（一）治理结构。制定办学章程，各举办方根据办学章程履行办学职责，参与办学活动。将党的建设有关内容写入学校章程，在学校党委领导下，建立基层党组织，全面加强党的建设，保证正确办学方向。对办学机构赋予充分的办学自主权，建立健全理（董）事会决策、行政负责人组织执行、监事会监督、专家治学的管理运行机制。对具有法人资格的，以产权为基础确立和落实办学机构运营主体地位。

（二）用人管理。建立“能进能出、能上能下”的灵活用人机制。学校担任领导职务的干部按照有关政策规定在办学机构任职或兼职。学校选派至混合所有制二级学院（产业学院）等办学机构的教师，在学校同等享有参加职称评审、项目申报、岗位竞聘、培训、考核、奖励等方面权利。

（三）薪酬管理。公办职业院校派出工作人员（含领导干部）薪酬发放按有关政策规定执行。公办职业院校选派的教师在办学机构中的兼职薪酬不纳入单位绩效工资总量。企业派出工作人员薪酬由办学机构自主确定。

（四）专业设置及招生。对接省内重点发展的战略性新兴产业和区域重点产业，充分发挥“双主体”办学优势，建立专业与产业对接机制，根据市场需求自主设置专业。二级学院（产业学院）招生计划由学校统筹本校年度招生计划合理安排。

（五）财务管理。具有法人资格的办学机构，应依法建立财务、会计制度和资产管理制度，并按照国家有关规定设置会计账簿。不具有法人资格的办学机构，在学校财务设立专门账户，统一办理收支业务。

办学项目参照不具有法人资格的办学机构管理。

五、支持政策

（一）财政拨款。混改后仍为公办性质的职业院校和混合所有制二级学院（产业学院）享受公办职业院校生均财政拨款。

（二）融资政策。鼓励金融机构在依法合规、风险可控前提下，支持混合所有制办学机构融资。鼓励银行业机构创新金融产品和服务，探索知识产权、未来经营收入质押贷款等方式融资。

（三）税收政策。登记为非营利性组织的混合所有制办学机构，符合规定条件的收入可享受企业所得税免税收入优惠；混合所有制办学机构适用国家鼓励发展相关产业政策的，可按规定享受相应的税收优惠政策。参与混合所有制办学的企业，可按规定享受相关税收优惠政策。

（四）土地政策。非营利性办学机构与公办学校享受同等政策，经批准可以划拨等方式供应土地，营利性办学机构以有偿使用方式供给土地。

（五）产教融合政策。支持和鼓励参与混合所有制办学的企业等社会力量建设“厂中校”“校中厂”，依托办学机构、办学项目建立企业技术研发中心、孵化平台、中试及工程化基地、职工培训中心，围绕生产服务一线需求开展校企协同创新。在产教融合型企业等项目遴选中，对参与混合所有制办学的企业予以倾斜。

六、试行要求

高职院校混合所有制改革由省教育厅在部分院校、设区市中先行启动试点项目。中职学校混合所有制改革由所在地设区市部署进行，并及时将试行过程中发现的问题和建议及时报送至省教育厅。

技工院校混合所有制改革在人力资源社会保障部门指导下，参照本意见执行。

2021 年 8 月 24 日

后 记

本书是一部研究高职院校混合所有制办学的专著。我们将高职院校混合所有制办学问题放在改革开放以来我国创新发展所有制理论的大背景中，多方位探究其发展路径，旨在为高职院校混合所有制办学提供理论支撑、实践模式和制度设计，努力为推进职业教育改革发展奉献绵薄之力。

本书的写作基于我们的办学实践。从2016年起，我们与衡水市交通运输局、武邑县人民政府合作，引进社会资本，着手筹建混合所有制性质的衡水职业技术学院交通运输学院。同时，受河北省教育厅的委托，我们还起草了《河北省职业教育改革发展实施方案》（冀政字〔2019〕15号）附件4-5《职业院校开展股份制混合所有制办学试点方案》的起草工作。2019年8月，衡水职业技术学院交通运输学院被列为河北省职业院校股份制混合所有制办学试点，2020年12月被列入河北省高等职业教育创新发展行动计划项目。2020年11月，我们申报的《高职院校混合所有制办学路径研究》被批准为河北省教育科学“十三五”规划课题重点资助项目。

在办学试点推进及有关文件的起草过程中，河北省教育厅贾海明副厅长，职业教育与成人教育处石建平处长、史帆副处长给予了热情指导和帮助，衡水职业技术学院原院长麻士琦同志与我们并肩战斗，作出了重要贡献。在制度体系的设计安排和起草过程中，国研智库给予了大力支持和悉心指导，衡水职业技术学院各处室参与了讨论和修改，提出许多专业的建议。特别是国家教育行政学院学术委员会主任、职业教育研究中心主任邢晖教授，对本书的撰写十分关心，提出许多宝贵意见，并在百忙之中审阅文稿，拨冗作序。中国发展出版社对本书的出版鼎力相助，责任编辑为书稿的审阅尽心竭力，作了严谨认真的校订工作。本书写作过程中，参考了有关方面的文献资料、书籍、论文等，特别是学习借鉴了王烽、周新城、刘泉红、雷世平、王敬良、郭素森、袁岳驷等学者、教授的研究成果，从中获益颇多。在本书付梓之际，一并致以衷心谢忱。

高职院校混合所有制办学是职业教育研究的一个崭新领域，限于我们对有关文献的掌握情况和研究水平，本书一定存在不少缺点和不足，敬祈专家和读者指正。

李增军

2021 年 10 月 1 日